会计电算化应用教程

——用友畅捷通T3软件应用

主 编 历 丽 黄浩岚

南京大学出版社

图书在版编目(CIP)数据

会计电算化应用教程：用友畅捷通 T3 软件 / 历丽，
黄浩岚主编. — 南京：南京大学出版社, 2019.8 (2023.8 重印)
ISBN 978-7-305-22587-1

Ⅰ. ①会… Ⅱ. ①历… ②黄… Ⅲ. ①会计电算化—
教材 Ⅳ. ①F232

中国版本图书馆 CIP 数据核字(2019)第 160751 号

出版发行　南京大学出版社
社　　址　南京市汉口路 22 号　　　　邮　编　210093
出 版 人　金鑫荣
书　　名　**会计电算化应用教程——用友畅捷通 T3 软件**
主　　编　历　丽　黄浩岚
责任编辑　陈家霞　王向民　　　　编辑热线　025-83592193
责任校对　李　博
照　　排　南京南琳图文制作有限公司
印　　刷　丹阳兴华印务有限公司
开　　本　787×1092　1/16　印张 21.5　字数 540 千
版　　次　2019 年 8 月第 1 版　2023 年 8 月第 2 次印刷
ISBN 978-7-305-22587-1
定　　价　58.00 元

网址：http://www.njupco.com
官方微博：http://weibo.com/njupco
官方微信号：njupress
销售咨询热线：(025) 83594756

前　　言

随着现代会计信息化的全面发展,企事业单位越来越迫切地需要掌握基本的专业理论知识以及熟练的专业基本技能,能够直接顶岗工作,并熟练运用财务软件处理经济业务的毕业生。因此,基于这样的人才需求,本书以重点培养学生的财会职业技能和软件应用能力为宗旨,为学习者提供一套应用性强、操作性强的知识体系和实验体系,成为本书编写的目标。

本书主要以用友畅捷通 T3("营改增"版)为操作平台,着重讲解用友 T3 软件中财务链部分的业务处理。全书分为八个项目,包括会计电算化的认知、系统管理、基础档案的设置、总账管理、工资管理、固定资产管理、现金银行管理、报表管理。在每一个项目中,根据学习内容设置不同的学习任务。除了第一个项目之外,其余的每一个项目后附有模拟实训,使学习者在了解会计基本理论的基础上,能够系统地学习并掌握会计核算与管理的全部工作过程。

本书的主要特点有以下几个:

1. 根据现行的企业财务制度的规定和要求,结合国务院出台的"营改增"变革,本书中相关经济业务尤其是经济业务中所涉及的税率,全部按照国家出台的最新的会计制度进行核算。

2. 本书中的模拟实训是以一个会计核算主体的经济业务活动贯穿始终,每一个模拟实训反映了企业核算的不同方面。学习者在学习了相应项目的基本内容后进行上机练习,边学边练,能够快速理解和掌握相关所需技能。

3. 本书附录部分有训练学生会计电算化技能的测试题,并附有答案。测试题主要包含系统管理与基础设置、初始化设置、总账日常业务处理和财务报表管理。内容简洁、实用、完整,适合对学生进行小测验或小练习,使学习者能够掌握所学知识并运用到工作实践中去。

4. 本书由多年从事会计电算化教学的骨干教师和南京畅教畅学软件有限公司的专家与资深顾问倾力合作,共同编写,是校企合作的重要内容之一,教材融科学性、实践性于一体。

本书可作为有一定会计基础知识的人员的参考用书,以及高职高专、大中专院校和中等职业学校财经商贸类会计专业或相关专业的《会计电算化》教材,也可作为参加江苏省财会类对口单招初级会计电算化技能考试的考前参考教材,还可作为欲掌握财务管理软件应用人员的培训教材或自学教材。

本书由历丽、黄浩岚主编。具体分工如下:历丽负责项目 1 至项目 4 及附录 1 至附录 4 的编写;黄浩岚负责项目 6、项目 8 及各项目后模拟实训的编写;李同琴负责项目 5 的编写;师银萍负责项目 7 的编写。

本书的编写工作得到了南京畅教畅学软件有限公司的大力支持,公司总经理蒋伟对本书提出很多有益的建议,并提供了用友畅捷通 T3 软件及技术支持,在此表示感谢。

由于编者水平有限,书中难免存在错误和不妥之处,恳请读者批评指正。

历　丽

2019 年 6 月

目　录

项目 1　会计电算化的认知

能力目标

理解有关会计电算化的相关概念及特征；

了解会计软件的基本分类、发展历程及主流的 ERP 系统；

理解用友 T3 软件的主要功能模块及安装运行。

任务 1　会计电算化基础知识认知

一、会计电算化及相关概念

1. 会计电算化

(1) 概念

一般而言,会计电算化有狭义和广义之分。

狭义的会计电算化是指以电子计算机为主体的当代电子信息技术在会计工作中的应用。它包括利用计算机完成记账、算账、报账,以及对会计信息的分析、预测、决策。

广义的会计电算化是指与实现会计工作电算化有关的所有工作。它包括会计电算化软件的开发和应用,会计电算化人才的培训,会计电算化的规划和管理,会计电算化的制度建设,会计电算化软件市场的培育与发展等。

(2) 发展过程

自从 1946 年世界上第一台计算机问世之后,计算机开始逐渐在各个行业得以应用。计算机在会计中的应用始于 1954 年,美国通用电气公司(GE)第一次在 UNIVC‑1 计算机上运行了复杂的工资计算程序,从而触发了会计信息搜集加工方式的革命。

我国的会计电算化是从 20 世纪 80 年代开始起步的。当时,会计电算化主要处于实验试点和理论研究阶段。1981 年 8 月,中国人民大学和第一汽车制造厂联合召开了"财务、会计、成本应用电子计算机专题讨论会",正式提出了会计电算化的概念。随着现代信息技术的发展,计算机技术在我国会计工作中也被普遍应用,并经历了从初级电算化到高级电算化的长期演变过程,实现了我国会计电算化事业的规范化、制度化和现代化。

2. 会计信息化

(1) 概念

会计信息化是指企业利用计算机、网络通信等现代信息技术手段开展会计核算,以及利用上述技术手段将会计核算与其他经营管理活动有机结合的过程。相对于会计电算化而言,会计信息化是一次质的飞跃。现代信息技术手段能够实时便捷地获取、加工、传递、存储和应用会计信息,为企业经营管理、控制决策和经济运行提供充足、实时、全方位的信息。

会计电算化是会计信息化的初级阶段,是会计信息化的基础工作。

(2) 内容

会计信息化主要包括:信息技术引入会计学科、会计基本理论信息化、会计实务信息化、会计教育信息化、会计管理信息化。

(3) 会计信息化与会计电算化的区别

① 历史背景不同。会计电算化产生于工业社会,而会计信息化产生于信息社会。

② 目标不同。会计电算化主要为了减轻手工操作系统的重复性劳动,而会计信息化实现会计业务的信息化管理。

③ 技术手段不同。会计电算化主要是对单功能的计算机设立的,而会计信息化实现的主要手段是计算机网络及现代通信等新的信息技术。

④ 功能范围和会计程序不同。会计电算化的会计程序是模仿手工会计程序进行的,并实现用计算机对经济业务进行记账、转账和提供报表等功能;会计信息化是从管理角度进行设计,具有业务核算、会计信息管理和决策分析等功能,按照信息管理原理和信息技术重整会计流程。

⑤ 信息输入、输出的对象不同。会计电算化系统只考虑了财务部门的需要,由财务部门输入会计信息,输出时也只能由财务部门打印后报送其他机构。会计信息化系统的大量数据是从企业内外其他系统直接获取,输出也是依靠网络由企业内外的各机构、部门根据授权直接在系统中获取。

⑥ 系统的层次不同。会计电算化以事务处理层为主,而会计信息化则包括事务处理层、信息管理层、决策支持和决策层。

3. 会计软件

(1) 概念

会计软件是指专门用于会计核算与管理的计算机应用软件及其功能模块,包括一组指挥计算机进行会计核算与管理工作的程序、存储数据以及有关资料。会计软件是以会计制度为依据,以计算机及其应用技术为技术基础,以会计理论和会计方法为核心,以会计数据为处理对象,以提供会计信息为目标,将计算机技术应用于会计工作的软件系统。

(2) 主要功能

① 数据输入。为会计核算、财务管理直接提供数据输入。

② 数据处理。生成凭证、账簿、报表等会计资料。

③ 数据输出。对会计资料进行转换、输出、分析、利用。

④ 会计数据的安全。具有严格的权限限制并提供电子数据安全措施。

4. 会计信息系统

(1) 概念

会计信息系统(Accounting Information System,简称 AIS)是指利用信息技术对会计数据进行采集、存储和处理,完成会计核算任务,并提供会计管理、分析与决策相关会计信息的系统。其实质是将会计数据转化为会计信息的系统,是企业管理信息系统的一个重要子系统。

(2) 分类

① 根据信息技术的影响程度,它可以分为手工会计信息系统、传统自动化会计信息系统和现代会计信息系统。

② 根据功能和管理层次的高低,它可以分为会计核算系统、会计管理系统和会计决策支

持系统。

5. ERP 和 ERP 系统

（1）概念

ERP（Enterprise Resource Planning，简称 ERP）即企业资源计划，是指利用信息技术，一方面，将企业内部所有资源整合在一起，对开发设计、采购、生产、成本、库存、分销、运输、财务、人力资源、品质管理进行科学规划；另一方面，将企业与其外部的供应商、客户等市场要素有机结合，实现对企业的物资资源（物流）、人力资源（人流）、财务资源（财流）和信息资源（信息流）等进行一体化管理（即"四流一体化"或"四流合一"）。其核心思想是供应链管理，强调对整个供应链的有效管理，提高企业配置和使用资源的效率。

（2）ERP 系统的管理思想

① 对整个供应链资源进行管理。

② 精益生产（LP）、同步工程（SE）和敏捷制造（AM）。

③ 事先计划与事中控制。

（3）ERP 系统的功能

ERP 系统的基本功能强调"内部"价值链上所有功能活动的整合。

① 物料管理。协助企业有效地控管物料，以降低存货成本。

② 生产规划系统。让企业以最优水平生产，同时兼顾生产弹性。

③ 财务会计系统。提供企业更精确、跨国且实时的财务信息。

④ 销售、分销系统。协助企业迅速地掌握市场信息，以便对顾客需求做出最快速的反映。

⑤ 企业情报管理系统。提供决策者更实时有用的决策信息。

6. XBRL

（1）概念

XBRL（eXtensible Business Reporting Language，简称 XBRL），即可扩展商业报告语言，是国际上将会计准则与计算机语言相结合的最新公认标准和技术。它以互联网和跨平台操作为基础，是专门用于财务报告编制、披露和使用的计算机语言，用于非结构化数据尤其是财务信息的集成、交换和最大化利用，通过对数据统一进行特定的识别和分类，使数据能够直接为使用者或其他软件所读取和进一步处理，实现数据的一次录入、多次使用和信息共享的成果。

（2）我国 XBRL 的发展历程

我国的 XBRL 发展始于证券领域。

① 2003 年 11 月，上海证券交易所在全国率先实施基于 XBRL 的上市公司信息披露标准。

② 2005 年 1 月，深圳证券交易所颁布了 1.0 版本的 XBRL 报送系统。

③ 2005 年 4 月和 2006 年 3 月，上海证券交易所和深圳证券交易所先后分别加入了 XBRL 国际组织。此后，中国的 XBRL 组织机构和规范标准日趋完善。

④ 2008 年 11 月，XBRL 中国地区组织成立。

⑤ 2009 年 4 月，财政部在《关于全面推进我国会计信息化工作的指导意见》中将 XBRL 纳入会计信息化的标准。

⑥ 2010 年 10 月 19 日，国家标准化管理委员会和财政部发布了 XBRL 技术规范系列国家标准和企业会计准则通用分类标准。

（3）作用与优势

XBRL 的主要作用在于将财务和商业数据电子化，促进了财务和商业信息的显示、分析和传递。XBRL 通过定义统一的数据格式标准，规定了企业报告信息的表达方法。

企业应用 XBRL 的优势主要有以下几个。

① 能够提供更准确的财务报告与更具可信度和相关性的信息。

② 能够降低数据采集的成本，提高数据交换及流转的效率。

③ 能够帮助数据使用者更快捷地调用、读取和分析数据。

④ 为财务数据提供更广泛的可比性。

⑤ 能够增加资料的可读性和可维护性。

⑥ 能够适应变化的会计制度和报表要求。

二、会计电算化的特征

1．人机结合

在会计电算化方式下，会计人员填制并审核电子会计凭证后，执行"记账"功能，计算机将根据程序和指令在极短的时间内自动完成会计数据的分类、汇总、计算、传递及报告等工作。

2．会计核算自动化、集中化

在会计电算化方式下，试算平衡、登记账簿等以往依靠人工完成的工作，都由计算机自动完成，大大减轻了会计人员的工作负担，提高了工作效率。计算机网络在会计电算化中的广泛应用，使得企业能将分散的数据统一汇总到会计软件中进行集中处理，既提高了数据汇总的速度，又增强了企业集中管控的能力。

3．数据处理及时准确

利用计算机处理会计数据，可以在较短的时间内完成会计数据的分类、汇总、计算、传递和报告等工作，使会计处理流程更为简便，核算结果更为精确。此外，在会计电算化方式下，会计软件运用适当的处理程序和逻辑控制，能够避免在手工会计处理方式下出现的一些错误。

4．内部控制多样化

在会计电算化方式下，与会计工作相关的内部控制制度也将发生明显的变化，内部控制由过去的纯粹人工控制发展成为人工与计算机相结合的控制形式。内部控制的内容更加丰富，范围更加广泛，要求更加严格，实施更加有效。

任务 2 会计软件介绍

一、会计软件的分类

会计软件系统作为会计电算化系统的核心组成部分，在我国虽然迄今只有二十余年的短暂历史，但是其发展速度十分迅猛，其类型也多种多样。

会计软件系统按其适用范围可分为通用会计软件和专用会计软件。

会计软件按其提供信息的层次可分为核算型会计软件和管理型会计软件。核算型会计软件是指专门用于会计核算工作的计算机应用软件，包括采用各种计算机语言编制的适用于会计核算工作的计算机程序。凡是具备相对独立完成会计数据输入、处理和输出功能模块的软件,如账务处理、固定资产核算、工资核算等软件,均可视为核算型会计软件。企业应用的企业资源计划软件中用于处理会计核算数据部分的模块,也属于核算型会计软件。管理型会计软件是一种以计算机技术和信息处理技术为手段,在提供全面、完善的核算功能的基础上,以管理会计的模型为基本方法,从价值和使用价值的角度为企业管理中的结构化、半结构化、非结构化的问题提供信息支持,帮助企业管理者制定正确、科学的人机系统。它属于管理信息系统的范畴,其核心是实现管理会计电算化。

会计软件按其硬件结构可分为单用户会计软件和多用户(网络)会计软件。单用户会计软件系统是指将会计软件系统安装在一台或几台计算机上,每台计算机中的会计软件单独运行,生成的数据只存储在本台计算机中,各计算机之间不能直接进行数据交换和共享。多用户(网络)会计软件是指将会计软件安装在一个多用户系统的主机(计算机网络的服务器)上,系统中各终端(工作站)可以同时运行,不同终端(工作站)上的会计人员能共享会计信息。

此外,会计软件按照其发展的历史逻辑顺序还可以分为以下几种。

1. 定点开发会计软件

定点开发会计软件也称为专用会计软件,是指仅适用于个别单位会计业务的会计软件。如某企业针对自身的会计核算和管理的特点而开发研制的软件。它比较适合使用单位的具体情况,使用方便,但是受到空间和时间上的限制,只能在个别单位、一定时期内使用。

2. 通用会计软件

通用会计软件是在一定范围内适用的会计软件。它又分为全通用会计软件和行业通用会计软件。其特点是含有较少的会计核算规则与管理方法,实质上是一个工具,由用户自己输入会计核算规则,使会计软件突破了空间和时间上的界限,具有真正的通用性。其缺点是一方面软件越通用,初始化工作量越大;另一方面,软件越通用,个别用户的会计核算工作细节就越难被兼顾。

3. 商品化会计软件

商品化会计软件是指经过评审通过的用于在市场销售的通用会计软件。它一般具有通用性、合法性和安全性等特点。选择商品化通用会计软件是企业实现会计电算化的一条捷径,是被采用得最多的一种方式。其优点是见效快、成本低、安全可靠,维护有保障。其缺点一是不能全部满足使用单位的会计核算与管理要求,二是对会计人员的系统认识、计算机操作等要求较高。

二、我国会计软件的发展历程

把计算机用于会计工作,实现会计数据处理的电算化,我国是在 20 世纪 70 年代末才开始的。虽然其起步比发达国家晚了 20 多年,但经过 20 多年的快速发展,目前已初具规模,并已经历了四个发展阶段。

1. 1988 年之前,低水平重复开发

20 世纪 80 年代,随着微机进入我国,企业逐渐将计算机技术运用于会计领域。那时,绝大多数用户是为了满足会计核算和报表统计的需要,一家一户地在 DOS 操作系统下,用 BASIC、DBASE 自行开发会计软件,开发周期长且见效慢,主要开发了一些工资核算、凭证汇总等单项处理的会计软件。由于都没经验,这种低水平重复开发使得软件功能单一且质量不高,因此形成低水平的重复劳动,而且软件投入运行以后,开发人员往往脱离软件系统,而将操作工作推给会计人员。虽然计算机技术日新月异地飞速发展,但这些会计软件不能及时更新,并且长期停留在最初开发时的水平,因此技术上落后于形势的发展。在会计工作中使用计算机的单位虽然有所增加,但我国的会计电算化事业进展比较缓慢,已不能适应我国企业管理发展的要求和信息化建设的进一步需要。

2. 1988—1993 年,会计软件走向商品化

为了克服专用会计软件的缺陷,随着会计软件公司的诞生,就提出了一家开发,多家使用的通用化和商品化会计软件的新思路。1988 年是我国会计软件发展史上的一个里程碑,中国会计学会在吉林召开第一届会计电算化学术讨论会,提出了开发通用会计软件的思路,财政部从 1989 年开始评审商品化通用会计核算软件,并制定出第一个会计电算化法规,即《会计核算软件管理的几项规定(试行)》。由于这一法规中规定了会计核算软件的 10 条标准,吸引了众多软件公司投入力量开发商品化通用会计核算软件。先锋、用友先后推出了商品化会计软件,使我国的会计软件进入一个高速发展的阶段,但这一时期的会计软件仍然以账务、工资等单项处理为主。

3. 1993—1996 年,核算型会计软件全面成熟

1993 年 7 月 1 日,我国开始实施《企业会计准则》。这一契机带动了会计软件版本的更新,会计软件各个功能模块都有了很大的改进和提高,商品化会计软件打开了市场,企业也转向使用商品化会计软件。财政部又相继制定了《会计电算化管理办法》《商品化会计核算软件评审规则》《会计电算化工作规范》,使会计电算化管理工作逐步制度化、规范化。市场上迅速崛起的一批会计软件公司致力于会计电算化事业,以用友、安易、金蝶为代表,都紧紧抓住"会计核算"这个中心,在短时间内完成了软件的商品化,建立了完整的营销网络。它们将中国会计软件的核算功能从实现到发展,一直推向成熟。

4. 1996—1997 年,发展管理型软件

1996 年 4 月,在北京召开了我国"会计电算化发展研讨会",会上对会计电算化从核算型向管理型过渡展开了热烈的讨论。与会者一致同意,在进一步提高我国"核算型"会计软件水平的基础上,大力发展我国"管理型"会计软件,并在开发与运用"管理型"会计软件方面投入了一定的力量,有的单位已经取得了一定的成果,从此我国开始进入开发和运用"管理型"会计软件的新阶段。

1998 年 6 月 26 日,国内八大会计软件厂商在北京联合召开"向全面企业管理软件进军"的新闻发布会,宣布我国会计软件行业将把通用化和商品化的企业管理软件作为下一个发展目标,并纷纷拿出了自己的解决方案。

总之,我国的会计软件经历了 20 年的风雨历程,在应用上,从账务、工资等的单项处理到深入、全面的会计核算,准备进一步发展成为企业的全面管理工具;在技术上,实现了从单机版向网络版、从 DOS 平台向 WIN/NT 平台的转换。迄今已有 38 个商品化会计软件通过了财政部的评审,160 个软件通过了省级财政部门的评审。

三、主流 ERP 系统简介

目前,无论是国内还是国外的会计软件,均已融入或转型为 ERP 软件,其中国内有代表性的有金碟、用友等厂家的产品;国外主要是 SAP、Oracle 等厂家的产品。

1. 金蝶的 ERP 产品

金蝶国际软件集团有限公司(以下简称"金蝶公司")的总部位于中国深圳,创始于 1993 年

8 月,是中国第一个 Windows 版会计软件,第一个纯 JAVA 中间件软件,第一个基于互联网平台的三层结构的 ERP 系统的缔造者。基于企业的不同规模和应用层次,金蝶提供了满足不同发展阶段需求、随需应变的 ERP 产品,分别为面向中小型企业的 K/3 和 KIS,以及面向中大型企业的 EAS。如图 1-1 所示。

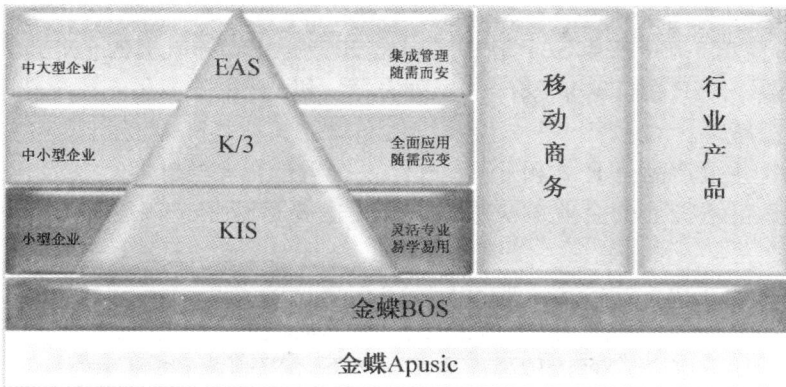

图 1-1　金蝶 ERP 产品

金蝶公司的主打产品 K/3 系统包括标准财务、集团财务、供应链、生产制造、人力资源管理以及办公自动化等领域。根据不同的企业需求设置不同的解决方案,它提供了工业企业全面解决方案、商业企业全面解决方案、工业企业物流管理方案等九种企业解决方案,几乎包括了当今所有类型企业最基本的业务流程。金蝶 K/3 系统是基于 Windows DNA 技术架构的分布式应用系统,是构建在金蝶 K/3 BOS 平台上的易集成、灵活、开放的企业管理软件。

2003 年 3 月,金蝶公司对外发布了第三代产品——金蝶 EAS(Kingdee Enterprise Application Suite)。金蝶 EAS 构建于金蝶公司自主研发的商业操作系统——金蝶 BOS 之上,面向大中型企业,采用 ERP Ⅱ 管理思想和一体化设计,由超过 50 个应用模块高度集成,涵盖企业内部资源管理、供应链管理、客户关系管理、知识管理、商业智能等,并能实现企业间的商务协作和电子商务的应用集成。

2. 用友的 ERP 产品

用友软件有限公司(以下简称"用友公司")成立于 1988 年,是中国最大的管理软件、ERP 软件和会计软件供应商。公司的主要产品有 ERP - NC、ERP - U8、用友通等系列。

用友 ERP - U8 作为其主打产品,将财务管理、供应链管理、生产制造管理、客户关系管理、分销及连锁零售、决策管理、行政办公管理、人力资源管理八大核心业务进行整合,能够让使用者全面掌握业务的所有环节,实现轻松驾驭。其特点如下。

① 整合企业的人、财、物等内外部资源。实现对人力资源、资金、物料设备等各种资源进行全面整合的管理,基础数据管理平台将企业内、外部所有资源统一标准,建立业务运营的基础规范。企业信息门户不仅可以纵览业务全景,而且可以建立起与外部沟通的商务平台,无论是供应商、股东、合作伙伴还是客户都可以方便地实现信息交互与业务协同。

② 整合企业的物流、资金流和信息流。使供应链、财务、生产制造、质量管理等企业核心业务协同运作、信息共享,可以随时查询客户的销售、收款、信用等全部信息及订单的实时追踪与成本分析。

③ 整合企业的信息系统。建立灵活配置、伸缩自如的信息管理平台,无论是 CAD、PDM、第三方软件,还是移动设备、条码设备系统,都可以很容易地融入此平台中实现集成应用。

3. SAP 的 ERP 产品

SAP 公司成立于 1972 年,总部位于德国沃尔多夫市,是全球最大的企业管理软件及协同商务解决方案供应商、全球第三大独立软件供应商。目前,全球有 120 多个国家的超过 19 300 家用户正在运行着 60 100 多套 SAP 软件。财富 500 强中 80% 以上的企业都正在从 SAP 的管理方案中获益。SAP 在全球 50 多个国家拥有分支机构,并在多家证券交易所上市,包括法兰克福和纽约交易所。

SAP 的两个主要产品是 R/2 和 R/3。R/2 系统运行在大型机上,它是 SAP 公司 1978 年推出的第一个真正意义上的企业解决方案。R/3 主要运行于 PC 上,取得了普遍的推广和应用。

SAP R/3 系统在功能方面具有如下特点。

① 功能性。R/3 以模块化的形式提供了一整套业务措施,其中的模块囊括了全部所需要的业务功能,并把用户与技术性应用软件相联而形成一个总括的系统,用于公司或企业战略上和运用上的管理。

② 集成化。R/3 把逻辑上关联的部分连接在一起。重复操作和多余数据被完全取消,规程被优化,集成化的业务处理取代了传统的人工操作。

③ 灵活性。R/3 系统中方便的裁剪方法使之具有灵活的适应性,从而能满足各种用户的需要和特定行业的要求。R/3 还配备有适当的界面来集成用户自己的软件或外来的软件。

④ 开放性。R/3 的体系结构符合国际公认的标准,使客户得以突破专用硬件平台及专用系统技术的局限。同时,SAP 提供的开放性接口可以方便地将第三方软件产品有效地集成到 R/3 系统中来。

⑤ 可靠性。作为用户的商业伙伴,SAP 始终不断地为集成化软件的质量设立越来越多的国际标准。

具体到 SAP R/3 的财务会计子系统,主要特点包括以下几个。

① 适用性。SAP R/3 系统对会计信息的公开性依据有关各国会计法规进行了相应的定义,同时也适用于国际性的企业。R/3 的财会子系统符合 40 多个主要工业国,其中包括中华人民共和国的会计法规的有关规定,在此,SAP 公司保证其软件系统符合国际性应用的要求。

② 集成性。SAP R/3 系统的集成性确保了会计信息能够满足自动更新的要求。当用户在后勤模块处理业务时,例如,物料的收到和发运,这些业务所引起的财务上的变动将立即自动地记入会计系统。SAP R/3 系统充分考虑了关于公司和财税方面的法规。

此外,SAP R/3 系统为其用户提供了电子化处理同业务伙伴之间的数据交换的功能,例如,与客户、供应商、银行、保险公司以及其他信贷机构等的业务往来。获取信息是任何业务往来的重要组成部分。

4. Oracle 的 ERP 产品

Oracle 公司(中文名称为"甲骨文")是世界上最大的企业软件公司,向遍及 145 个国家的用户提供数据库、工具和应用软件以及相关的咨询、培训和支持服务。Oracle 公司的总部设在美国加利福尼亚州的红木城,全球员工超过 40 000 名,2003 年收入达到 95 亿美元。自 1977 年在全球率先推出关系型数据库以来,Oracle 公司在利用技术革命来改变现代商业模式方面发挥了关键作用。Oracle 公司同时还是世界上唯一能够对客户关系管理—操作应用—平台设施实施全球电子商务解决方案的公司。

Oracle 公司 1989 年正式进入中国市场,成为第一家进入中国的世界软件巨头,标志着刚刚起飞的中国国民经济信息化建设得到了甲骨文公司的积极响应。甲骨文首创的关系型数据库技术也从此开始服务于中国用户。

Oracle 的 ERP 产品以 11i 为目前主推的市场最新版本,也称其为电子商务套件。

(1) Oracle 的系统特征

① 统一的数据库平台。Oracle 公司本身作为数据库开发的专业厂商,其数据库产品在业界处于绝对的领先地位。Oracle 的所有系列产品均以其自身的数据作为平台进行开发,在数据的共享、接口的通用性、模块的集成上表现出了优良的品质。

② 开发语言的通用性。Oracle 的产品采用通用的 Internet 语言 JAVA 进行开发,这种开发模式极大地提高了系统的开发性和可扩展性。外部系统和 Oracle ERP 的对接更加便利和可行。

③ 集成性。Oracle 的电子商务套件是行业中第一个集成的基于互联网的商务应用套件。它将前台与后台运营中的关键业务流程自动化,并在统一的数据库基础上进行了深度的模块集成,使得模块间的数据可以高度共享。

④ 创新性。Oracle 公司的 ERP 产品在理念上具有较高的创新性,能够以较快的速度响应市场和用户的需求。

(2) Oracle 电子商务套件的模块

Oracle 电子商务套件是一套全面的商务应用程序,能够高效地管理与客户的交互活动,如提供服务、制造产品、发运订货、收集货款等。其主要模块包括财务管理、人力资源管理、商务智能、物流管理、维护管理、制造管理、商场营销、订单履行管理、产品生命周期管理、采购管理、项目管理、销售管理、服务管理、供应链计划。这些模块提供的功能实现了业务流程的完全连接和自动化。Oracle 公司以其扎实的技术功底以及创新的眼光在国际 ERP 市场中稳步发展。

以上主要介绍了四款国内外主流的 ERP 系统,除此之外,目前使用比较多的 ERP 软件还有美国的 Fourth-shift、JDE、SSA、QAD 等;荷兰的 BAAN;中国的新中大、神州数码、金算盘、浪潮、和佳等。这些 ERP 系统的核心均是对资源的管理,只是管理的方式、手段、技术不尽相同。如何扬长避短才是 ERP 发展的最终之路,现在越来越多的企业通过在专业领域的二次开发或产品选用来弥补主流 ERP 软件的不足。

四、企业如何选择会计软件

近年来,财务管理软件发展非常迅速,其功能不断增强,技术日新月异,软件产品不断更新换代。如何选择适合本企业会计核算要求的会计软件是许多企业面临的重要问题。总体来说,企业选择会计软件的目的,一是提高工作效率;二是推动企业财务管理工作的不断优化,并有助于企业经营效益的提高;三是配合企业的发展战略在一定时期内提升本企业的竞争优势。当然,每个会计软件都有自己的特点,因此在选择会计软件时,应充分关注以下几个问题。

1. 会计软件的处理流程是否适应企业现行的财务流程

企业选用的会计软件的处理流程应尽量符合企业的财务流程。当企业的财务流程发生变化后,会计软件的处理流程也要相应发生变化,否则企业将花费相当大的成本进行流程改造。在选用会计软件时,企业应根据现行的财务流程,初步规划会计电算化后的财务流程,并以此选择相应的会计软件。如果选择通用性的会计软件,虽然其具有的功能模块基本趋于稳定,处理流程也遵循一定的规律,但不一定适应企业现行的财务流程。而其他会计软件为突出特色,往往加强某些模块的功能或提供一些辅助性的功能,这些特色可使会计软件在很大程度上与企业现行的财务流程相适应。因此,选用会计软件时,应事先充分了解这些产品特色。

2. 会计软件所用操作平台是否与企业操作平台一致

目前,国内流行的操作平台是 Windows,大多数的会计软件也是基于 Windows 开发的。许多企业内部也可能采用其他操作平台,如 Unix、Linux 等,这就要考虑操作平台的兼容性。如果操作平台不兼容,可以选择一些与操作平台无关的、语言开发的会计软件,如用 Java 开发的会计软件等。即使操作平台的类型一致,也要考虑版本的兼容性,因为在不同版本下开发的会计软件应用起来可能存在不同的问题,即使厂商打出许多补丁,也往往不能令人满意。

3. 会计软件所用的数据库是否与企业选用的数据库一致

企业选择数据库是出于企业信息系统要求的考虑。如果会计软件所用的数据库与其不一致,不但增加了企业成本,也为财务信息的收集、分配带来困难。如果财务信息不能直接为企业的其他系统所用,则很容易形成信息孤岛,或者要大费周折地进行数据转换。因此,会计软件所用的数据库应尽量与企业选用的数据库一致。

4. 会计软件是否预留相关接口

对任何软件来说,不能不考虑其开放性和前瞻性。如果软件没有任何接口或升级的可能性,必然为以后的应用带来困难。有相关接口的会计软件能够很容易地将数据转换为其他格式,甚至其他会计软件格式。会计软件接口也能为以后操作平台的升级提供方便。目前,国家及有关地方都规定了一些会计标准数据格式,采用标准数据格式的会计软件可以很容易地将会计数据进行导入和导出。但大多数的会计软件从市场角度考虑,并没有采用会计标准数据格式。因此,企业在选择会计软件时,应该考虑到这一点。

5. 会计软件的性能是否安全可靠

所谓的安全可靠,一般是指会计软件防止财务信息被泄漏和被破坏的能力,会计软件防错和纠错的能力。这包括以下几个方面。

① 在计算机出现硬性故障时数据的安全性,如断电、硬件损坏、病毒等。

② 操作权限的控制。

③ 数据库的安全性。对于一个非主流的会计软件,企业在购买前不可能了解这些,那么就可以以该软件是否通过软件测评作为标准,因为顺利通过软件测评和各级部门评审的会计软件具有一定的可信赖性。

6. 会计软件的操作设计是否适应企业的特点

不同企业的财务核算有其各自的特点,企业的财务部门在长期工作中也逐渐形成了自己的习惯。为了避免在使用会计软件后出现不适应的情况,企业应了解会计软件的操作程序与企业的操作习惯是否一致。如报表的格式,许多企业出于其特殊要求可能需要许多非标准格式的报表,某些会计软件可能考虑到了这一点,设计了丰富详尽的自定义报表以符合企业的要求;某些会计软件可能在操作方面有许多创新性的设计,从而为企业会计人员的操作提供了方便。

7. 会计软件的打印模块是否完整

许多企业在使用会计软件后才发现该软件并不能打印出企业所需要的特定部分。所以在选用会计软件时,应充分关注会计软件打印的凭证、账簿、报表是否完整并符合企业的偏好,能否按照企业的特殊要求进行打印等。设计良好的打印模块能为企业节省大量的纸张和打印时间,否则企业将处于进退两难的境地。在会计软件的开发过程中,打印模块通常较难设计,所以,企业在购买前应进行相关账簿的模拟打印。

任务 3   用友畅捷通 T3 的应用准备

会计软件应用是以会计工作为核心,以电子计算机为手段或工具处理会计业务,进行

会计管理活动,是一门集专业理论、技术方法、实践技能为一体的综合性学科。本书以当今主流会计软件之一的用友软件(用友畅捷通 T3)为蓝本,介绍中小企业账务的处理方法和处理流程。

一、用友畅捷通 T3 简介

畅捷通软件有限公司(以下简称"畅捷通")是用友集团 2010 年投资成立的。畅捷通管理软件为企业提供了一种职能型管理方案,以提高企业的经济效益为目标,除提供丰富的管理功能外,更是突破了单一财务部门应用的局限,实现了财务业务一体化的多部门应用模式。

1. 产品特点

畅捷通产品中以"提高效率"为主的 T3 系列产品,主要是从客户实际需求出发,面向成长型企业开发设计,提高管理水平、优化运营流程,实现全面、精细化财务管理与业务控制的一体化管控信息平台。它适合各种工业企业、旅游饮食、施工企业、建筑工程企业、保险企业、房地产、运输交通、金融企业、民间非营利组织、小企业等。其目标用户为小型工业企业、商业企业以及规模稍大的商业批发企业;一般年营业额在 3 000 万元以下,从业人员为 300 人以下的企业。

用友畅捷通 T3 系列包括:用友 T3 -用友通标准版、用友 T3 -财务通普及版、用友 T3 -人事通标准版、用友 T3 -客户通标准版。

2. 主要功能模块

畅捷通 T3 的主要功能模块包括:总账(往来管理、现金银行、项目管理)、出纳通、报表、工资、固定资产、财务分析、业务通(采购、销售、库存)、核算、老板通、移动商务模块。本教材中主要介绍 T3 的财务部分,如图 1 - 2 所示。

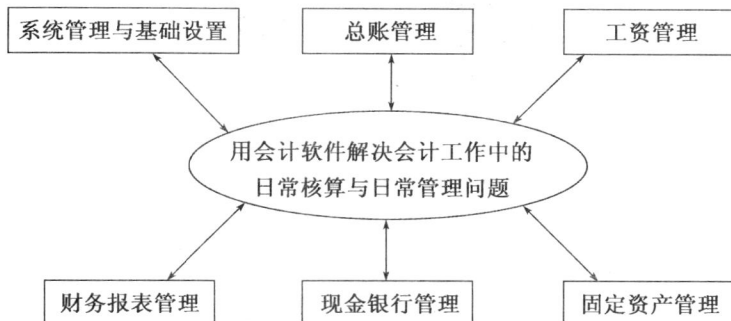

图 1 - 2   用友 T3 的主要功能模块

二、用友畅捷通 T3 的程序安装

1. 检查工作

检查电脑名称是否为全英文(或全拼音),若不是,则需要更改名称(计算机名称中不能有汉字或"一",不能以数字打头)。如图 1-3 所示。

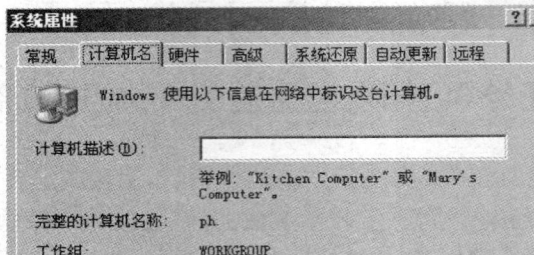

图 1-3　计算机名称的检查或修改

2. 安装数据库

用友 T3 是基于 SQL 数据库运行的,所以安装软件前要安装数据库。可以先安装 SQL Server 2000、SQL Server 2005 或 MSDE 2000,然后才能安装用友 T3。若电脑中已经安装过上述数据库,则可略过此步骤。

3. 安装软件

打开光盘中的 T3 安装文件夹,执行安装文件"setup. exe",之后根据安装向导,单击【下一步】按钮,分别设置客户信息、选择目的地位置、默认系统安装路径(或单击【浏览】按钮,选择重新安装路径)后,单击【下一步】按钮,进入选择安装组件窗口,默认全部选项,单击【下一步】按钮,系统进入环境监测窗口,单击选择不符合的检测项,单击【修复】按钮,数据库安装完毕后,单击【环境检测】按钮,系统检测符合要求后,单击【退出检测】按钮,单击【下一步】按钮,开始安装用友 T3。安装完毕,重新启动计算机。

重启电脑后,进入操作系统,完成对用友的启动过程。桌面上会显示两个图标,分别是"系统管理"和"用友 T3",如图 1-4 所示。

图 1-4　用友软件图标

项目 2　系统管理

能力目标

理解系统管理在用友 T3 中的重要地位；

掌握系统登录与操作员的设置；

掌握建立账套、修改账套与操作员授权的操作流程；

熟悉并理解账套的备份与恢复。

任务 1　系统登录与操作员设置

用友 T3 软件由多个子系统组成，各个子系统既相互独立又有紧密的联系。它们共用企业的数据，拥有共同的基础信息及相同的账套和年度账，要对操作员及其权限集中管理。因此，要满足这些要求，就需要设立一个单独的模块，即系统管理模块。

系统管理模块的主要功能是对软件的各个子系统进行统一的操作管理和数据维护。它包括账套管理、年度账管理、操作员及其权限管理及账套的备份与恢复管理。

系统允许以两种身份注册进入系统管理模块：一是以系统管理员（admin）的身份；二是以账套主管的身份。

系统管理员（admin）：对整个系统进行管理和维护，包括进行账套的建立、引入、输出、操作员及其权限的设置、系统维护等工作。系统管理员只能进入系统管理模块，不能进入到建立的具体账套中。

账套主管：实现对所主管的账套进行修改和管理，包括年度账的建立、清空、引入、输出和年末结账。账套主管还可以为其主管的账套设置操作员权限，既可以登录系统管理模块，也可注册登录所主管的账套，进行账务处理。

注意！

系统管理员和账套主管的区别如下。

① 系统管理员只针对系统维护的相关工作，不参与日常操作；而账套主管拥有所有日常操作的权限。

② 系统管理员只能有一个；而账套主管则根据工作需要可以设置多个，并且权限相同。

③ 系统管理员可以对系统内的任何一个账套进行相关维护工作；而账套主管只能对自己有权限的账套进行维护。

④ 系统管理员可以增加操作员，并对其分配权限；而账套主管不可以增加操作

员,但可以对操作员分配权限。

⑤ 系统管理员只能建立账套,不能修改账套;而账套主管只能修改账套,不能建立账套。

⑥ 系统管理员可以对整个账套进行数据备份及设置自动备份计划;而账套主管只能对账套内的年度账进行数据备份及设置自动备份计划。

⑦ 系统管理员可以清除系统异常;而账套主管则没有此权限。

在正式开始实际操作以前,让我们先来对用友 T3 的系统管理工作流程进行一个基本的了解,见图 2-1。

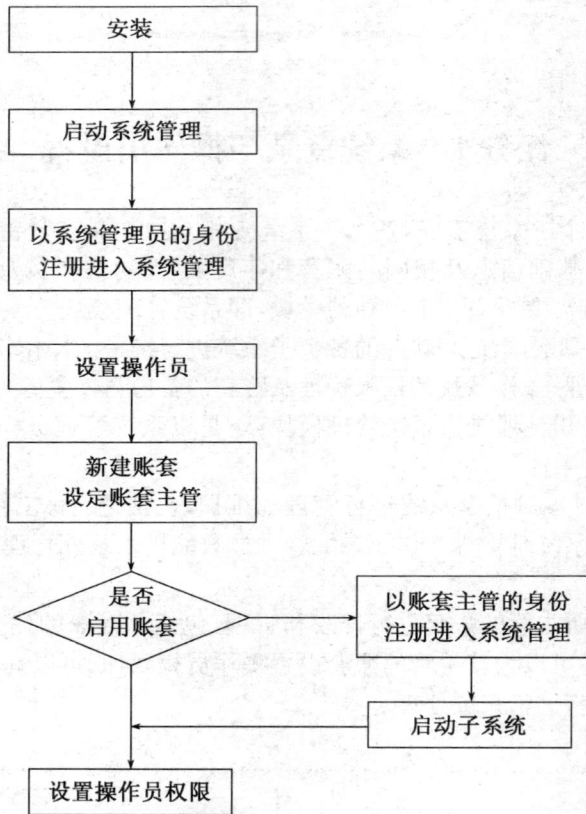

图 2-1 用友 T3 系统管理的流程

一、系统登录与管理

首先启动用友 T3,双击"系统管理"图标,进入"系统管理"界面,单击【系统】\【注册】按钮,即可进入如图 2-2 所示的"系统登录"界面。系统中预先设定了一个系统管理员 admin,初次使用时,在用户名处输入"admin",默认系统管理员初始密码为空,单击【确定】按钮,以系统管理员身份进入系统管理。"系统管理"界面状态栏中显示当前操作员为"admin"。

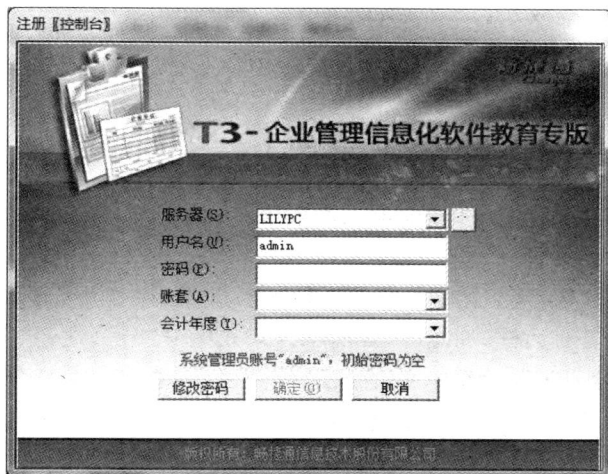

图 2－2　系统管理员的系统登录

案例 2－1

南京新阳光科技股份有限公司(简称"新阳光科技")是一家以生产、销售电子产品及相关产品为主业的中型企业。该公司财务管理主要涉及凭证管理、账簿管理、报表管理、现金银行管理、工资管理、固定资产管理等事项。该公司的基本情况如下(如无特殊说明,以后各项目中的案例均以新阳光科技为背景)。

1. 操作员及其权限(见表 2－1)

表 2－1　操作员及其权限

编　号	姓　名	部　门	权　限
01	周明	财务部	账套主管的全部权限
02	王珊	财务部	公用目录设置、总账系统(除出纳签字功能)所有权限
03	章婷	财务部	现金管理所有权限、总账系统中出纳签字功能

2. 基本情况

① 账套号:888。

② 单位名称:南京新阳光科技股份有限公司。

③ 单位简称:新阳光科技。

④ 单位地址:南京市江宁区高新园区 30 号;电话:025－85216666。

⑤ 企业纳税登记号:320999923421。

⑥ 账套启用日期:2018 年 12 月。

⑦ 企业类型:工业,执行"2007 年新会计准则"。

⑧ 账套主管:01 周明。

⑨ 基础信息:对存货、客户进行分类,有外币核算。

⑩ 分类编码方案:科目编码级次:4－2－2－2;客户分类编码级次:1－2－3;部门编码级

15

次:1-2-2;存货分类编码级次:1-2-2;结算方式编码级次:1-2。

⑪ 模块启用:总账管理、固定资产管理、工资管理。

⑫ 模块启用日期:2018 年 12 月 1 日。

二、设置操作员

系统管理员可以根据财务管理的要求来设置系统所需要的操作员,并可根据需要对已有操作员进行修改、删除、注销等处理。

在"系统管理"界面,执行【权限】\【操作员】命令,进入"操作员管理"界面,点击【增加】按钮,即可进入增加操作员对话框,如图 2-3 所示。录入编号"01"、姓名"周明"、所属部门"财务部"等信息,单击【增加】按钮对所输入的信息进行保存,同时进入下一操作员信息录入界面。依次录入其他操作员信息,完成后单击【退出】按钮返回到"操作员管理"窗口,单击工具栏中的【退出】按钮,结束本次操作员管理操作。

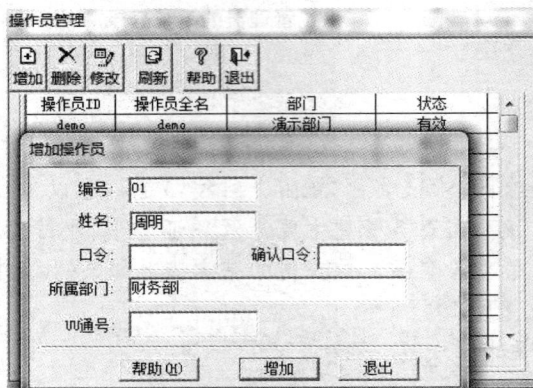

图 2-3 增加操作员

任务 2 建立账套与操作员授权

一、建立账套

所谓账套,是指为核算单位创建的一套完整的账簿体系。

1. 账套信息

以系统管理员的身份注册进入"系统管理"界面,点击【账套】\【建立】按钮,进入"创建账套"\"账套信息"窗口。下面我们将以新阳光科技公司为例,在建账向导的带领下,完成该企业账套的建立。

首先输入账套信息。

① 已存账套。系统中已存在的账套已经在下拉列表中显示,用户只能查看,不能输入或修改,目的是为了避免重复建账。

② 账套号。账套号是该企业账套的唯一标识,必须输入,且不能与已存账套号重复。可以输入 001~999 之间的三个字符。本例中输入账套号"888"。

③ 账套名称。账套名称可输入企业简称,进入系统后它将显示在正在运行的软件的界面上。本例中输入企业简称"新阳光科技"。

④ 账套路径。账套路径用来保存新建账套的位置,系统默认为 C:\UFSMART\Admin。用户也可以保存在其他路径。

⑤ 启用会计期。它是指开始使用计算机系统进行业务处理的初始日期。要根据资料修改启动日期,否则系统会自动设置为系统日期。此处日期为 2018 年 12 月。

以上账套信息输入完成后,如图 2-4 所示。单击【下一步】按钮,打开"创建账套"\"单位信息"窗口。

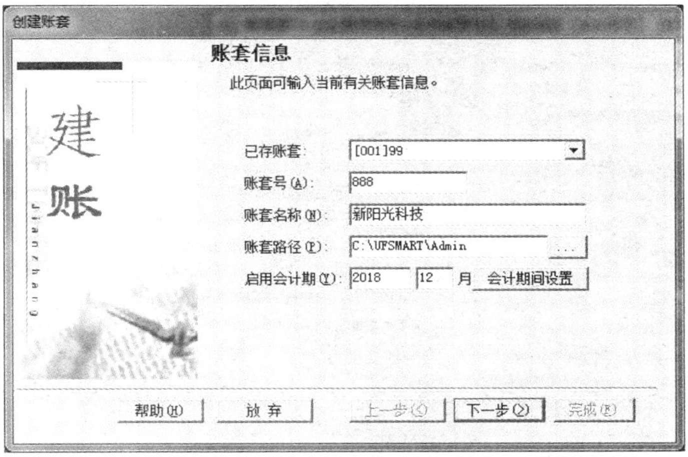

图 2-4　"账套信息"窗口

2. 单位信息

① 单位名称。它是指用户单位的全称,必须输入。企业全称只在发票打印时使用,其余情况全部使用企业的简称。

② 单位简称。它是指用户单位的简称。本例中输入"新阳光科技"。

其他项目可根据企业的资料输入即可。单位信息输入完成后,如图 2-5 所示。单击【下一步】按钮,打开"创建账套"\"核算类型"窗口。

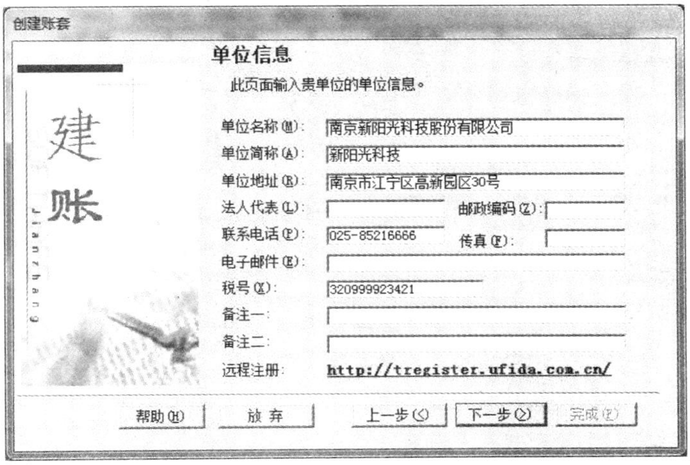

图 2-5　"单位信息"窗口

3. 核算类型

① 本币代码。此栏必须输入。本例中为系统默认"RMB"。

② 本币名称。此栏必须输入。本例中为系统默认"人民币"。

③ 企业类型。用户可在下拉框选择,系统提供了工业、商业两种类型。本例中选择"工业"。

④ 行业性质。用户必须从下拉框选择,系统按照所选择的行业性质预置科目。本例中选择"新会计准则科目"。

⑤ 账套主管。此栏必须从下拉框选择输入。本例中选择"周明"。

⑥ 按行业性质预置科目。选中该选项,指用户希望预置所属行业的标准一级科目。

核算类型输入完毕后,如图2-6所示。单击【下一步】按钮,打开"创建账套"\"基础信息"窗口。

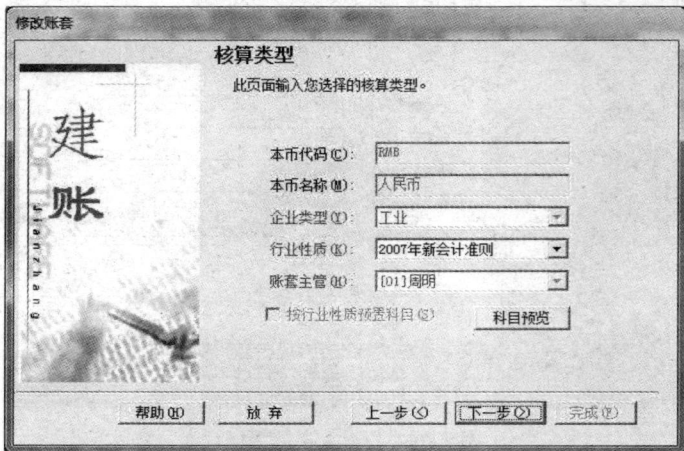

图2-6 "核算类型"窗口

4. 基础信息

如果单位的存货、客户、供应商相对较多,可以对它们进行分类核算。因此,可以在"存货是否分类""客户是否分类""供应商是否分类""有无外币核算"前面的复选框进行选择。按照本例要求,选中"存货是否分类""客户是否分类""有无外币核算"复选框,如图2-7所示。如果此时不能确定是否分类核算,也可以在建账完成后由账套主管在"修改账套"功能中设置分类核算。

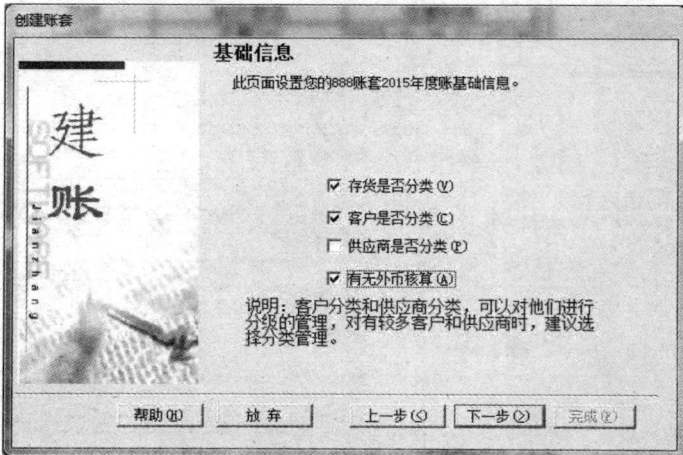

图2-7 "基础信息"窗口

完成基础信息设置后，单击【下一步】\【完成】按钮，弹出系统提示“可以创建账套了吗”对话框，单击【是】按钮，稍后一段时间，系统按输入信息要求建立企业数据库，完成后打开“分类编码方案”窗口。

5. 分类编码方案

为了便于对经济业务数据进行分类核算、统计和管理，系统要求预先设置某些基础档案的编码规则，即规定各种编码的级次与各级的长度。设置的编码方案级次不能超过系统最大级数和最大长度限制，只能在最大长度范围内增加级数和改变级长。按本例要求修改系统默认值，如图 2－8 所示。单击【确认】按钮，打开“数据精度定义”窗口。

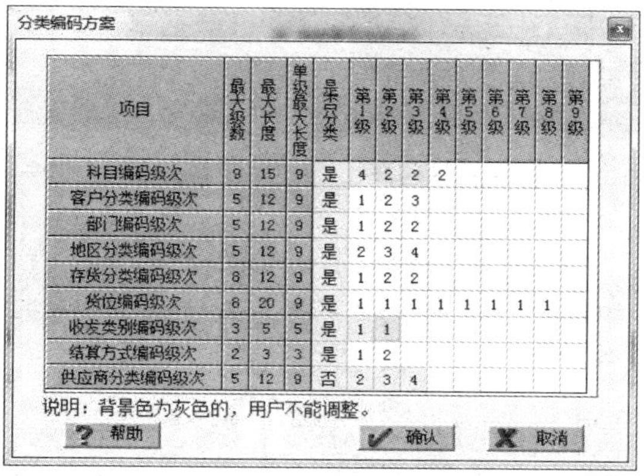

项目	最大级数	最大长度	单级最大长度	是否只分类	第1级	第2级	第3级	第4级	第5级	第6级	第7级	第8级	第9级
科目编码级次	9	15	9	是	4	2	2	2					
客户分类编码级次	5	12	9	是	1	2	3						
部门编码级次	5	12	9	是	1	2	2						
地区分类编码级次	5	12	9	是	2	3	4						
存货分类编码级次	8	12	9	是	1	2	2						
货位编码级次	8	20	9	是	1	1	1	1	1	1	1	1	
收发类别编码级次	3	5	5	是	1	1							
结算方式编码级次	2	3	3	是	1	2							
供应商分类编码级次	5	12	9	否	2	3	4						

图 2－8　“分类编码方案”窗口

6. 数据精度定义

数据精度涉及核算精度问题。涉及购销存业务环节时，会输入一些原始单据，如发票、出(入)库单等，需要填写数量及单价。数据精度定义是确定有关数量及单价的小数位数的，如图 2－9 所示。

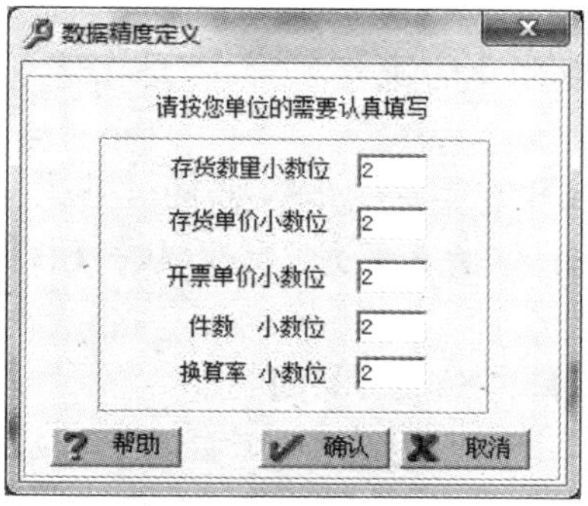

图 2－9　“数据精度定义”窗口

单击【确认】按钮，系统会弹出提示“创建账套{新阳光科技：[888]}成功”对话框，单击【确定】按钮，系统又会弹出“是否立即启用账套”对话框，单击【是】按钮，即可进入“系统启用”窗口，如图 2－10 所示。选择要启用的系统模块以及启用时间(可选择任意年度与月份，但启用日期通常为启用月的 1 日)，单击【确定】按钮，系统会再次提示“确实要启用当前系统吗”对话框，点击【是】按钮，即可完成系统启用，也即完成了建账的所有工作。

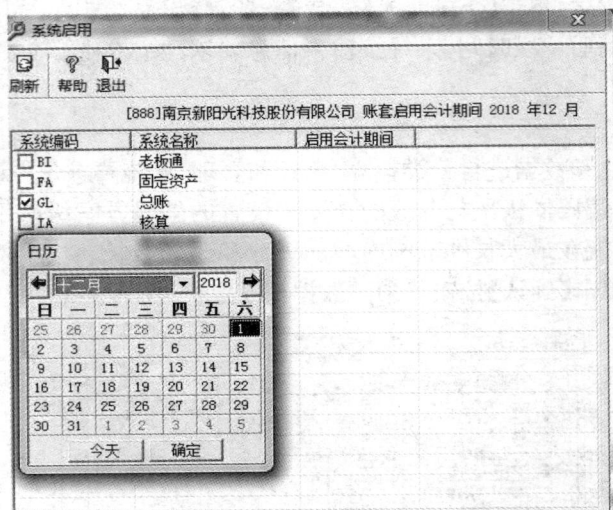

图 2-10 "系统启用"窗口

二、设置操作员权限

系统的授权分为两个层次,即系统管理员授权和账套主管授权。

系统管理员是软件系统默认的最高权力执行者,拥有执行软件系统的全部权力,可以指定账套主管或取消账套主管权限,也可以对各个账套的操作员进行授权。

账套主管的权限局限于其所管理的账套,在该账套内,账套主管被默认为拥有该账套的全部操作权力,可以对本账套的操作员进行权限设置。

设置操作员权限的工作应在系统管理中的"权限"功能中完成,由系统管理员(admin)或账套主管完成。

1. 指定账套主管

可以在两个环节中确定企业账套的账套主管:一是在建立账套环节;二是在权限设置环节。只有系统管理员能够指定账套主管。

在权限设置环节,指定/取消账套主管的步骤如下。

① 以系统管理员身份注册进入"系统管理"界面,执行【权限】|【权限】命令,打开"操作员权限"窗口。

② 从账套列表下拉框中选择"[888]新阳光科技"。

③ 在操作员列表中选择"01 周明",选中"账套主管"复选框,系统弹出提示"设置操作员:[01]账套主管权限吗?"对话框,单击【是】按钮,即可对 01 周明赋予账套主管的权限。如图 2-11 所示。

如果想取消其账套主管的权限,只要将账套主管复选框前面的"√"取消即可。

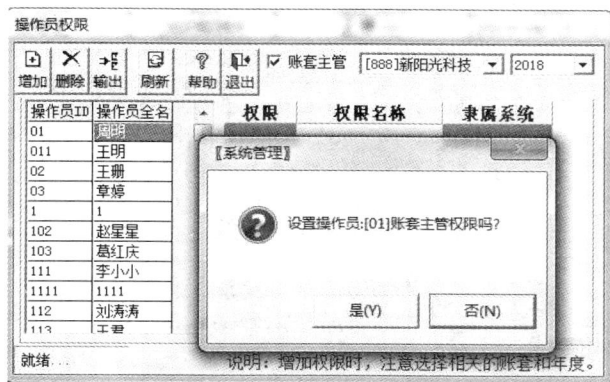

图 2-11　"操作员权限"窗口

2. 给操作员赋权

系统管理员和账套主管都可以给操作员赋权。在"操作员权限"窗口,选择"888"账套,再从操作员列表中选择操作员,单击【增加】按钮,打开"增加权限"窗口。在"产品分类选择"列表中根据需要双击选择"公共目录设置""总账"或其他模块,再在"明细权限选择"列表中双击进行明细权限调整。设置完毕后单击【确定】按钮对设置进行保存,并返回"操作员权限"设置窗口。如图 2-12 所示。

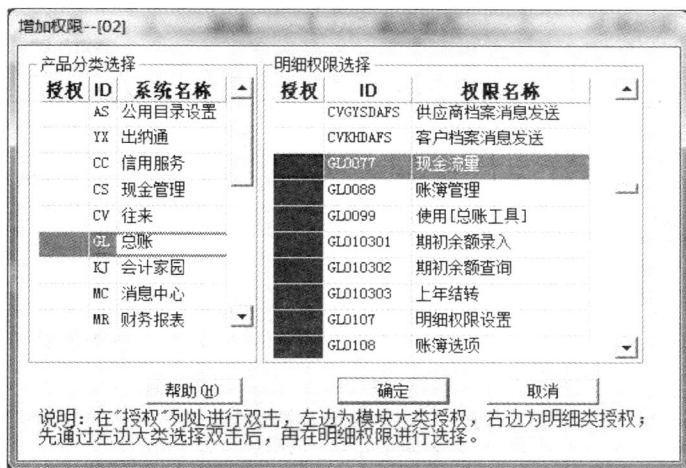

图 2-12　"增加权限"窗口

三、修改账套

账套创建完毕后,如果发现账套参数设置有误需要修改,或者需要查看账套信息,此时可以通过账套的修改功能来实现。账套参数信息若已被使用,进行修改可能会造成数据库数据的紊乱,因而对账套信息的修改应慎重对待。

修改账套的工作应由账套主管执行【系统管理】\【账套】\【修改】命令来完成。双击"系统管理"图标,打开"系统登录"窗口,输入操作员"01"或"周明",密码为空,单击账套栏的下拉按钮,选择"[888]新阳光科技",如图 2-13 所示。单击【确定】按钮,进入"系统管理"界面,再执

21

行单击【账套】\【修改】命令,即可调出以前设置的账套信息,并按照正确信息进行修改。

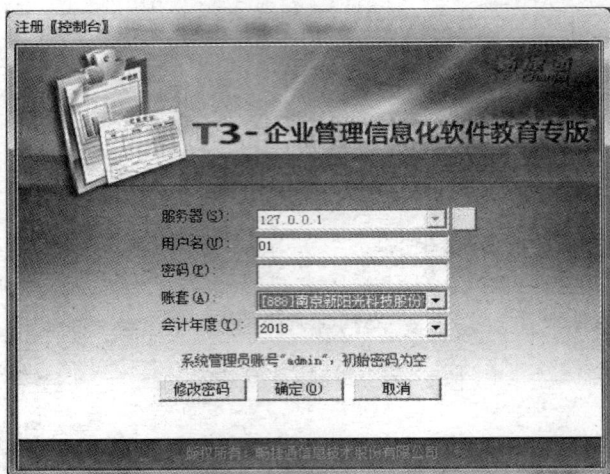

图 2-13 账套主管的系统登录

任务3 账套的备份与恢复

一、账套备份\输出

账套备份\输出是将财务软件系统产生的数据备份到硬盘、软盘、光盘以及其他存储介质上保存起来,目的就是要长期保存财务数据,防止恶意篡改和破坏或意外事故造成数据丢失,给核算工作造成不必要的损失。利用备份数据,可以尽快恢复系统数据,从而保证单位核算业务的正常进行。账套备份可以使用手工备份、设置备份计划两种方式。

1. 手工备份

以系统管理员的身份进入"系统管理"界面,执行【账套】\【备份】命令,此时系统弹出"账套备份"界面。在账套号处选则需要备份的账套,如想删除源账套,则还要选中"删除当前输出账套",并点击【确定】按钮。如图 2-14 所示。此时系统会进行备份的工作,在系统备份过程中有一个进度条,任务完成后,系统会提示备份路径,选择好路径确认完成备份即可。此时系统会提示"真要删除该账套吗"对话框,点击【确认】按钮即可删除该账套,取消操作则不删除当前输出账套。

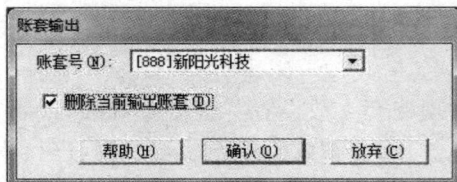

图 2-14 账套备份\输出

2. 设置账套备份计划

设置账套备份计划是自动定时对设置好的账套进行备份。其优势是设置定时备份账套功能，多个账套同时备份，在很大程度上减轻了系统管理员的工作量，同时可以更好地对系统进行管理。

二、账套恢复\引入

账套恢复是指将系统外的某账套数据引入到本系统中，即将备份到软盘、硬盘或其他存储介质中的备份数据恢复到硬盘上指定的目录中。

以系统管理员身份注册进入"系统管理"界面，选中【账套】菜单中的【恢复】选项，选择要恢复的账套数据备份文件 UF2KAct. Lst，单击【确定】按钮，系统会弹出"此项操作将会覆盖[888]当前账套的所有信息，继续吗?"对话框，单击【是】按钮，即可完成账套的恢复。

账套建立成功后，企业应根据实际情况进行初始化设置工作，包括设置部门档案、职员档案、客户供应商档案、外币，以及录入期初余额等，以确保本月工作顺利进行。这些工作需要登录用友 T3，并通过执行【基础设置】命令来完成。

模拟实训 1

◆ 实训目的

通过实训掌握新建、修改账套，增加操作员并对其授权的内容和方法；掌握账套备份与恢复的操作方法。

◆ 实训资料

企业的背景资料如下。

一、企业的基本情况

① 公司概况：江苏益新制衣股份有限公司是一家从事服装生产的股份有限公司。该公司被认定为增值税一般纳税人，主要自制衬衣、棉衣、风衣、皮夹克、牛仔服等产品，并承接牛仔服的代加工业务。

② 公司地址：南京市江宁区高新园区湖则路 168 号；邮编：211160。

③ 法人代表：王长海。

④ 联系电话：025 - 86975310。

⑤ 开户银行：农业银行湖则路支行；账号：73589823721257。

⑥ 税号：913204987565423012。

二、会计核算信息

① 记账本位币：人民币(RMB)。

② 存货核算：存货按实际成本法核算，发出产品计价采用全月一次加权平均法，于月末一次结转发出产品成本；领用周转材料采用一次摊销法。

③ 税率：增值税13％；城市维护建设税7％；教育费附加3％；地方教育费附加2％；企业所得税25％。

④ 外币业务以业务发生当期的期初汇率进行折算。

模拟实训的具体操作过程如下。

一、增加操作员

以系统管理员（admin）身份注册进入"系统管理"界面，并增加操作员（见附表1-1）

附表1-1　增加操作员

编　号	姓　名	所属部门
901	学号末3位	财务科
902	张云	财务科
903	朱平	财务科
904	学生姓名	财务科
905	董明	财务科

注：为了方便操作，口令设置为空。

二、建立账套

① 账套号：900（可采用系统默认的账套号，也可以修改，但不能与已存账套号重复）。

② 账套名称：江苏益新制衣股份有限公司。

③ 账套路径：默认。

④ 账套启用日期：2018年12月1日。

⑤ 单位名称：江苏益新制衣股份有限公司。

⑥ 单位简称：益新制衣。

⑦ 记账本位币：RMB人民币。

⑧ 企业类型：工业。

⑨ 行业性质：2007年新会计准则（按行业性质预置科目）。

⑩ 账套主管：901（学号末3位）。

⑪ 基础信息：对存货、客户、供应商进行分类，有外币核算。

⑫ 业务流程：标准。

⑬ 分类编码方案：科目编码级次：4-2-2-2-2；客户分类编码级次：2-2；供应商分类编码级次：2-2；部门编码级次：2-2；结算方式编码级次：1-2。

⑭ 数据精度：默认。

⑮ 模块启用：总账管理、固定资产管理、工资管理。

⑯ 模块启用日期：2018年12月1日。

三、分配权限

901：学号末 3 位，为 900 号账套的账套主管，赋予系统管理的所有权限。

902：张云，为总账会计，权限如下。

① 公用目录设置：所有权限；

② 老板通：预警设置；

③ 总账：除填制凭证外的所有权限；

④ 固定资产：除卡片新增、变动单新增、批量制单、业务制单、评估单新增外的所有权限；

⑤ 现金管理：除支票登记外的所有权限；

⑥ 财务分析：所有权限；

⑦ 财务报表：所有权限。

903：朱平，为核算会计，权限如下。

① 固定资产：所有权限；

② 工资：所有权限；

③ 往来：所有权限；

④ 现金管理：现金日记账查询、现金日记账账簿打印、银行日记账查询、银行日记账账簿打印、资金日报查询、余额调节表查询；

⑤ 总账：填制凭证、查询凭证、凭证整理、打印凭证、自动转账定义、执行自动转账、结转定义、执行结转、对账、结账。

904：学生姓名，为核算会计，权限如下。

总账：填制凭证、查询凭证、凭证整理、打印凭证。

905：董明，为出纳，权限如下。

① 总账：现金流量、现金流量明细表、现金流量统计表、出纳签字；

② 现金管理：所有权限。

项目3 基础档案的设置

能力目标

理解各项基础档案在系统中所起的作用及各项目的含义；
掌握机构人员、客商信息、财务信息等各基础档案的建立方法。

双击桌面上的"用友 T3"图标，打开登录窗口，录入操作员"01"，密码为空，单击账套栏的下拉三角按钮，选择"［888］新阳光科技"，操作日期为"2018－12－1"。如图 3－1 所示。单击【确定】按钮，进入"企业应用平台"主界面。

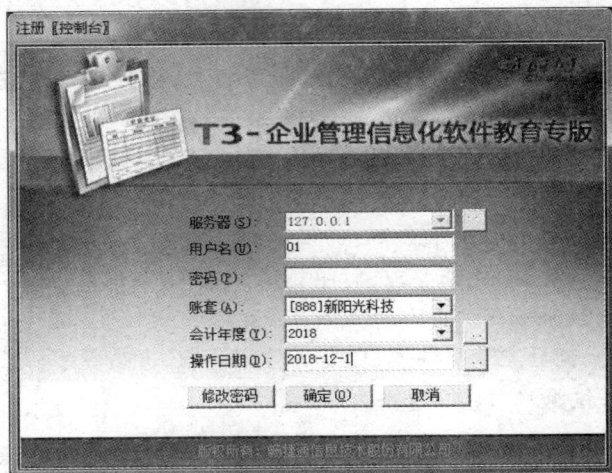

图 3－1　用友 T3 的企业应用平台

在【基础设置】菜单下，提供了一个集中录入基础档案资料的各个选项，在这里可以初始化所有的基础档案资料。下面将主要介绍机构设置、往来单位设置、财务基础信息设置。

案例 3－1

新阳光科技公司的基础档案资料如下。

1. 机构设置

（1）部门档案（见表 3-1）

表 3-1　部门档案

部门编码	部门名称
1	人事部
2	财务部
3	业务部
301	业务一部
302	业务二部

（2）职员档案（见表 3-2）

表 3-2　职员档案

职员编码	职员姓名	所属部门
01	周明	财务部
02	王珊	财务部
03	章婷	财务部
04	齐为敏	人事部
05	张辉	业务一部
06	韩健军	业务二部
07	李飞扬	财务部
08	李茂	业务一部
09	张志兵	业务二部

2. 客商信息

（1）客户分类（见表 3-3）

表 3-3　客户分类

类别编码	类别名称
1	批发商
2	代理商

（2）客户档案（见表 3-4）

表 3-4　客户档案

客户编码	客户名称	客户简称	客户分类码
01	上海天力公司	上海天力	1
02	北京百顺公司	北京百顺	2

（3）供应商档案（见表 3-5）

表 3-5　供应商档案

供应商编码	供应商名称	供应商简称
01	天津泰达公司	天津泰达
02	新境界公司	新境界

3. 财务信息

指定"1001 库存现金"为现金总账科目、"1002 银行存款"为银行总账科目。

（1）增加、修改会计科目（见表 3-6）

表 3-6　增加、修改会计科目

科目编码	科目名称	辅助账类型
100201	中行	日记账、银行账
100202	工行	日记账、银行账
1122	应收账款	客户往来
122101	应收职工款	个人往来
122102	应收单位款	客户往来
2202	应付账款	供应商往来
221101	薪资	
222101	应交增值税	
22210101	进项税额	
22210102	销项税额	
222105	未交增值税	
5001	生产成本	项目核算
500101	直接材料	项目核算
500102	直接人工	项目核算
500103	制造费用	项目核算
6602	管理费用	部门核算
660201	办公费	部门核算
660202	差旅费	部门核算
660203	薪资	部门核算
660204	折旧费	部门核算
660205	其他	部门核算

（2）凭证类别（见表 3-7）

表 3-7 凭证类别

类别名称	限制类型	限制科目
收款凭证	借方必有	1001,1002
付款凭证	贷方必有	1001,1002
转账凭证	凭证必无	1001,1002

（3）结算方式（见表 3-8）

表 3-8 结算方式

结算方式编码	结算方式名称
1	现金支票
2	转账支票

（4）项目目录（见表 3-9）

表 3-9 项目目录

项目设置步骤	设置内容	
项目大类	生产成本核算	
核算科目	生产成本(5001)	
	直接材料(500101)	
	直接人工(500102)	
	制造费用(500103)	
项目分类		
1	电子产品	
2	电子备件	
项目目录		
001	MP5	电子产品
002	电阻	电子备件

（5）外币设置（见表 3-10）

表 3-10 外币设置

币别代码	类别名称	汇率方式	记账汇率	折算方式
USD	美元	固定汇率	6.7	外币×汇率＝本位币

任务 1　机构设置

一、部门档案

部门档案主要是设置与企业财务核算和管理有关的部门的信息。设置部门档案的目的在于按部门进行数据汇总和分析。

执行【基础设置】命令下的【机构设置】\【部门档案】命令,打开"部门档案"窗口,单击【增加】按钮,录入前述案例中的部门编码"1"、部门名称"人事部",如图 3-2 所示,单击【保存】按钮进行保存。以同样的方法依次录入其他部门的档案。

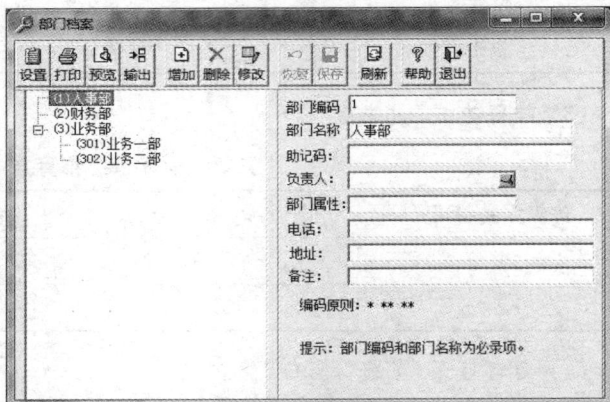

图 3-2　"部门档案"窗口

二、职员档案

职员档案的作用是设置企业的各个职能部门中需要对其进行核算和业务管理的职工的信息,以便按职员进行记录、查询和统计。

执行【基础设置】菜单下的【机构设置】\【职员档案】命令,打开"职员档案"窗口,输入前述案例中所有职员的信息,单击【保存】按钮即可。如图 3-3 所示。

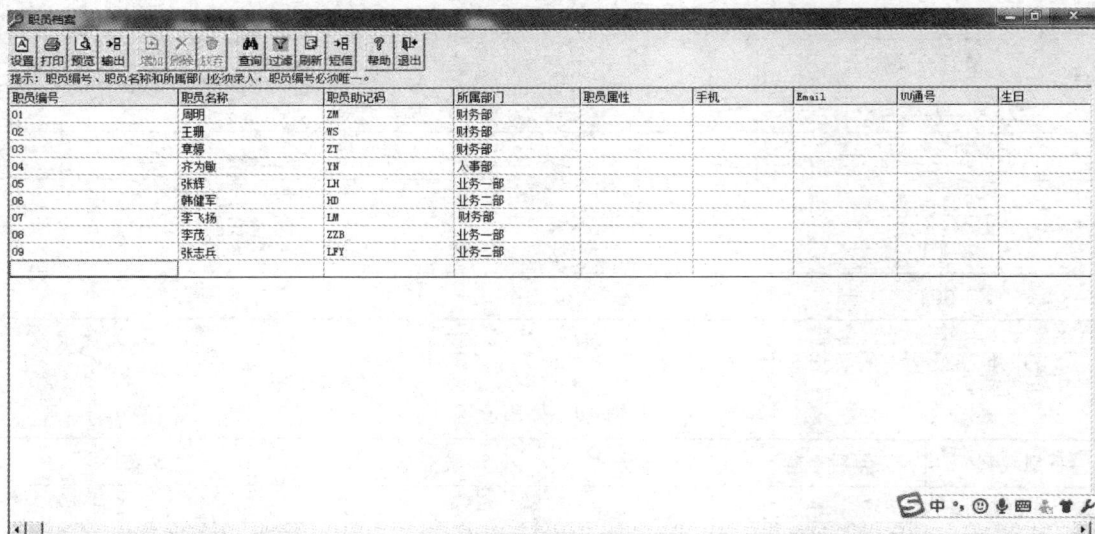

提示:职员编号、职员名称和所属部门 均必须录入,职员编号必须唯一。

职员编号	职员名称	职员助记码	所属部门	职员属性	手机	Email	UU通号	生日
01	周明	ZM	财务部					
02	王珊	WS	财务部					
03	章婷	ZT	财务部					
04	齐为敏	YN	人事部					
05	张辉	LH	业务一部					
06	韩健军	HD	业务二部					
07	李飞扬	LM	财务部					
08	李茂	ZZB	业务一部					
09	张志兵	LFY	业务二部					

图 3-3　"职员档案"窗口

任务 2　往来单位设置

一、客户分类

当企业的往来客户较多时,可以按照某种分类标准对客户进行分类管理,以便分类汇总与统计。对客户进行分类,既可以根据合作时间将客户分为长期客户、中期客户和短期客户,也可以按信用等级分类,还可以按客户所属行业分类。

执行【基础设置】菜单下的【往来单位】\【客户分类】命令,打开“客户分类”窗口,单击【增加】按钮,依次输入前述案例中所有客户的类别编码及分类信息,单击【保存】按钮即可。如图 3－4 所示。

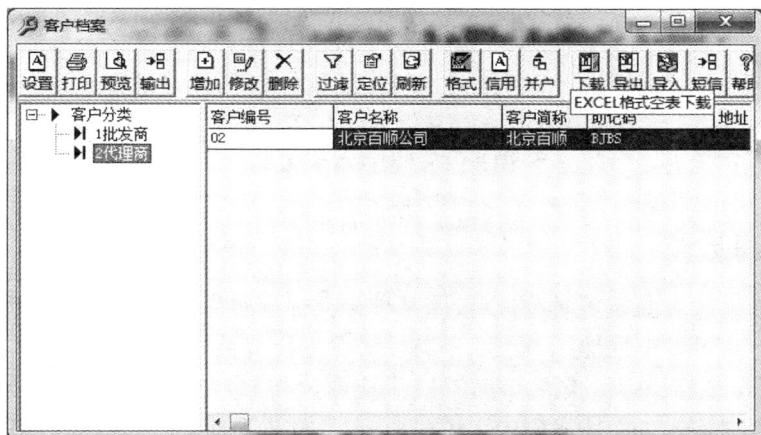

图 3－4　“客户分类”窗口

二、客户档案

客户是企业的重要资源,因此,在建立计算机管理系统时,需要全面整理客户资料并录入系统,以便有效地管理客户、服务客户。

执行【基础设置】菜单下的【往来单位】\【客户档案】命令,打开“客户档案”窗口。该窗口分为左、右两部分,左窗口显示已经设置的客户分类,单击选中某一分类;右窗口显示该分类下所有的客户列表,单击【增加】按钮,打开“客户档案卡片”窗口。该窗口中共包括四个选项,即“基本”“联系”“信用”“其他”,用于对客户的不同属性分别归类记录。

按照前述案例中的资料分别输入“客户编码”“客户名称”等相关信息,单击【保存】按钮。如图 3－5 所示。

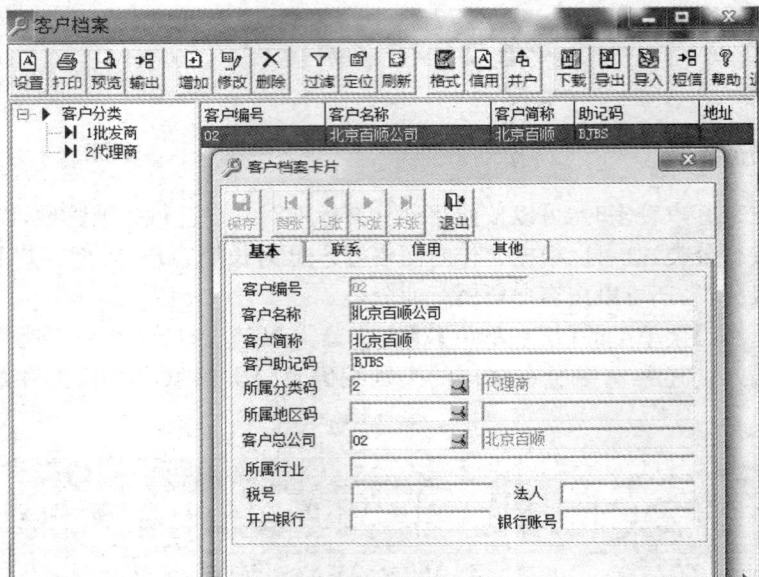

图 3-5 "客户档案"窗口

三、供应商分类

当企业的往来供应商较多时,可以按照某种分类标准对供应商进行分类管理,以便分类汇总统计。对供应商可以根据地区、行业、供料性质等进行分类。

执行【基础设置】菜单下的【往来单位】\【供应商分类】命令,打开"供应商分类"窗口,可以将供应商分类资料输入。前述案例中无供应商分类,此处略过。

四、供应商档案

供应商档案与客户档案极为相似。供应商档案中也包含了与业务处理环节相关的大量信息,分为"基本""联系""信用""其他"四个标签存放。供应商档案必须建立在最末级供应商分类之下。

执行【基础设置】菜单下的【往来单位】\【供应商档案】命令,打开"供应商档案"窗口。该窗口分为左、右两部分,左窗口显示供应商的分类,右窗口显示所有的供应商列表。单击【增加】按钮,打开"供应商档案卡片"窗口,输入前述案例中的供应商信息。如图 3-6 所示。

五、地区分类

地区分类是针对客户/供应商所属地区进行的分类,便于进行业务数据的统计、分析。

执行【基础设置】菜单下的【往来单位】\【地区分类】命令即可设置。

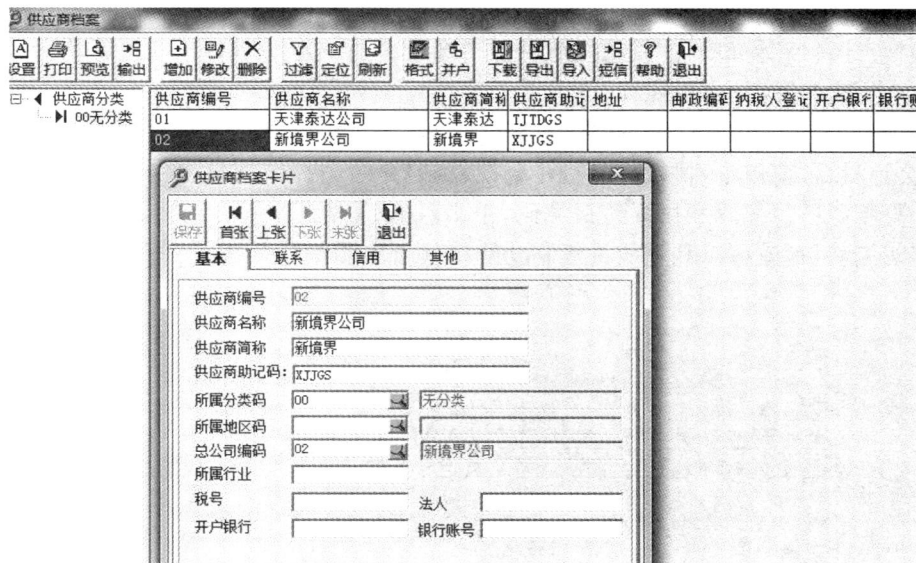

图 3-6　"供应商档案"窗口

任务 3　财务基础信息设置

一、会计科目

执行【基础设置】菜单下的【财务】\【会计科目】命令，打开"会计科目"窗口，如图 3-7 所示。在该窗口可以对会计科目进行浏览、增加、修改、删除、复制、指定科目等操作。

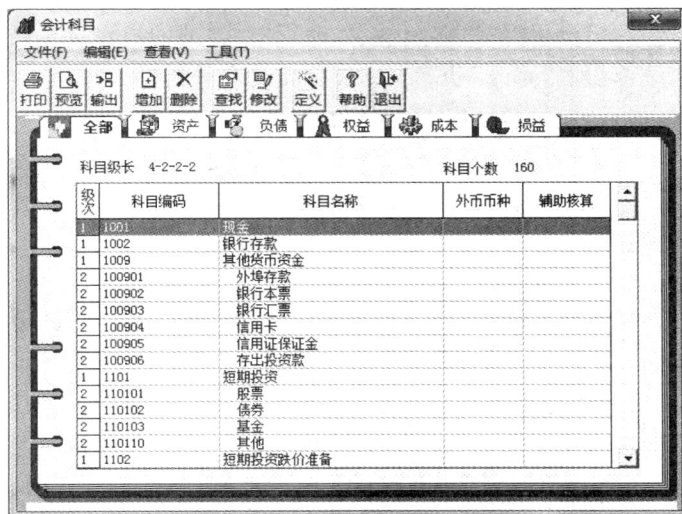

图 3-7　"会计科目"窗口

1. 增加科目

单击"会计科目"窗口的【增加】按钮,打开"会计科目—新增"窗口,即可新增会计科目,增加完毕,单击【确定】按钮进行保存。

2. 利用"成批复制"功能增加会计科目

在"会计科目"窗口中,执行【编辑】\【成批复制】命令,打开"成批复制"窗口,如图3-8所示。输入复制源科目编码和目标科目编码,单击【确认】按钮即可。比如,6001销售费用下增加了许多明细科目,就可以利用成批复制功能将其所属明细科目增加到管理费用所属的明细科目中。

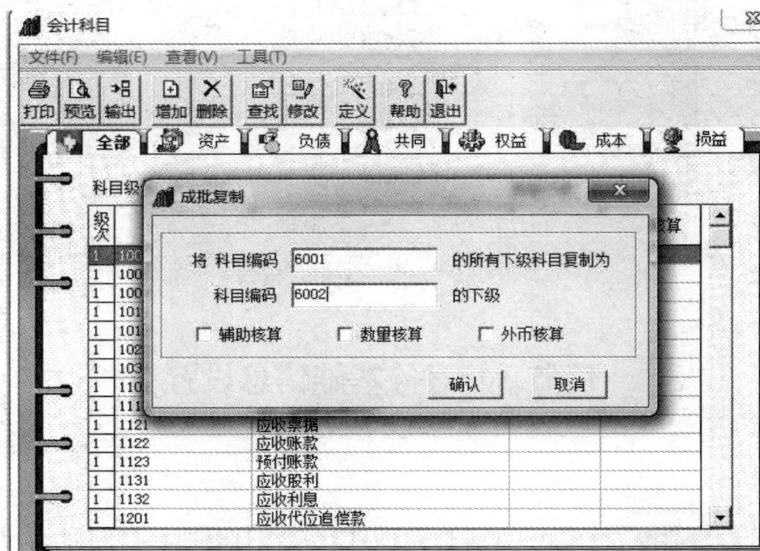

图3-8 "成批复制"窗口

如果需要对已建立会计科目的某些属性,如账页格式、辅助核算、汇总打印、封存标识等进行修改,可以通过系统提供的"修改"功能来完成。如果会计科目未经使用,也可通过"删除"功能来删除。删除会计科目时应遵循"自下而上"的原则。

3. 删除科目

在"会计科目"窗口,选中要删除的科目,单击【删除】按钮,系统会提示"真的删除此记录吗"对话框,点击【确定】按钮即可删除科目。

4. 修改科目

在"会计科目"窗口,选中要修改的科目,单击【修改】\【确定】按钮,即可修改会计科目。

5. 指定会计科目

在"会计科目"窗口,执行【编辑】\【指定科目】命令,打开"指定科目"窗口,如图3-9所示。例如,将库存现金指定为现金总账科目。单击列表左边的"现金总账科目"选项,从待选科目中选择"1001库存现金"并双击,即可将其添加到已选科目类表中。同理,指定银行总账科目、现金流量科目与上述操作方法一样。

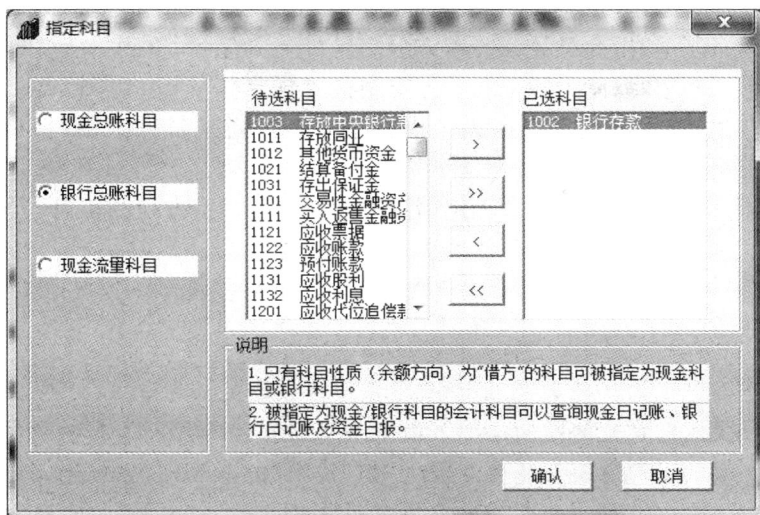

图 3 - 9　"指定科目"窗口

二、凭证类别

执行【基础设置】菜单下的【财务】\【凭证类别】命令,打开"凭证类别"窗口,此时系统提供以下五种常用分类方式供用户选择。

① 记账凭证;

② 收款凭证、付款凭证、转账凭证;

③ 现金凭证、银行凭证、转账凭证;

④ 现金收款凭证、现金付款凭证、银行收款凭证、银行付款凭证、转账凭证;

⑤ 自定义。

凭证分类不影响记账的结果,一般而言,它可分为收款凭证、付款凭证和转账凭证。业务量较少的单位可不分类,即只设置"记账凭证"一种类别。

选中企业需要设置的凭证类别,单击【确定】按钮。例如,凭证类别设置为"收、付、转",如图 3 - 10 所示。

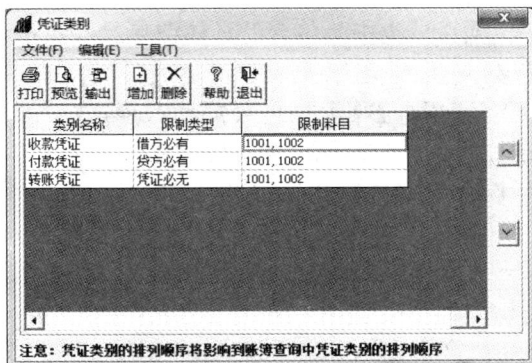

图 3 - 10　"凭证类别"窗口

某些类别的凭证在制单时对科目有一定限制,本系统提供以下五种限制类型。

① 借方必有。制单时,此类凭证的借方限制科目至少有一个发生额。

② 贷方必有。制单时,此类凭证的贷方限制科目至少有一个发生额。

③ 凭证必有。制单时,此类凭证无论借方限制科目还是贷方限制科目,至少一方有发生额。

④ 凭证必无。制单时,此类凭证无论借方限制科目还是贷方限制科目均无发生额。

⑤ 无限制。制单时,此类凭证可使用所有合法的科目。

注意!

① 已经使用的凭证类别不能删除,也不能修改类别字。

② 如果收款凭证的限制类型为借方必有"1001,1002",那么系统要求在填制凭证时,收款凭证的借方必须有一个是"1001"或"1002",否则,系统会判断该张凭证不属于收款凭证类别,不允许保存。付款凭证及转账凭证也应满足相应的要求。

③ 限制科目之间一定为半角符号。

三、项目目录

1. 定义项目大类

定义项目大类包括指定项目大类名称、定义项目级次和定义项目栏目三项工作。项目级次是确定该项目大类下所管理的项目的级次与每级的位数。项目栏目是针对项目属性的记录。例如,定义项目大类"工程",工程下又分了一级,设置 1 位数字即可,工程要记录的必要内容如"工程号""工程名称""负责人""开工日期""完工日期"等可作为项目栏目。

2. 指定核算科目

指定设置了项目辅助核算的科目具体要核算哪一个项目,建立项目与核算科目之间的对应关系。

3. 定义项目分类

例如,将工程分为"自建工程"和"外包工程"等。

4. 定义项目目录

定义项目目录是将每个项目分类中所包含的具体项目录入系统。具体每个项目录入哪些内容取决于项目栏目的定义。

执行【基础设置】菜单下的【财务】\【项目目录】命令,单击【增加】按钮,打开"项目大类名称"窗口,如图 3-11 所示。输入项目大类名称,单击【下一步】按钮,打开"定义项目级次"窗口,如图 3-12 所示。单击【下一步】按钮,再单击【完成】按钮,返回"项目档案"窗口。

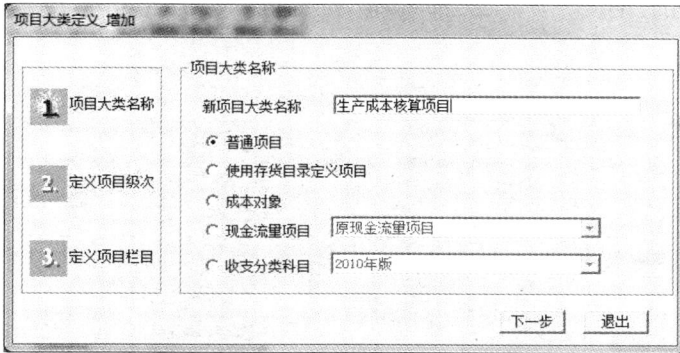

图 3‒11 "项目大类名称"窗口

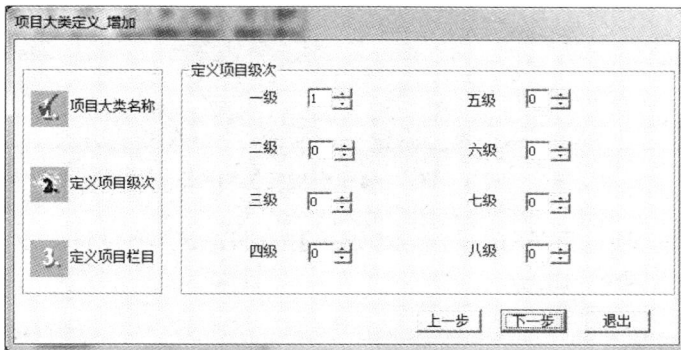

图 3‒12 "项目大类定义—增加—定义项目级次"窗口

在"项目档案"窗口,单击"项目大类"栏的下三角按钮,选择"生产成本核算"项目大类。选中屏幕左方的"核算科目"选项,将待选项目栏中的项目选中并双击,即可将其选定为已选科目列表,如图 3‒13 所示,单击【确定】按钮即可。

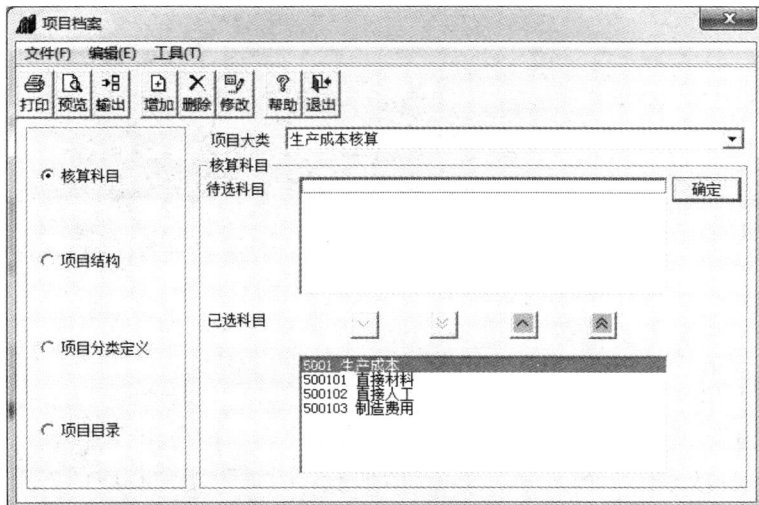

图 3‒13 "项目档案—核算科目"窗口

选中屏幕左方的"项目分类定义"选项,输入分类编码、分类名称,单击【确定】按钮。如图 3-14 所示。

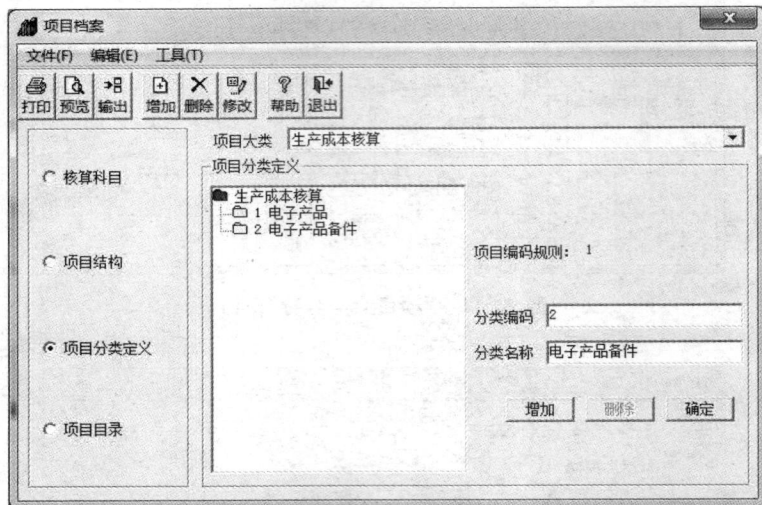

图 3-14 "项目分类定义"窗口

选中屏幕左方的"项目目录"选项,单击【维护】按钮,进入"项目目录维护"窗口,输入项目编号、名称等内容,如图 3-15 所示。

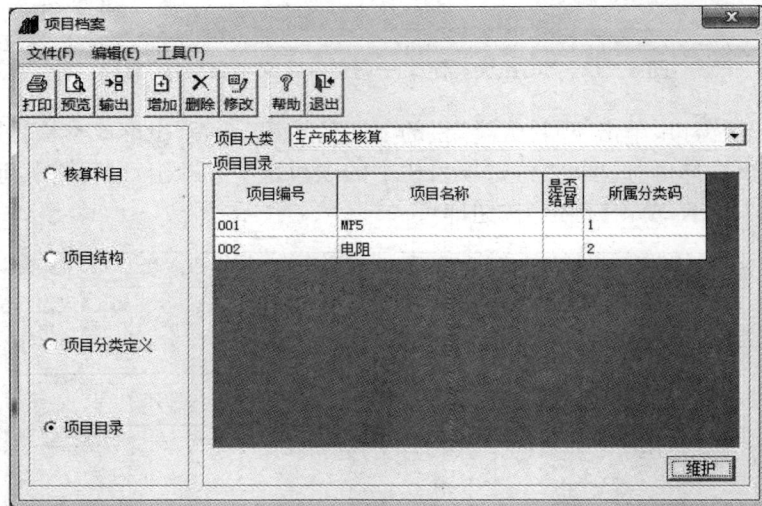

图 3-15 "项目目录"窗口

四、外币种类

执行【基础设置】菜单下的【财务】\【外币种类】命令,打开"外币设置"窗口,单击【增加】按钮,输入币符、币名,如图 3-16 所示。单击【增加】按钮,即可增加相应的外币资料,单击此外币会弹出外币汇率,输入汇率后点【增加】按钮,即可完成此外币资料的录入。

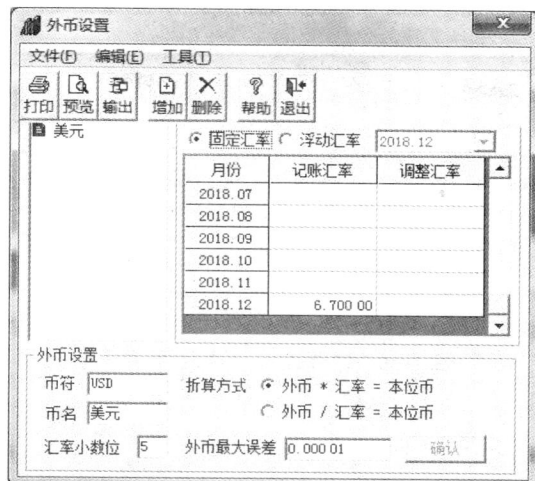

图 3 - 16　"外币设置"窗口

五、结算方式

设置结算方式的目的,一是为了提高银行对账的效率;二是根据业务自动生成凭证时可以识别相关的科目。计算机信息系统中需要设置的结算方式与财务结算方式基本一致,如现金结算、支票结算等。如果某种结算方式需要进行票据管理,只需选中"是否票据管理"标志即可。

执行【基础设置】菜单下的【收付结算】\【结算方式】命令,单击【增加】按钮,输入结算方式,单击【保存】按钮即可设置结算方式。如图 3 - 17 所示。

图 3 - 17　"结算方式"窗口

● 模拟实训 2 ●

◆ 实训目的

通过实训掌握各项基础档案的内容及设置方法。

◆ 实训资料

以账套主管(编号为"901"、姓名为"学号末3位"的用户)身份注册信息门户,操作日期为2018年12月1日。

一、机构设置

1. 部门档案(见附表2-1)

附表2-1　部门档案

项　目	一级部门	二级部门			
代码	01	0101	0102		
名称	高管部	董事长室	总经理室		
代码	02	0201	0202	0203	0204
名称	制作部	裁剪车间	缝纫车间	整烫车间	后道车间
代码	03				
名称	供应科				
代码	04				
名称	销售科				
代码	05	0501	0502	0503	0504
名称	后勤部	财务科	设计科	人力资源科	安保科

2. 职员档案(见附表2-2)

附表2-2　职员档案

职员编号	职员姓名	所属部门	职员属性
010101	张一文	董事长室	行政管理
010201	王长海	总经理室	行政管理
020101	孔洋洋	裁剪车间	裁剪人员
020102	吴奇仁	裁剪车间	裁剪人员
020201	杨红梅	缝纫车间	缝纫人员
020202	张军生	缝纫车间	缝纫人员

（续表）

职员编号	职员姓名	所属部门	职员属性
020301	张云华	整烫车间	整烫人员
020401	钱秋月	后道车间	后道人员
0301	周晓晓	供应科	采购管理
0401	孙伶俐	销售科	销售管理
0402	郑文杰	销售科	销售管理
050101	学号末 3 位	财务科	财务管理
050102	张云	财务科	财务管理
050103	朱平	财务科	财务管理
050104	学生姓名	财务科	财务管理
050105	董明	财务科	财务管理
050201	周大海	设计科	技术管理
050301	李金元	人力资源科	人事管理
050401	王川	安保科	保卫人员
990001	汪琴	安保科	保卫人员
990002	李勇	安保科	保卫人员

二、往来单位设置

1. 客户分类（见附表 2-3）

附表 2-3　客户分类

客户类别编码	客户类别名称
01	实体批发
02	实体零售
03	网店直销
04	其他客户

2. 供应商分类（见附表 2-4）

附表 2-4　供应商分类

供应商类别编码	供应商类别名称
01	主料供应商
02	辅料供应商
03	成品供应商
04	其他供应商

3. 客户档案(见附表2-5)

附表2-5　客户档案

客户类别	客户编码	客户名称	客户简称
01	C001	武汉苏阳批发市场	苏阳批发
01	C002	北京金林商贸集团	金林商贸
01	C003	湖南湘乡批发市场	湘乡批发
02	C004	山西吉茂百货公司	吉茂百货
02	C005	华城百姓生活超市	华城超市
02	C006	南湾服装贸易集团	南湾服装
02	C007	中兴商场股份公司	中兴商场
03	C008	诚诚服装专营店	诚诚服装
03	C009	杭州汇丽服装商城	汇丽服装
03	C010	上海天美服饰总汇	天美服饰

4. 供应商档案(见附表2-6)

附表2-6　供应商档案

供应商类别	供应商编码	供应商名称	供应商简称
01	S001	江苏淮成棉布厂	淮成棉布
01	S002	宁陆丝绸进出口公司	宁陆丝绸
01	S003	山东华彩织布厂	华彩织布
01	S004	内蒙古克旗皮革公司	克旗皮革
02	S005	陕西淮阳扎花厂	淮阳扎花
02	S006	浙江兰华针织印染厂	兰华针织
03	S007	优而美服饰公司	优而美服饰
03	S008	柳杨服装加工厂	柳杨服装
04	S009	南京市自来水公司	宁水
04	S010	南京市供电局	宁电

三、存货设置

1. 存货分类(见附表2-7)

附表2-7 存货分类

存货编码	存货类别名称
01	材料
0101	主要材料
0102	辅助材料
0103	外购配件
02	燃料
03	周转材料
0301	低值易耗品
0302	包装物
04	库存商品

2. 存货档案(存货代码为空)(见附表2-8)

附表2-8 存货档案

分类编码	存货编码	存货名称	计量单位	属性	税率/%
0101	010101	棉布料	码	外购、生产耗用、销售	13
0101	010102	麻布料	米	外购、生产耗用、销售	13
0101	010103	丝绸料	米	外购、生产耗用、销售	13
0101	010104	毛料	米	外购、生产耗用、销售	13
0101	010105	皮革	码	外购、生产耗用、销售	13
0101	010106	化纤料	米	外购、生产耗用、销售	13
0102	010201	里料	千克	外购、生产耗用	13
0102	010202	衬料	千克	外购、生产耗用	13
0102	010203	填料	千克	外购、生产耗用	13
0102	010204	拉链	条	外购、生产耗用	13
0102	010205	挂牌	套	外购、生产耗用	13
0103	010301	腰带	条	外购、生产耗用、自制	13
02	0201	原煤	吨	外购、生产耗用	13
0301	030101	专用工具	套	外购、生产耗用	13
0302	030201	胶袋	个	外购、生产耗用	13
0302	030202	纸板箱	平方米	外购、生产耗用	13

(续表)

分类编码	存货编码	存货名称	计量单位	属　性	税率/%
04	0401	衬衣	件	自制、销售	13
04	0402	风衣	件	自制、销售	13
04	0403	棉衣	件	自制、销售	13
04	0404	皮夹克	件	自制、销售	13
04	0405	牛仔服	件	自制、销售	13

四、财务信息设置

1. 外币种类(见附表2-9)

附表2-9　外币种类

币别代码	币别名称	汇率方式	汇率
USD	美元	固定汇率	6.935 7
GBP	英镑	固定汇率	8.865 1
EUR	欧元	固定汇率	7.899 1

2. 结算方式(见附表2-10)

附表2-10　结算方式

类别编码	类别名称	票据管理
1	现金结算	—
2	支票结算	—
201	现金支票	是
202	转账支票	是
3	银行汇票	—
4	银行本票	—
5	商业汇票	—
501	商业承兑汇票	—
502	银行承兑汇票	—
6	汇兑	—
7	其他	—

3. 付款条件(见附表 2 - 11)

附表 2 - 11　付款条件

编码	表　示	信用天数/天	优惠天数 1	优惠率 1	优惠天数 2	优惠率 2
01	4/5,2/15,n/30	30	5	4	15	2
02	4/10,2/30,n/60	60	10	4	30	2

4. 会计科目
① 对原有系统预设的会计科目进行增加、修改、删除等操作(见附表 2 - 12)。
② 指定科目:将"库存现金"指定为"现金总账科目","银行存款"指定为"银行总账科目"。

附表 2 - 12　新会计科目

科目代码	科目名称	借贷方向	外币核算	核算项目	数量核算	其他
			外币币种及辅助核算			
			资产类			
1001	库存现金	借				日记账
1002	银行存款	借				
100201	中国农业银行	借				日记账、银行账
100202	中国工商银行	借	美元			日记账、银行账
100203	中国招商银行	借	英镑			日记账、银行账
100204	中国银行	借	欧元			日记账、银行账
1012	其他货币资金	借				
101201	银行汇票存款	借				
101202	银行本票存款	借				
101203	信用卡存款	借				
101204	信用证保证金存款	借				
101205	存出投资款	借				
101206	外埠存款	借				
1101	交易性金融资产	借				
110101	成本	借				
110102	公允价值变动	借				
1121	应收票据	借				
1122	应收账款	借		客户往来		无受控系统
1123	预付账款	借		供应商往来		无受控系统
1131	应收股利	借				
1132	应收利息	借				

(续表)

科目代码	科目名称	借贷方向	外币币种及辅助核算			
			外币核算	核算项目	数量核算	其他
1221	其他应收款	借				
122101	备用金	借		部门核算		
122102	个人往来	借		个人往来		
122103	其他往来	借				
1231	坏账准备	贷				
1402	在途物资	借				
140201	棉布料	借			是（码）	
140202	麻布料	借			是（米）	
140203	丝绸料	借			是（米）	
140204	毛料	借			是（米）	
140205	皮革	借			是（码）	
140206	化纤料	借			是（米）	
140207	辅料	借				
140208	配件	借				
140209	燃料	借				
1403	原材料	借				
140301	棉布料	借			是（码）	
140302	麻布料	借			是（米）	
140303	丝绸料	借			是（米）	
140304	毛料	借			是（米）	
140305	皮革	借			是（码）	
140306	化纤料	借			是（米）	
140307	辅料	借				
140308	配件	借				
140309	燃料	借				
140310	修理用备件	借				
1405	库存商品	借				
140501	衬衣	借			是（件）	
140502	风衣	借			是（件）	
140503	棉衣	借			是（件）	

（续表）

科目代码	科目名称	借贷方向	外币币种及辅助核算			
			外币核算	核算项目	数量核算	其他
140504	皮夹克	借			是（件）	
140505	牛仔服	借			是（件）	
1406	发出商品	借				
1408	委托加工物资	借				
1411	周转材料	借				
141101	低值易耗品	借				
141102	包装物	借				
1471	存货跌价准备	贷				
1501	持有至到期投资	借				
1502	持有至到期投资减值准备	贷				
1503	可供出售金融资产	借				
1511	长期股权投资	借				
1512	长期股权投资减值准备	贷				
1521	投资性房地产	借				
1531	长期应收款	借				
1532	未实现融资收益	借				
1601	固定资产	借				
160101	房屋及建筑物	借				
160102	机器设备	借				
160103	交通运输设备	借				
160104	办公设备	借				
160105	其他设备	借				
1602	累计折旧	贷				
1603	固定资产减值准备	贷				
1604	在建工程	借				
1605	工程物资	借				
1606	固定资产清理	借				
1701	无形资产	借				
1702	累计摊销	贷				
1703	无形资产减值准备	贷				

科目代码	科目名称	借贷方向	外币币种及辅助核算			
			外币核算	核算项目	数量核算	其他
1801	长期待摊费用	借				
1811	递延所得税资产	借				
1901	待处理财产损溢	借				
190101	待处理流动资产损溢	借				
190102	待处理非流动资产损溢	借				
负债类						
2001	短期借款	贷				
2101	交易性金融负债	贷				
2201	应付票据	贷				
2202	应付账款	贷		供应商往来		无受控系统
2203	预收账款	贷		客户往来		无受控系统
2211	应付职工薪酬	贷				
221101	工资	贷				
221102	职工福利费	贷				
221103	工会经费	贷				
221104	职工教育经费	贷				
221105	社会保险费	贷				
221106	住房公积金	贷				
221107	非货币性福利	贷				
221108	其他薪酬	贷				
2221	应交税费	贷				
222101	应交增值税	贷				
22210101	进项税额	贷				
22210102	已交税金	贷				明细科目必须与其上级科目方向相同
22210103	转出未交增值税	贷				
22210105	销项税额	贷				
22210108	进项税额转出	贷				
22210109	转出多交增值税	贷				
222102	未交增值税	贷				
222103	预交增值税	贷				

科目代码	科目名称	借贷方向	外币币种及辅助核算			
			外币核算	核算项目	数量核算	其他
222104	待抵扣进项税额	贷				
222105	待认证进项税额	贷				
222106	待转销增值税	贷				
222107	简易计税	贷				
222108	代扣代交增值税	贷				
222111	应交企业所得税	贷				
222112	应交城市维护建设税	贷				
222113	应交个人所得税	贷				
222114	应交教育费附加	贷				
222115	应交地方教育费附加	贷				
2231	应付利息	贷				
2232	应付股利	贷				
2241	其他应付款	贷				
2401	递延收益	贷				
2501	长期借款	贷				
2502	应付债券	贷				
2701	长期应付款	贷				
2702	未确认融资费用	贷				
2711	专项应付款	贷				
2801	预计负债	贷				
2901	递延所得税负债	贷				
所有者权益类						
4001	股本	贷				
4002	资本公积	贷				
400201	股本溢价	贷				
400202	其他资本公积	贷				
4003	其他综合收益	贷				
4101	盈余公积	贷				
410101	法定盈余公积金	贷				
410102	任意盈余公积金	贷				

科目代码	科目名称	借贷方向	外币币种及辅助核算			
			外币核算	核算项目	数量核算	其他
4103	本年利润	贷				
4104	利润分配	贷				
410401	未分配利润	贷				
410402	提取盈余公积	贷				
410403	应付现金股利或利润	贷				
4201	库存股	借				
成本类						
5001	生产成本	借				
500101	直接材料	借		项目核算		
500102	直接人工	借		项目核算		
500103	其他直接支出	借		项目核算		
500104	制造费用	借		项目核算		
5101	制造费用	借		部门核算		
510101	工薪	借		部门核算		
510102	折旧费	借		部门核算		
510103	修理费	借		部门核算		
510104	办公费	借		部门核算		
510105	水电费	借		部门核算		
510106	其他	借		部门核算		
5201	劳务成本	借				
5301	研发支出	借				
530101	资本化支出	借				
530102	费用化支出	借				
损益类						
6001	主营业务收入	贷				
600101	衬衣	贷			是(件)	
600102	风衣	贷			是(件)	
600103	棉衣	贷			是(件)	
600104	皮夹克	贷			是(件)	
600105	牛仔服	贷			是(件)	

科目代码	科目名称	借贷方向	外币币种及辅助核算			
			外币核算	核算项目	数量核算	其他
6051	其他业务收入	贷				
6101	公允价值变动损益	贷				
6111	投资收益	贷				
6301	营业外收入	贷				
6401	主营业务成本	借				
640101	衬衣	借			是（件）	
640102	风衣	借			是（件）	
640103	棉衣	借			是（件）	
640104	皮夹克	借			是（件）	
640105	牛仔服	借			是（件）	
6402	其他业务成本	借				
6403	税金及附加	借				
6601	销售费用	借				
660101	工薪	借				
660102	广告费	借				
660103	展销会费	借				
660104	折旧费	借				
660105	运输费	借				
660106	其他	借				
6602	管理费用	借				
660201	工薪	借		部门核算		
660202	差旅费	借		部门核算		
660203	办公费	借		部门核算		
660204	折旧费	借		部门核算		
660205	水电费	借		部门核算		
660206	其他	借		部门核算		
6603	财务费用	借				
660301	借款利息	借				
660302	手续费	借				
660303	汇兑损益	借				

(续表)

科目代码	科目名称	借贷方向	外币币种及辅助核算			
			外币核算	核算项目	数量核算	其他
660304	其他	借				
6701	资产减值损失	借				
6702	信用减值损失	借				
6711	营业外支出	借				
6801	所得税费用	借				
6901	以前年度损益调整	贷				

注:由于该软件设定为下级科目与其对应的上级科目方向必须保持一致,因此,2221和4101的下级科目均确定为贷方。

5. 凭证类别

设置凭证分类方式为收款凭证、付款凭证和转账凭证(见附表2-13)。

附表2-13 凭证类别

类别字	类别名称	限制类型	限制科目
收	收款凭证	借方必有	1001,1002
付	付款凭证	贷方必有	1001,1002
转	转账凭证	凭证必无	1001,1002

6. 项目目录

(1)项目大类(见附表2-14)

附表2-14 项目大类

编码	名称	级次	栏目
1	生产成本	1	默认

(2)项目分类(见附表2-15)

附表2-15 项目分类

编码	名称
1	自制项目
2	代加工项目

（3）项目目录（见附表 2-16）

附表 2-16　项目目录

编　码	名　　称	是否结算	所属分类
01	衬衣	—	1 自制项目
02	风衣	—	1 自制项目
03	棉衣	—	1 自制项目
04	皮夹克	—	1 自制项目
05	牛仔服	—	2 代加工项目

（4）核算科目（见附表 2-17）

附表 2-17　核算科目

编　　码	名　　称
500101	直接材料
500102	直接人工
500103	其他直接支出
500104	制造费用

项目 4　总账管理

　　能力目标

　　掌握总账启用、系统初始化及进行数据权限设置的方法和操作流程；
　　掌握总账日常业务处理的方法；
　　掌握总账期末业务处理的方法；
　　理解总账系统在整个会计信息系统中的核心地位。

　　总账是用友财务系统的核心模块，可与多个系统集成应用。从建账、日常业务、账簿查询到月末结账等全部的财务处理工作均在总账系统中完成。用友总账模块的主要功能特点是用户可以根据自己的需要建立财务应用环境，设置适合本单位实际需要的专用模块。

案例 4-1

　　新阳光科技公司总账初始资料如下。

　　1. 期初余额（见表 4-1）

表 4-1　期初余额　　　　　　　　　　　　　　　　元

科目名称	方　向	期初余额
库存现金	借	282 206.00
中行	借	232 000.00
工行	借	280 950.00
库存商品	借	40 000.00
固定资产	借	160 860.00
累计折旧	贷	47 816.00
短期借款	贷	150 000.00
股本	贷	600 000.00

　　2. 往来科目余额

　　(1) 122101 其他应收款——应收职工款（余额：借 4 800 元）（见表 4-2）

表 4-2　其他应收款——应收职工款　　　　　　　　　　　　元

日　期	部　门	个　人	摘　要	方　向	期初余额
2018.11.30	业务一部	刘华	应收职工款	借	2 500.00
2018.11.30	业务二部	韩东	应收职工款	借	2 300.00

(2) 1122 应收账款(余额:借 156 600 元)(见表 4-3)

表 4-3　应收账款

元

日　期	客　户	摘　要	方　向	期初余额
2018.11.30	天力公司	应收销货款	借	67 000.00
2018.11.30	百顺公司	应收销货款	借	896 00.00

(3) 2202 应付账款(余额:贷 359 600 元)(见表 4-4)

表 4-4　应付账款

元

日　期	供应商	摘　要	方　向	期初余额
2018.11.30	泰达公司	应付购货款	贷	176 850.00
2018.11.30	新境界公司	应付购货款	贷	182 750.00

任务 1　初始设置

一、期初余额录入

在总账管理系统中主要输入各科目余额,包括明细科目余额和辅助账余额,总账科目余额自动计算。计算机信息系统需要的期初数据包括各科目的年初数,建账当前月的借、贷方累计发生额,及期末余额四项数据。由于四个数据项之间存在内在联系,因此,只需要输入借、贷方累计发生额和期末余额,就可以计算出年初数。

登录用友企业应用平台,执行【总账】\【设置】\【期初余额】命令,进入"期初余额录入"窗口,如图 4-1 所示。

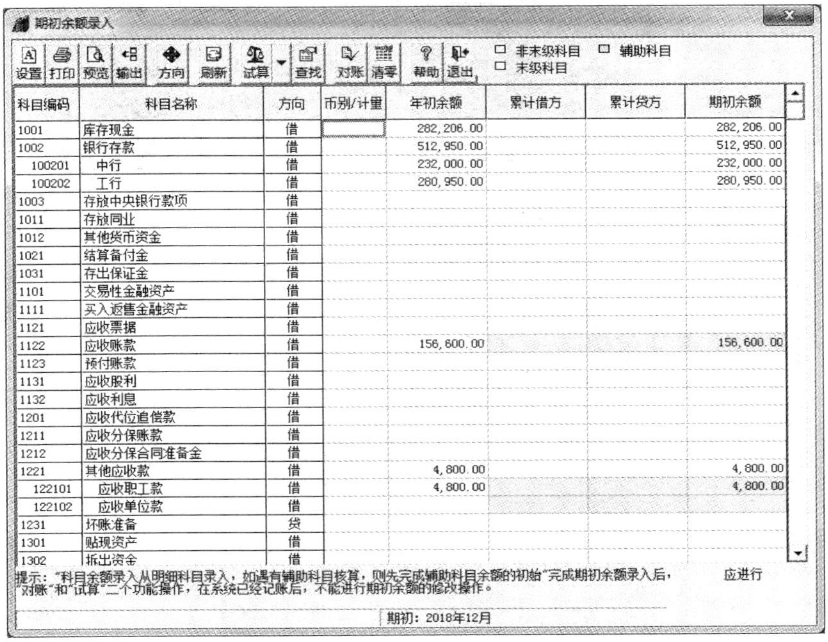

科目编码	科目名称	方向	币别/计量	年初余额	累计借方	累计贷方	期初余额
1001	库存现金	借		282,206.00			282,206.00
1002	银行存款	借		512,950.00			512,950.00
100201	中行	借		232,000.00			232,000.00
100202	工行	借		280,950.00			280,950.00
1003	存放中央银行款项	借					
1011	存放同业	借					
1012	其他货币资金	借					
1021	结算备付金	借					
1031	存出保证金	借					
1101	交易性金融资产	借					
1111	买入返售金融资产	借					
1121	应收票据	借					
1122	应收账款	借		156,600.00			156,600.00
1123	预付账款	借					
1131	应收股利	借					
1132	应收利息	借					
1201	应收代位追偿款	借					
1211	应收分保账款	借					
1212	应收分保合同准备金	借					
1221	其他应收款	借		4,800.00			4,800.00
122101	应收职工款	借		4,800.00			4,800.00
122102	应收单位款	借					
1231	坏账准备	贷					
1301	贴现资产	借					
1302	拆出资金	借					

图 4-1　"期初余额录入"窗口

1．不同性质科目的期初余额输入

显示为黄色的单元格表示该科目为非末级科目，输入末级科目余额后该科目余额自动汇总生成；显示为蓝色的单元格表示该科目设置了辅助核算，需要双击该单元格进入辅助账期初余额录入界面，辅助账期初余额输入完成并退出后，总账的相应期初余额自动生成。

2．关于科目的余额方向

如果需要改变科目的余额方向，可单击工具栏上的【方向】按钮。

3．期初试算平衡

期初余额输入完成后，单击工具栏上的【试算】按钮进行科目余额的试算平衡，以保证初始数据的正确性。期初余额试算不平衡，可以填制凭证，但不能记账。已经记过账，则不能再输入、修改期初余额，也不能执行"结转上年余额"功能。

注意！
① 进项税额在录入时用负数表示借方余额。
② 在录入期初往来明细余额时，若删除行失败，可以连续两次按"ESC"键。

例如，要增加应付账款的辅助核算余额，双击应付账款单元格，并单击【增加】按钮，在辅助账中输入数据。应付账款辅助核算如图 4-2 所示。

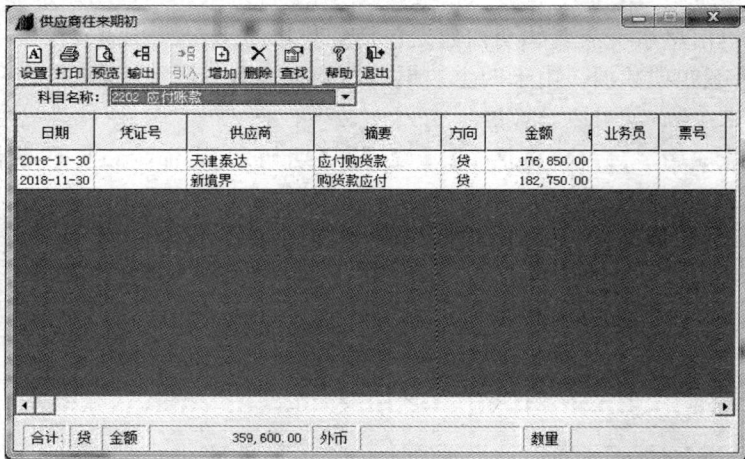

图 4-2　辅助账期初余额的录入

所有科目的期初余额录入完毕后，在"期初余额录入"窗口单击【试算】按钮，系统进行试算平衡，如图 4-3 所示，单击【确认】按钮即可。

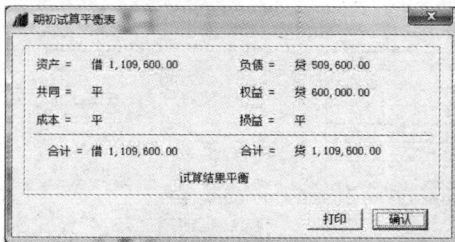

图 4-3　"期初试算平衡表"窗口

二、明细账权限设置

登录用友企业应用平台,执行【总账】菜单下的【设置】\【明细账权限】命令,打开"明细权限设置"窗口,如图 4-4 所示。该窗口有三个标签,即"明细账科目权限设置""凭证审核权限设置""制单科目权限设置"。

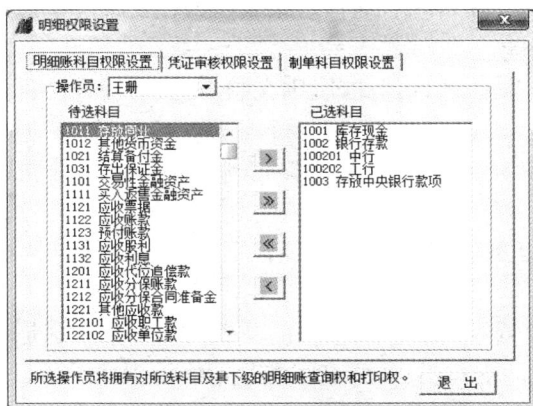

图 4-4　"明细权限设置"窗口

1. 明细账科目权限设置

针对每位有账簿查询权限的操作员规定其所能查询的科目范畴。

2. 凭证审核权限设置

针对每位有审核权限的操作员规定其能审核哪些制单人填制的凭证。

3. 制单科目权限设置

针对有制单权限的操作员规定其制单时所能使用的科目。

三、总账系统参数设置

登录用友企业应用平台,执行【总账】菜单下的【设置】\【选项】命令,打开"选项"窗口,如图 4-5 所示。该窗口有四个标签,即"凭证""账簿""会计日历""其他",可以按照企业要求选择相应的选项。

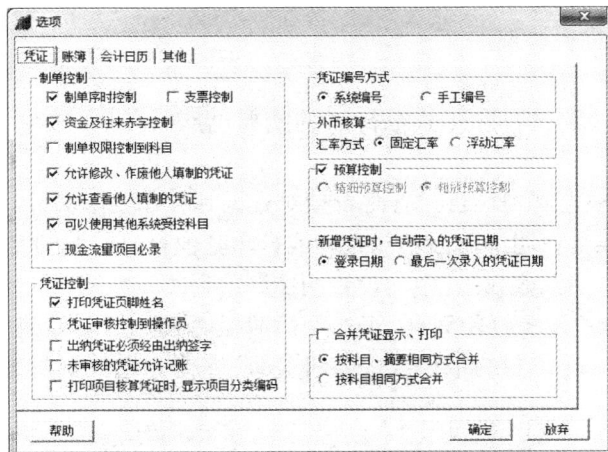

图 4-5　"设置选项"窗口

1. 凭证

（1）制单控制

制单控制限定了在填制凭证时系统应对哪些操作进行控制。它主要包括以下几个方面。

① 制单序时控制。选中该项意味着填制凭证时，随着凭证编号的递增凭证日期按由小到大的顺序排列。

② 支票控制。若选择此项，在制单时，若录入了未在支票登记簿中登记的支票号，系统将提供登记支票登记簿的功能。

③ 资金及往来赤字控制。若选择此项，则在制单时，当现金、银行科目的最新余额出现负数时，系统将予以提示。

④ 制单权限控制到科目。系统允许设置有制单权限的操作员可以使用某些特定科目制单。

⑤ 允许修改、作废他人填制的凭证。选择该项，当前操作员可以修改或作废非本人填制的凭证。

⑥ 可以使用其他系统受控科目。某系统的受控科目其他系统是不能用来制单的，如客户往来科目一般为应收系统的受控科目，总账系统是不能使用此类科目进行制单的。

（2）凭证控制

① 打印凭证页脚姓名。设置在打印凭证时是否自动打印制单人、出纳、审核人、记账人的姓名。

② 凭证审核控制到操作员。有时希望对审核权限做进一步细化，如当只允许某操作员审核本部门操作员填制的凭证，而不能审核其他部门操作员填制的凭证时，则应选择此选项。

③ 出纳凭证必须经由出纳签字。若选择了此项，则含有现金、银行科目的凭证必须由出纳人员通过"出纳签字"功能对其核对并签字后才能记账。

（3）凭证编号方式

系统在填制凭证功能中一般按照凭证类别按月自动编制凭证编号，即"系统编号"，但有的企业需要系统允许在制单时手工录入凭证编号，即"手工编号"。

（4）外币核算

如果企业有外币业务，则应选择相应的汇率方式为固定汇率或浮动汇率。选择固定汇率，日常业务按月初汇率处理，月末进行汇兑损益调整；选择浮动汇率，日常业务按当日汇率折算本位币金额，月末无须进行调整。

2. 账簿

① 打印位数宽度。定义打印正式账簿时的摘要、金额、外币、数量、汇率、单价各栏目的宽度。

② 明细账查询权限控制到科目。有时希望对查询和打印权限做进一步细化，如当只允许某操作员查询或打印某科目明细账而不能查询或打印其他科目的明细时，则应选择此选项，然后到系统菜单"设置"\"明细账权限"中去设置明细账科目查询权限。

③ 凭证、账簿套打。设置打印凭证、正式账簿时是否使用套打纸进行打印。套打纸是指用友公司为总账系统专门印制的带格线的各种凭证、账簿。选择套打纸打印，无须打印表格线，打印速度快且美观。

3. 会计日历

在会计日历标签中,可以查看各会计期间的起始日期与结束日期,以及启用会计年度和启用日期。此处仅能查看会计日历的信息,如需修改请到系统管理中进行。

4. 其他

① 数量、单价小数位设置。决定在制单或查账时系统对于数量、单价小数位的显示形式。

② 部门/个人/项目排序方式。决定在查询相关账目时,是按编码排序还是按名称排序。

任务 2　日常业务处理

初始化设置完成后,可以开始进行日常账务处理了。日常业务包括填制凭证、修改凭证、审核凭证、凭证汇总、记账等。

一、凭证处理

1. 填制凭证

在企业应用平台,双击屏幕下方的操作员,以"02"操作员的身份进入企业应用平台。执行【总账系统】\【填制凭证】命令,打开"填制凭证"窗口,如图 4-6 所示。

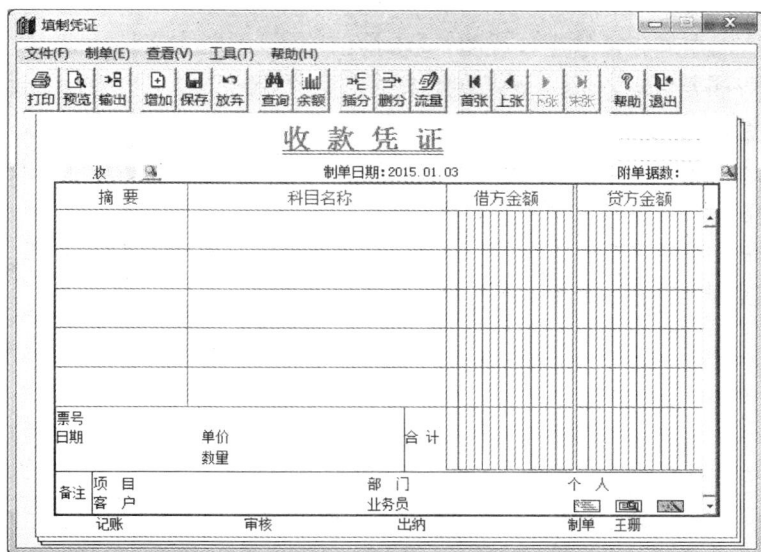

图 4-6　"填制凭证"窗口

记账凭证的内容一般包括两部分:一是凭证头部分,包括凭证类别、编号、凭证日期和附件张数等;二是凭证体部分,包括摘要、会计分录和金额等。如果输入的会计科目有辅助核算要求,则应输入辅助核算内容;如果一个科目同时兼有多种辅助核算,则同时要求输入各种辅助核算的有关内容。

(1)凭证头的填制

在"填制凭证"窗口,单击【增加】按钮或按 F5 键,系统会跳出一张空白的新凭证。

① 凭证类别。在这里可以输入凭证类别字,也可以点击凭证类别的参照按钮,选择相应

的类别。

② 凭证编号。一般情况下,由系统分类按月自动编制,即每类凭证每月都从 0001 号开始。

提示:

① 系统自动编号时,系统规定每页凭证有五条记录,当某号凭证不只一页时,系统将自动在凭证号后标上分单号,如收—0001 号 0002/0003 表示为收款凭证第 0001 号凭证共有三张分单,当前光标所在分录在第二张分单上。

② 如果在启用账套时或在"账簿选项"中,设置凭证编号方式为"手工编号",则用户可在此处手工录入凭证编号。

③ 制单日期。即填制凭证的日期。系统自动取进入账务前输入的业务日期为记账凭证填制的日期,如果日期不对,可进行修改或参照输入。

④ 附单据数。即输入原始单据的张数。

⑤ 凭证自定义项。它是由用户自定义的凭证补充信息。用户根据需要自行定义和输入,系统对这些信息不进行校验,只进行保存。

(2) 凭证体的填制

① 摘要。输入本笔分录的业务说明,要求简洁明了,不能为空。凭证中的每个分录行都必须有摘要,各行摘要可以不同。可以利用系统提供的"常用摘要"功能预先设置常用摘要,以规范业务,加快凭证录入速度。

② 会计科目。必须输入末级科目。科目可以参照输入或按 F2 键。

③ 辅助信息。当科目具有辅助核算时,系统提示输入相应的辅助信息。

④ 金额。即该笔分录的借方或贷方本币发生额,金额不能为 0,但可以是红字。凭证上的借方金额合计应该与贷方金额合计相等,否则不能保存。

提示:

① 如果需要对所有录入的辅助项进行修改,则双击所要修改的项,系统显示辅助信息录入窗口,可进行修改。

② 对于要进行数量核算的科目,屏幕提示用户输入"数量""单价"。系统根据数量×单价自动计算出金额,并将金额先放在借方,如果方向不符,可按空格键调整金额方向。

③ 对于进行外币核算的科目,系统自动将凭证格式改为外币式,如果系统有其他辅助核算,则先输入其他辅助核算后,再输入外币信息。

④ 当科目为银行科目,则屏幕提示输入"结算方式""票号"及"发生日期"。其中,"结算方式"应输入银行往来结算方式,"票号"应输入结算号或支票号,"票据日期"应输入该笔业务发生的日期,"票据日期"主要用于银行对账。

⑤ 红字金额以负数形式输入。

⑥ 借方录完金额后,在贷方金额处直接按"="即可出数据。

凭证内容录入完毕后,单击【保存】按钮或 F6 键保存这张凭证,按【放弃】按钮即放弃当前增加的凭证。

> **注意!**
> ① 凭证填制完成后,可以单击【保存】按钮保存凭证,也可以单击【增加】按钮保存并增加下一张凭证。
> ② 凭证填制完成后,在未审核前可以直接修改。
> ③ 如果凭证的金额录错了方向,可以直接按空格键改变余额方向。
> ④ 凭证日期应满足总账选项中的设置,若默认系统的选项,则不允许凭证日期逆序。

案例 4－2

2018 年 12 月 3 日,人事部购买了 500 元的办公用品(假设暂不考虑增值税),以现金支付,附单据 1 张。如图 4－7 所示。

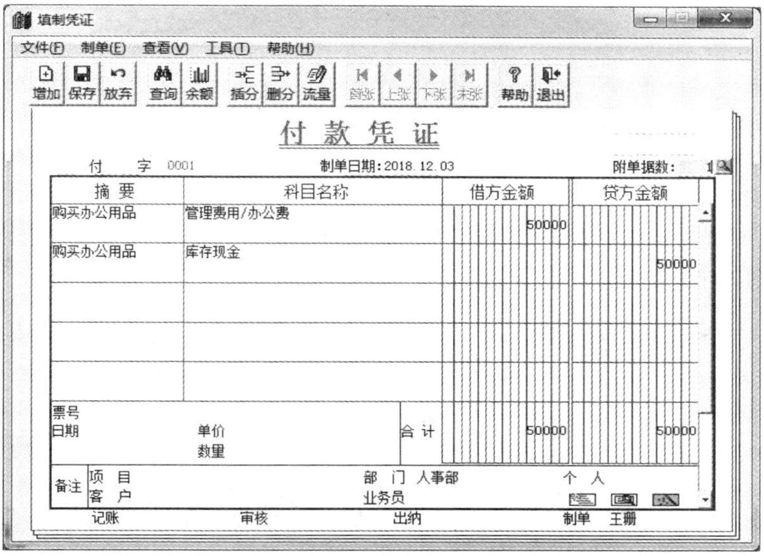

图 4－7　付字 1 号记账凭证

2. 生成和调用常用凭证

案例 4－3

2018 年 12 月 3 日,财务部从工行提取现金 1 000 元,附单据 1 张。将此张凭证设置为常用凭证。

首先填制上述付款凭证后,在"填制凭证"窗口,执行【制单】菜单下的【生成常用凭证】命令,如图 4－8 所示。输入相关信息后点【确认】按钮,即可生成一张常用凭证。可以将此张凭证作为常用凭证存入常用凭证库中,以后可按所存代号调用这张常用凭证。在填制一张与常用凭证相类似或完全相同的凭证时,可调用此常用凭证,这样会加快凭证的录入速度。

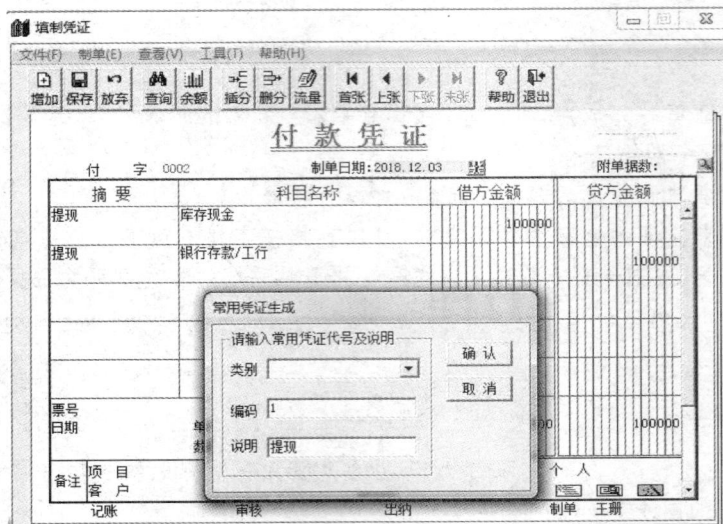

图4-8 "常用凭证生成"窗口

案例4-4

2018年12月4日,财务部从工行提取现金2 000元,附单据1张。采用调用常用凭证的方法完成该张凭证的填制。

在"填制凭证"窗口,执行【制单】菜单下的【调用常用凭证】命令,打开"常用凭证"窗口,选择要调用的凭证,如图4-9所示。单击【选入】按钮,即可调出常用的凭证。

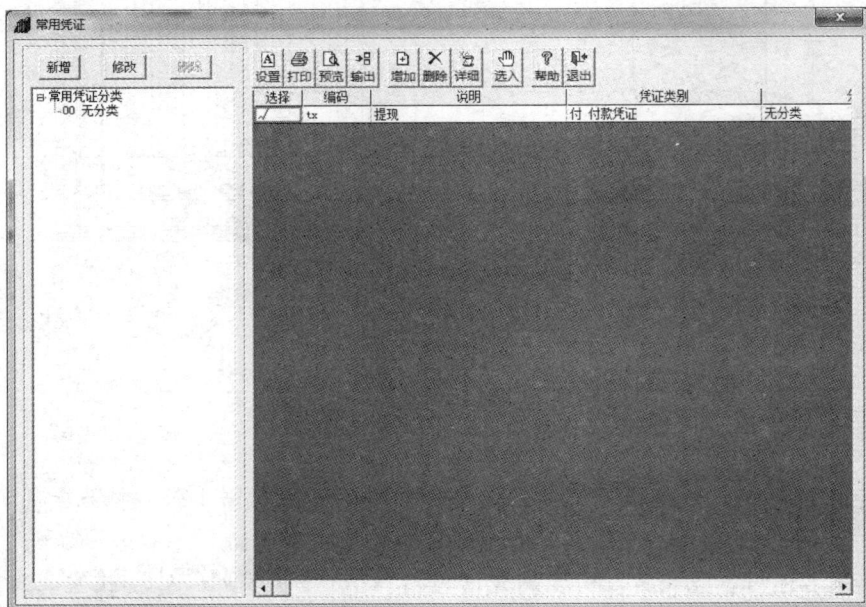

图4-9 调用常用凭证

如果调出的常用凭证与业务不完全相符,可直接将其修改成所需的凭证。修改日期和金额,如图 4-10 所示。单击【保存】按钮,即生成了一张新凭证。

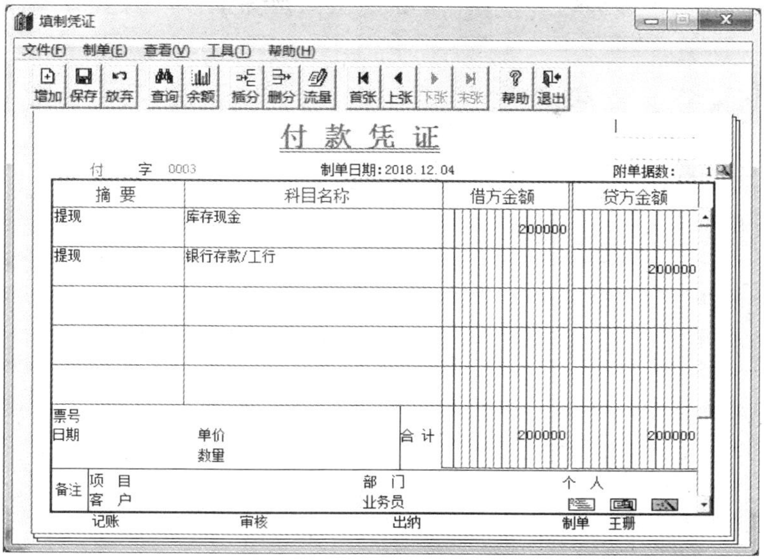

图 4-10　"付款凭证"窗口

3. 修改凭证

在"填制凭证"窗口中,通过按【首页】、【上页】、【下页】、【末页】按钮翻页查找或按【查询】按钮输入查询条件,找到要修改的凭证,将光标移到需修改的地方进行修改。可修改的内容包括摘要、科目、辅助项、金额及方向、增删分录等,但凭证类别不能修改。

有些项目的修改受到【账簿选项】中设置的限制,若某笔涉及银行科目的分录已录入支票信息,并对该支票已做过报销处理,修改该分录,将不影响支票登记簿中的内容。修改完毕后,按【保存】按钮保存当前修改,按【放弃】按钮即放弃当前凭证的修改。

注意!

① 外部系统传过来的凭证不能在总账系统中进行修改,只能在生成该凭证的系统中进行修改。

② 修改辅助核算信息时,需要将光标定位在凭证中带辅助核算信息的科目上,移动鼠标到凭证上的辅助核算区,待鼠标变形为笔形时双击,出现辅助核算对话框,按要求修改。

4. 作废/恢复凭证

案例 4-5

2018 年 12 月 4 日,作废付字 3 号凭证。

当出现凭证重复录入或凭证上出现不便修改的错误时,可以利用系统提供的"作废/恢复"

功能将错误凭证作废。

在"填制凭证"窗口,找到付字 3 号凭证,执行【制单】菜单下的【作废/恢复】命令,凭证上显示"作废"字样,表示已将该凭证作废,作废凭证仍保留凭证内容及凭证编号。如图 4 - 11 所示。

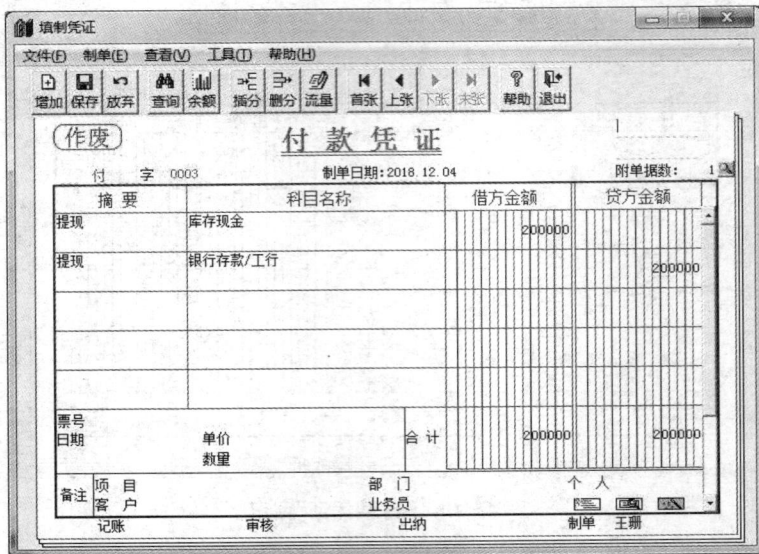

图 4 - 11 作废凭证

提示:

① 作废凭证不能修改,也不能审核。在记账时,已作废的凭证应参与记账,否则月末无法结账,但不对作废凭证做数据处理,相当于一张空凭证。在账簿查询时,也查不到作废凭证的数据。

② 若当前凭证已作废,还可以执行【制单】菜单下的【作废/恢复】命令,取消作废标志,并将当前凭证恢复为有效凭证。

如果无须保留作废凭证,可通过系统提供的"整理"功能将标注有"作废"字样的凭证彻底删除,并对未记账凭证进行重新编号,以保证凭证编号的连续性。

5. 整理凭证

案例 4 - 6

2018 年 12 月 4 日,删除已作废的付字 3 号凭证。

在付字 3 号作废凭证窗口,执行【制单】\【整理凭证】命令,选择凭证会计期间,单击【确定】按钮,如图 4 - 12 所示。在作废凭证表上双击要删除的凭证,系统跳出"是否还要整理凭证断号"对话框,单击【是】按钮即可删除作废凭证。

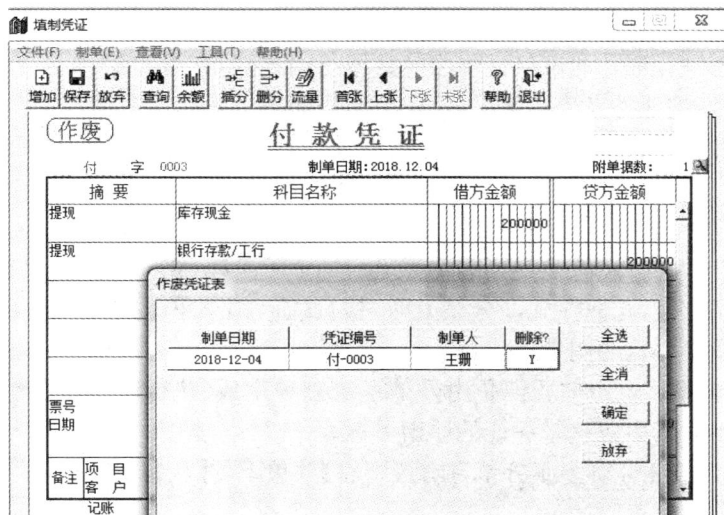

图 4-12　删除凭证

> **注意！**
> 　　若本月已有凭证记账，那么，本月最后一张已记账凭证之前的凭证将不能做凭证整理，只能对其后面的未记账凭证做凭证整理。若想做凭证整理，应先利用"恢复记账前状态"功能，恢复本月月初的记账前状态，再做凭证整理。

6. 红字冲销凭证

对于已记账的凭证，如果发现有错误，可以制作一张红字冲销凭证冲销某张已记账凭证。在"填制凭证"窗口，选择要冲销的凭证，执行【制单】菜单下的【冲销凭证】命令，如图 4-13 所示，单击【确定】按钮即可。红字冲销法增加的凭证视同为正常凭证进行保存管理。

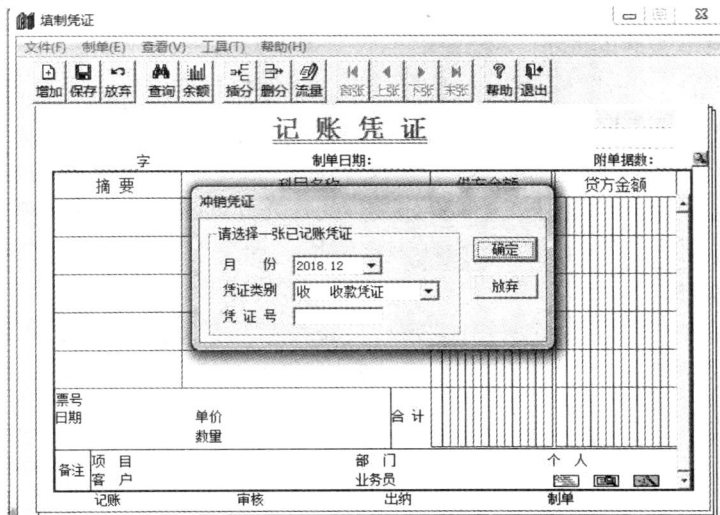

图 4-13　红字冲销凭证

7. 查询凭证

总账系统的填制凭证功能不仅是各账簿数据的输入口,同时也提供了强大的信息查询功能,以便随时了解经济业务发生的情况,保证填制凭证的正确性。

通过"填制凭证"界面中的"查询"功能,可以查询符合条件的凭证信息;通过【查看】菜单可以查看到当前科目最新余额、外部系统制单信息、联查明细账等。

① 查询外部系统制单信息。若当前凭证为外部系统生成的凭证,可将鼠标移到记账凭证的标题处,按下鼠标左键,系统显示当前凭证来自哪个子系统,凭证反映的业务类型与业务号。

② 联查明细账。当光标在凭证分录上时,执行【查看】菜单下的【联查明细账】命令,系统将显示该笔业务发生科目的明细账。

③ 联查原始单据。若当前凭证是由外部系统制单生成,执行【查看】菜单下的【联查原始单据】命令,系统将显示生成这张凭证的原始单据。

④ 分单。若当前凭证有多张分单,执行【查看】菜单下的【查找分单】命令,输入分单页号,可查看到该张分单。

8. 审核凭证

为确保登记到账簿中的每一笔经济业务的准确性和可靠性,制单员填制的每一张凭证都必须经过审核员的审核。审核凭证主要包括出纳签字和审核凭证两方面工作,根据会计制度规定,审核与制单不能为同一人,且只有具有审核权的人员才能进行审核操作。

案例 4 - 7

2018 年 12 月 15 日,由操作员 01 对所有凭证进行审核。

(1) 审核凭证

审核是指由具有审核权限的操作员按照会计制度的规定,对制单人填制的凭证进行合法合规性检查。审核无误的凭证可以进入下一处理过程——记账;审核中如果发现错误,可以利用系统提供的"标错"功能为凭证标注有错标记,便于制单人快速查询和更正,待修正后再重新审核。根据会计制度的规定,审核与制单不能为同一人。系统提供了两种审核方式,即单张审核和成批审核。对审核后的凭证,系统提供了取消审核的功能。

在企业应用平台,双击屏幕下方的操作员,以"01"操作员的身份进入企业应用平台。执行【总账系统】\【审核凭证】\【确认】命令,打开"凭证审核"窗口,光标会自动显示在第一张凭证上,如图 4 - 14 所示。单击【确定】按钮,系统会打开待审核的第一张凭证。如图 4 - 15 所示。

① 单张审核。单击工具栏中的【审核】按钮,此张凭证则被审核并自动跳转到第二张待审凭证,再单击【审核】按钮,直至将所有凭证审核完毕。如果想取消审核,在工具栏中单击【取消】按钮即可取消审核。

② 成批审核。在如图 4 - 15 所示的"审核凭证"窗口,单击【审核】菜单下的【成批审核凭证】按钮,即可对所有凭证进行成批审核。单击【审核】菜单下的【成批取消审核】按钮则成批取消对所有凭证的审核。

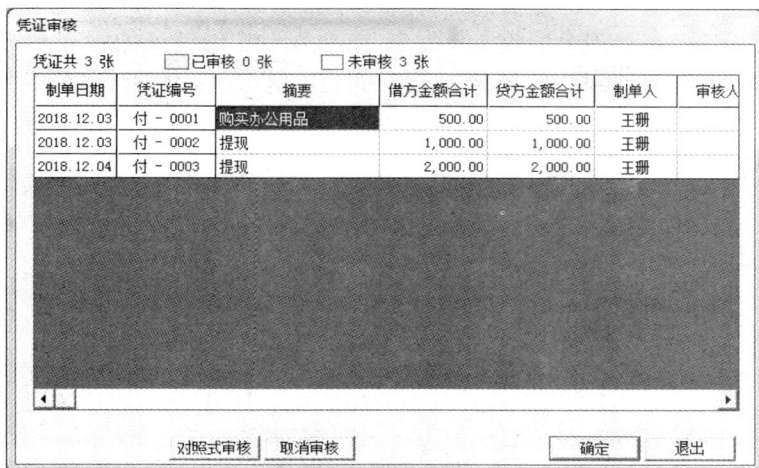

图 4-14　"凭证审核"窗口

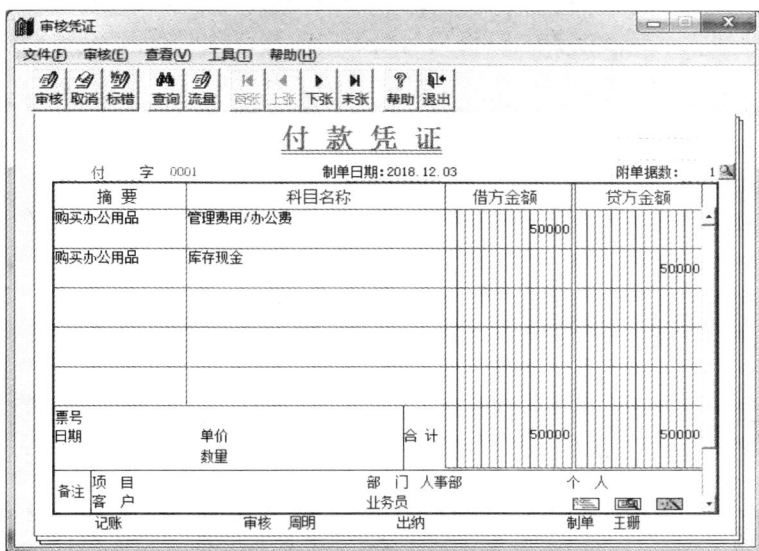

图 4-15　"审核凭证"窗口

提示：

①系统要求制单人和审核人不能是同一个人，若是，则要更换操作员。

②已审核的凭证不能直接修改、删除，只有在取消审核后才能在填制凭证中修改、删除。

③作废凭证不能被审核，也不能被标错，已标错的凭证不能被审核，若想审核，需先取消标错后才能审核。

（2）出纳签字

出纳凭证由于涉及企业现金的收入与支出，应加强对出纳凭证的管理。出纳人员可通过"出纳签字"功能对制单员填制的带有现金、银行科目的凭证进行检查核对，主要核对出纳凭证的科目金额是否正确，审查认为错误或有异议的凭证，应交与填制人员修改后再核对。出纳签字之前首先要更换操作员。只有出纳确认无误后，才能进行记账处理。

案例 4 - 8

2018 年 12 月 15 日，由操作员 03 对相关凭证进行出纳签字。

在企业应用平台，双击屏幕下方的操作员，以"03"操作员的身份进入企业应用平台。进入"总账系统"界面，执行【总账】菜单下的【凭证】\【出纳签字】命令，打开"出纳签字列表"窗口，单击【确定】按钮，进入待签字的 1 号凭证，单击工具栏中的【签字】按钮，凭证下方的"出纳"处自动签上出纳人姓名。如图 4 - 16 所示。可单击【首张】、【上张】、【下张】、【末张】按钮翻页连续签字。

若想对已签字的凭证取消签字，可单击【取消】按钮取消签字，也可通过单击【出纳】菜单下的【成批签字】或【成批取消签字】按钮，将当前范围内的所有凭证签字或取消签字。

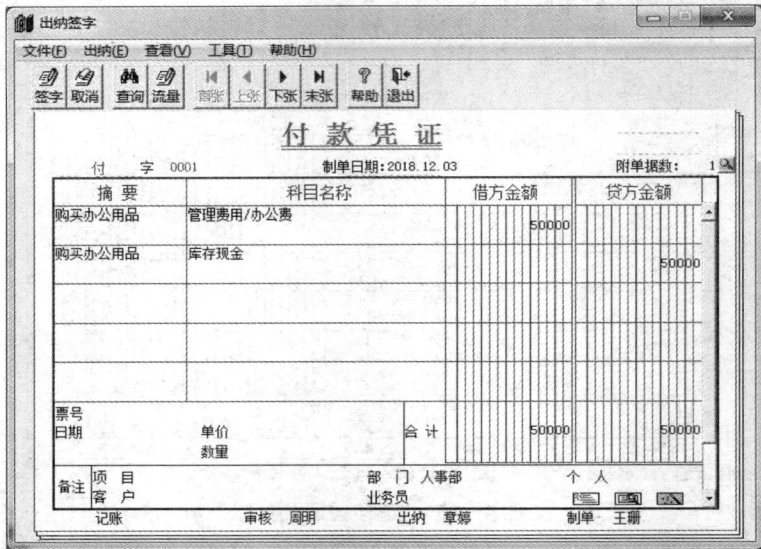

图 4 - 16 "出纳签字"窗口

注意！

① 出纳签字既可以在凭证审核后进行，也可以在凭证审核前进行。

② 要进行出纳签字的操作应满足以下三个条件：首先，在总账系统的"选项"中已经设置了"出纳凭证必须经由出纳签字"；其次，已经在会计科目中进行了"指定科目"即"现金科目"或"银行存款科目"的操作；最后，凭证中所使用的会计科目是已经

在总账系统中设置为"日记账"辅助核算内容的会计科目。

③ 凭证一经签字,就不能被修改、删除,只有被取消签字后才可以进行修改或删除。取消签字只能由出纳人员进行。

④ 要想修改、删除凭证,必须在未审核、未签字的状态下由原制单人在"填制凭证"功能中进行。

⑤ 如果在总账系统的"选项"中选中"允许修改、作废他人填制的凭证"选项,那么在填制凭证功能中可以由非原制单人修改或删除凭证。

⑥ 若要删除凭证,必须先进行"作废"操作,然后进行整理。

⑦ 账簿查询时查不到作废凭证的数据。

9. 科目汇总

科目汇总是按条件对记账凭证进行汇总并生成一张凭证汇总表。进行汇总的凭证可以是已记账凭证,也可以是未记账凭证。因此,财务人员可在凭证未全部记账前,随时查看企业目前的经营状况及其他财务信息。

10. 记账

凭证经审核签字后,即可用来登记总账和明细账、日记账、部门账、往来账、项目账以及备查账等。

(1) 选择本次记账范围

即确定本次需要记账的凭证范围,包括期间、类别、记账范围。确定记账范围时可以单击【全选】按钮选择所有未记账凭证,可以输入连续编号范围如"1~9",表示对该类别的1~9号凭证进行记账,也可以输入不连续的编号如"3""7"等,表示仅对第三张和第七张凭证记账。

(2) 记账报告

如果是第一次记账,需要检查输入的期初余额是否平衡,期初余额不平,不允许记账;上月未记账或结账,本月不能记账;未审核凭证不能记账;作废凭证不需要审核可直接记账;记账过程不得中断,一旦断电或其他原因造成中断后,系统将自动调用"恢复记账前状态"恢复数据,然后重新记账。

(3) 记账

记账一般采用向导方式,使记账过程更加明确,记账过程由系统自动完成,无须人工干预。

执行【总账系统】\【记账】命令,在向导的指引下,输入记账范围、查看记账报告,单击【记账】按钮,系统会跳出"期初试算平衡表"窗口,单击【确定】按钮,完成记账工作。

注意!

记账后发现凭证错误,有以下两种修改方式(由账套主管完成)。

① 采用红字冲销法将错误凭证冲销。

② 采用反记账的方式将凭证反记账、反审核后,回到未过账、未审核、未签字的状态进行修改。反记账:执行【总账】菜单下的【凭证】\【恢复记账前状态】命令,即可恢复到未记账状态。

二、账簿查询

1. 基本账簿查询

（1）总账

总账查询不但可以查询各总账科目的年初余额、各月发生额合计和月末余额，而且还可查询所有二至六级明细科目的年初余额、各月发生额合计和月末余额。

执行【总账】菜单下的【账簿查询】命令，单击【总账】按钮，选择对应科目以及是否包含未记账凭证，单击【确认】完成所需查询。

（2）余额表

传统的总账是按照总账科目分页设账，如果查询一定范围或全部科目的发生额及余额就略显不便。余额表用于查询、统计各级科目的本月发生额、累计发生额和余额等，可输出某月或某几个月的所有总账科目或明细科目的期初余额、本期发生额、累计发生额、期末余额。如图 4-17 所示。

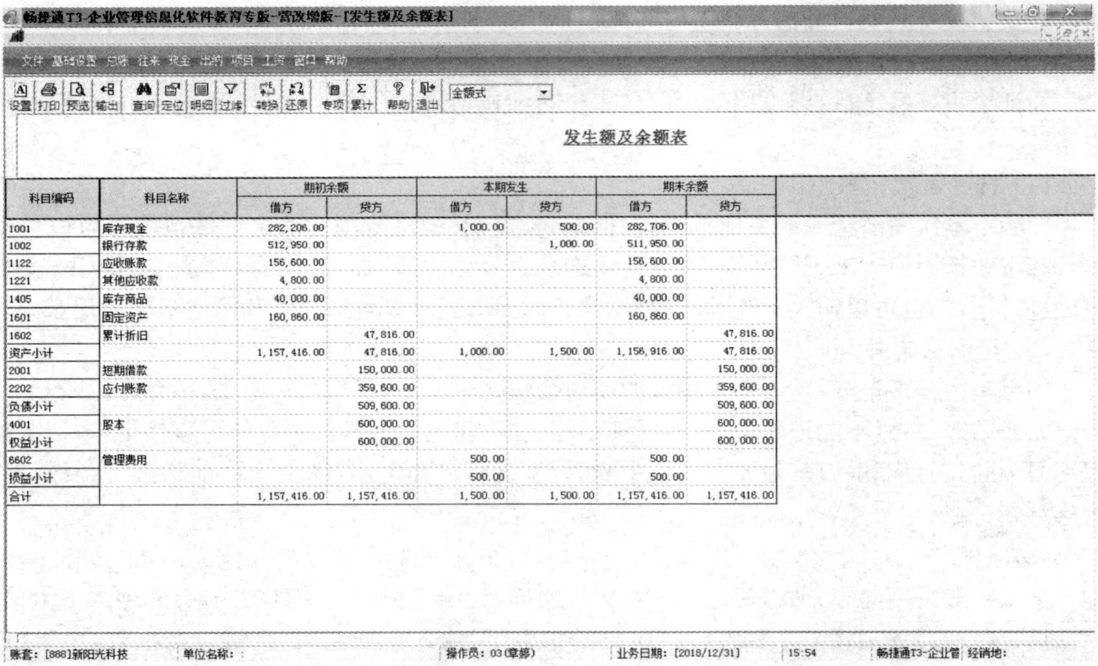

发生额及余额表

科目编码	科目名称	期初余额		本期发生		期末余额	
		借方	贷方	借方	贷方	借方	贷方
1001	库存现金	282,206.00		1,000.00	500.00	282,706.00	
1002	银行存款	512,950.00			1,000.00	511,950.00	
1122	应收账款	156,600.00				156,600.00	
1221	其他应收款	4,800.00				4,800.00	
1405	库存商品	40,000.00				40,000.00	
1601	固定资产	160,860.00				160,860.00	
1602	累计折旧		47,816.00				47,816.00
资产小计		1,157,416.00	47,816.00	1,000.00	1,500.00	1,156,916.00	47,816.00
2001	短期借款		150,000.00				150,000.00
2202	应付账款		359,600.00				359,600.00
负债小计			509,600.00				509,600.00
4001	股本		600,000.00				600,000.00
权益小计			600,000.00				600,000.00
6602	管理费用			500.00		500.00	
损益小计				500.00		500.00	
合计		1,157,416.00	1,157,416.00	1,500.00	1,500.00	1,157,416.00	1,157,416.00

账套：[888]新阳光科技　单位名称：　操作员：03(章婷)　业务日期：[2018/12/31]　15:54　畅捷通T3-企业管　经销地：

图 4-17　余额表查询

（3）明细账

明细账查询用于平时查询各账户的明细发生情况，以及按任意条件组合查询明细账。在查询过程中可以包含未记账凭证。明细账包括三种账簿查询类型，即普通明细账、按科目排序明细账和月份综合明细账。

① 普通明细账是按科目查询，按发生日期排序的明细账。

② 按科目排序明细账是按非末级科目查询，按其有发生额的末级科目排序的明细账。

③ 月份综合明细账是按非末级科目查询，包含非末级科目总账数据及末级科目明细数据

的综合明细账。

（4）序时账

序时账实际上就是以流水账的形式反映单位的经济业务，查询打印比较简单，此处不做详述。

（5）多栏账

本功能用于查询多栏明细账。在查询多栏账之前，必须先定义查询格式。进行多栏账栏目定义有两种方式，即自动编制栏目和手动编制栏目。一般情况下，先进行自动编制再进行手动调整，可以提高录入效率。

① 定义多栏账。执行【总账】菜单下的【账簿查询】命令，单击【多栏账】按钮，打开"多栏账"窗口，单击【增加】按钮，选择核算科目，修改多栏账名称（不修改也可），单击【自动编制】按钮，将"分析方式"的金额分析双击改为余额分析，单击【确定】按钮，完成多栏账的定义，如图4-18所示。

② 查询多栏账。执行【总账】菜单下的【账簿查询】命令，单击【多栏账】按钮，双击要查询的多栏账，选择查询条件即可查询。

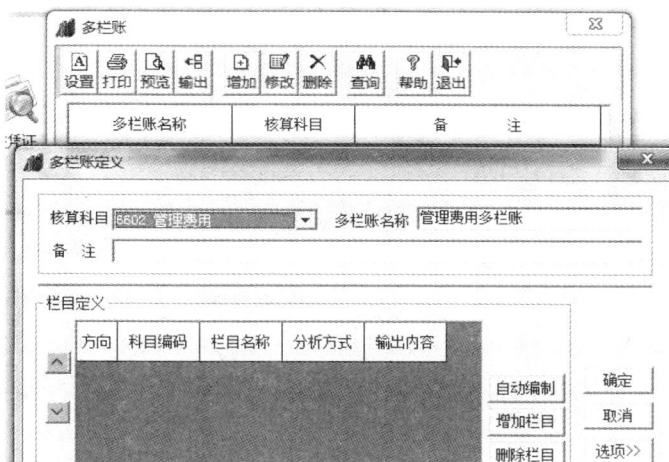

图 4-18 "多栏账定义"窗口

（6）综合多栏账

综合多栏账是在原多栏账的基础上新增的一个账簿查询方式，它除了可以以科目为分析栏目查询明细账，也可以以辅助项及自定义项为分析栏目查询明细账，并可完成多组借、贷栏目在同一账表中的查询。其目的主要是为了完成商品销售、库存、成本明细账的横向联合查询，并提供简单的计算功能，以方便用户对商品进销存状况的及时了解。

（7）日记账

本功能主要用于查询除现金日记账、银行日记账以外的其他日记账。现金日记账、银行日记账在现金管理中查询。

（8）日报表

本功能用于查询输出某日所有科目的发生额及余额情况，但不包括"库存现金"和"银行存款"科目。

2. 辅助核算账簿查询

辅助账簿查询主要包括个人往来辅助账和部门辅助账,查询方法简单,此处不再详述。

任务3 期末处理

期末处理是指在将本月所发生的经济业务全部登记入账后所要做的工作,主要包括计提、分摊、结转、对账和结账。

第一次使用本系统的用户进入系统后,应先执行【转账定义】命令,用户在定义完转账凭证后,在以后的各月只需调用【转账凭证生成】命令即可。但当某转账凭证的转账公式有变化时,需先在【转账定义】菜单中修改转账凭证内容,然后进行转账。

一、自动转账

1. 转账定义

转账定义是把凭证的摘要、会计科目、借贷方向以及金额的计算公式预先设置成凭证模板,即自动转账分录,待需要转账时调用相应的自动转账分录生成凭证即可。如图 4 - 19 所示。

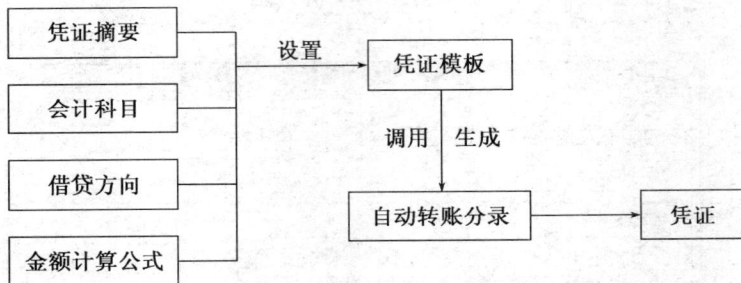

图 4 - 19 转账定义的流程

自动转账分录可以分为独立自动转账分录和相关自动转账分录。独立自动转账分录要转账的业务数据与本月其他经济业务无关,相关自动转账分录要转账的业务数据与本月其他经济业务相关。例如,结转生产成本前应完成制造费用的结转等。

本功能提供以下几种转账功能的定义。

(1)自定义转账设置

自定义转账是适用范围最大的一种转账方式,可以完成的转账业务主要有以下几种。

①"费用分配"的结转,如工资分配等。

②"费用分摊"的结转,如制造费用等。

③"税金计算"的结转,如增值税等。

④"提取各项费用"的结转,如计提职工教育经费等。

⑤各项辅助核算的结转。

(2)对应结转设置

对应结转不仅可以进行两个科目一对一的结转,还提供科目的一对多结转功能。对应结转的科目可为上级科目,但其下级科目的科目结构必须一致(相同明细科目),如有辅助核算,则两个科目的辅助账类也必须一一对应。

案例 4－9

将"应交税费——应交增值税(销项税额)"科目贷方发生额转入"应交税费——未交增值税"科目,设置对应结转。

执行【总账】菜单下的【期末】\【转账定义】\【对应结转】命令,打开"对应结转设置"窗口。

① 编号。它是指该张转账凭证的代号。录入编号"0001"。

② 凭证类别。单击凭证类别栏的下拉按钮,选择转账凭证。

③ 摘要。输入摘要"转出未交增值税"。

④ 转出科目编码。在"转出科目编码"栏输入"22210102"或单击参照按钮选择"22210102 应交税费——应交增值税(销项税额)"。

⑤ 转入科目编码。单击【增行】按钮,在"转入科目编码"栏输入或参照输入"22210103",结转系数为"1"。

所有内容录入完毕后,单击【保存】按钮,如图 4－20 所示。单击【退出】按钮即可。

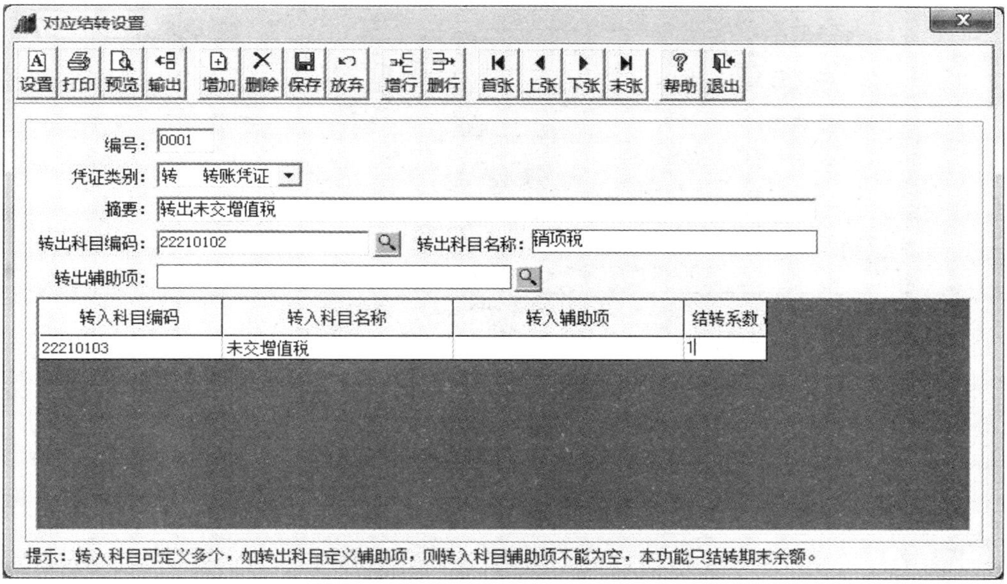

图 4－20　"对应结转设置"窗口

注意!

① 结转系数即转入科目取数＝转出科目取值×结转系数,若未输入,系统默认为 1。

② 本功能只结转期末余额,如要结转发生额,请到自定义结转中设置。

（3）销售成本结转设置

销售成本结转功能是通过月末商品（或产成品）销售数量乘以库存商品（或产成品）的平均单价来计算各类商品销售成本并进行结转。

执行【总账】菜单下的【期末】\【转账定义】\【销售成本结转】命令，打开"销售成本结转设置"窗口，如图4-21所示。

用户可输入总账科目或明细科目，但输入时要求这三个科目具有相同结构的明细科目，即要求"库存商品"科目和"商品销售收入"科目下的所有明细科目必须都有数量核算，且这三个科目的下级科目必须一一对应。输入完成后，系统自动计算出所有商品的销售成本。

其中：

数量＝"商品销售收入"科目下某商品的贷方数量；

单价＝"库存商品"科目下某商品的月末金额÷月末数量；

金额＝数量×单价。

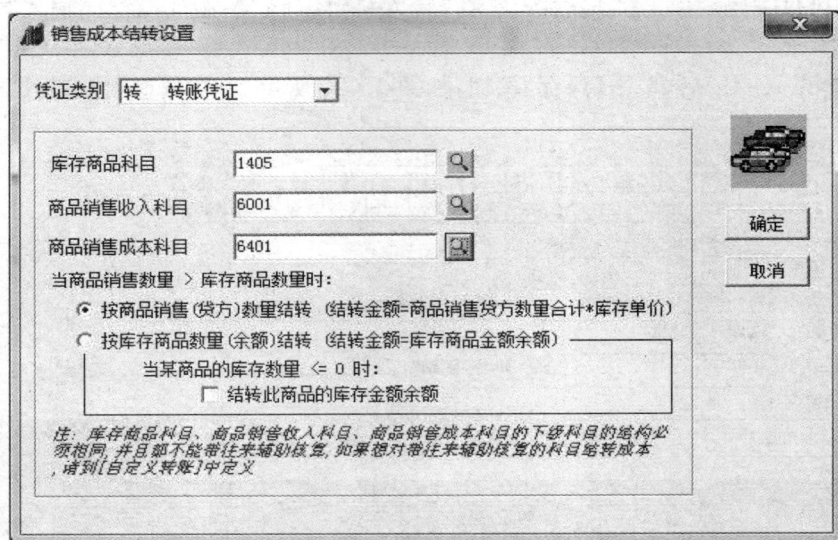

图4-21 "销售成本结转设置"窗口

（4）汇兑损益结转设置

用于期末自动计算外币账户的汇总损益，并在转账生成中自动生成汇总损益转账凭证。汇兑损益只处理以下外币账户：外汇存款户、外币现金、外币结算的各项债权、债务，不包括所有者权益类账户、成本类账户和损益类账户。

案例 4-10

设置结转本期汇兑损益。

执行【总账】菜单下的【期末】\【转账定义】\【汇兑损益】命令，打开"汇兑损益结转设置"窗口，录入凭证类别、汇兑损益入账科目，如图4-22所示，单击【确定】按钮即可。

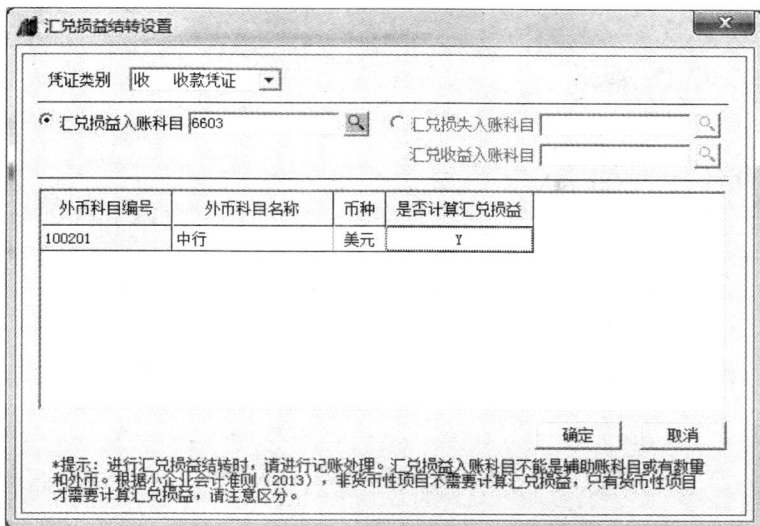

图 4‑22　"汇兑损益结转设置"窗口

注意！

①为了保证汇兑损益计算正确，填制某月的汇兑损益凭证时必须先将本月的所有未记账凭证先记账。

②汇兑损益入账科目不能是辅助账科目或有数量外币。

③若"账簿选项"中的"往来控制方式"为"客户往来业务由应收系统核算"或"供应商往来业务由应付系统核算"，则计算汇兑损益的外币科目不能是带客户或供应商的科目。可到应收、应付系统中对这些科目进行汇兑损益的结转。

（5）期间损益结转设置

用于在一个会计期间终了将损益类科目的余额结转到"本年利润"科目中，从而及时反映企业利润的盈亏情况。它主要是对"管理费用""销售费用""财务费用""主营业务收入"以及营业外收支等科目的结转。

案例 4‑11

设置结转本期期间损益。

执行【总账】\【期末】\【转账定义】\【期间损益】命令，打开"期间损益结转设置"窗口，如图4‑23所示。录入凭证类别、本年利润科目"4103"，单击【确定】按钮即可。

2．转账生成

定义完转账凭证后，每月月末只需执行"转账生成"功能即可由计算机快速生成转账凭证。在此生成的转账凭证将自动追加到未记账凭证中去，通过审核、记账后才能真正完成结转工作。

图 4-23　"期间损益结转设置"窗口

案例 4-12

转账生成有以下几种。

① 对应结转生成；

② 汇兑损益结转生成；

③ 期间损益结转生成（提示：应先将前两项转账生成的会计分录进行记账）。

执行【总账】\【期末】\【转账生成】命令，或者在"总账"界面单击【月末转账】按钮，打开"转账生成"窗口。在该窗口左侧，选中【对应结转】选项，之后双击要结转的凭证所在行，如图 4-24 所示。单击【确定】按钮，生成一张转账凭证，单击【保存】按钮，凭证上出现"已生成"的标志，如图 4-25 所示。单击【退出】按钮，退回到"转账生成"窗口。

汇兑损益结转生成、期间损益结转生成的过程基本相同，在此不再详述。

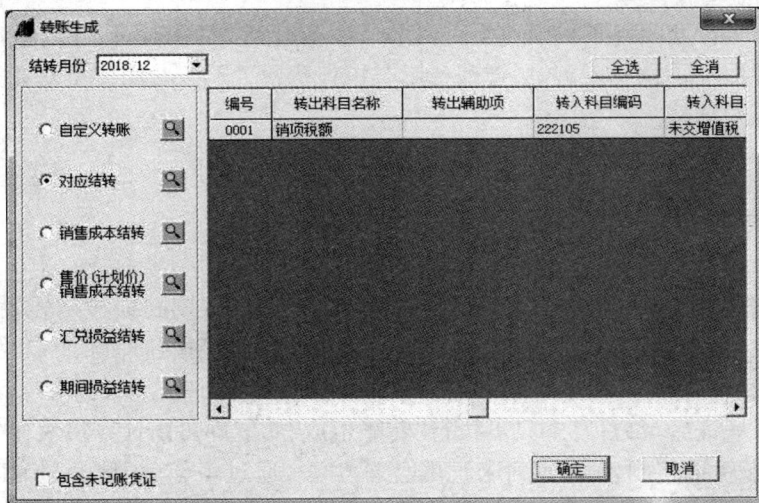

图 4-24　"对应结转"窗口

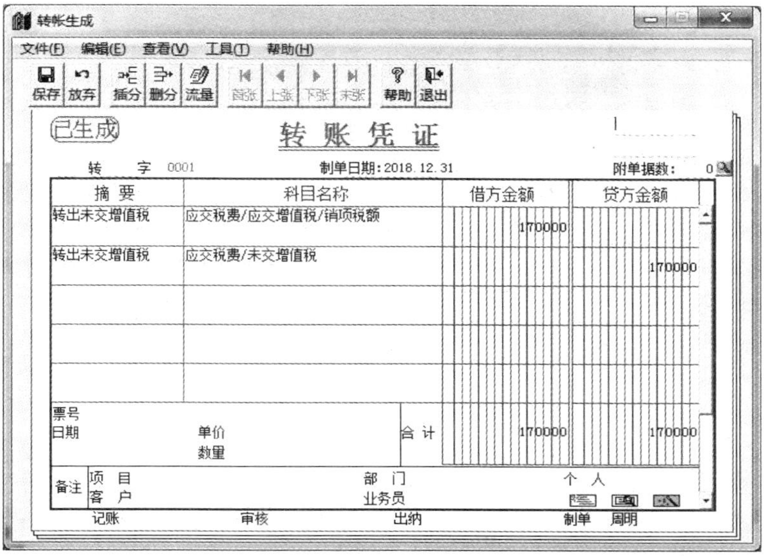

图 4-25　对应结转生成

注意！

① 由于转账凭证中定义的公式基本上取自账簿，因此，在进行月末转账之前，必须将所有未记账凭证全部记账；否则，生成的转账凭证中的数据就可能不准确。特别是对于一组相关转账分录，必须按顺序依次进行转账生成、审核、记账。

② 根据需要选择生成结转方式、结转月份及需要结转的转账凭证，系统在进行结转计算后显示将要生成的凭证，确认无误后，将生成的凭证追加到未记账凭证中。

③ 结转月份为当前会计月，且每月只结转一次。在生成结转凭证时，要注意操作日期，一般在月末进行。

二、对账

对账是对账簿数据进行核对，以检查记账是否正确以及账簿记录是否平衡。它主要是通过核对总账与明细账、总账与辅助账的数据来完成账账核对。

在用友企业应用平台，单击【总账】菜单，执行【期末】\【对账】命令，打开"对账"窗口，单击【试算】按钮，出现"2018.12 试算平衡表"窗口，如图 4-26 所示。单击【确认】按钮退回到"对账"窗口。单击【选择】按钮，在"2018.12 是否对账"栏出现"Y"标志，单击【对账】按钮，系统开始对账，并显示对账结果，如图 4-27 所示。单击【退出】按钮，完成对账。

若对账结果为账账相符，则对账月份的对账结果处显示"正确"，若对账结果为账账不符，则对账月份的对账结果处显示"错误"。按【错误】按钮则显示"对账错误信息表"。当对账出现错误或记账有误时，系统允许恢复记账前状态进行检查、修改，直到对账正确为止。

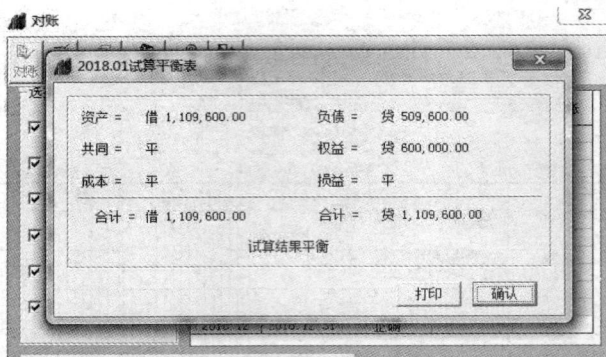

图 4－26 "2018.01 试算平衡表"窗口

图 4－27 "对账"窗口

提示：

① 试算平衡就是将系统中设置的所有科目的期末余额按会计平衡公式"借方余额＝贷方余额"进行平衡检验，并输出科目余额表及是否平衡等信息。一般来说，实行计算机记账后，只要记账凭证录入正确，计算机自动记账后各种账簿都应是正确、平衡的。但由于非法操作、计算机病毒或其他原因，有时可能会造成某些数据被破坏，因而引起账账不符。为了保证账证相符、账账相符，应经常使用本功能进行对账，至少一个月一次，一般可在月末结账前进行。

② 如果使用了应收、应付系统，则在总账系统中不能对往来客户账、供应商往来账进行对账。

三、结账

结账处理就是计算本月各账户发生额合计和本月账户期末余额,并将余额结转到下月作为下月月初余额。结账是一种批量数据处理工作,每月只结账一次,主要是对当月日常处理的终止和对下月账簿的初始化,由计算机自动完成。

1. 结账前的检查工作

① 检查本月业务是否全部记账,有未记账凭证不能结账。

② 月末结转必须全部生成并记账,否则本月不能结账。

③ 检查上月是否已结账,如果上月未结账,则本月不能记账。

④ 核对总账与明细账、总账与辅助账、总账系统与其他子系统的数据是否一致,不一致不能结账。

⑤ 检查损益类账户是否全部结转完毕,如未完成则本月不能结账。

⑥ 若与其他子系统联合使用,应检查其他子系统是否已结账,若没有则本月不能结账。

在用友企业应用平台,进入"总账系统"界面,单击【月末结账】按钮,打开"结账"窗口,单击【下一步】按钮,再单击【对账】按钮,系统开始对账。对账完毕后,单击【下一步】按钮,打开"月度工作报告"窗口,如图 4-28 所示。单击【下一步】按钮,出现"2018 年 12 月未通过工作检查,不可以结账!"对话框,如图 4-29 所示。单击【上一步】按钮,检查不能结账的原因。

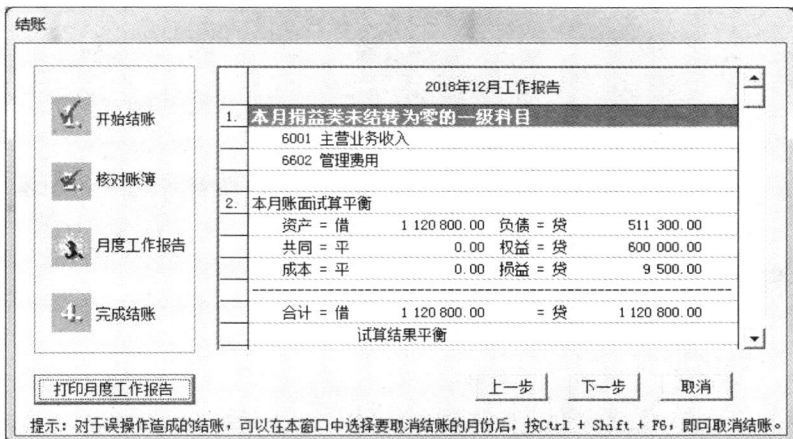

图 4-28　"结账"窗口 1

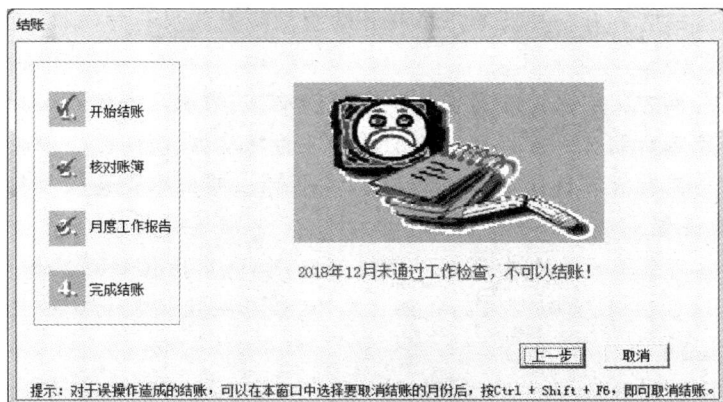

图 4-29　"结账"窗口 2

单击【取消】按钮,则取消本次的结账操作,回到记账功能,将未记账的凭证记账后再次结账即可。

2. 结账与反结账

结账前系统自动进行数据备份,结账完成后不得再录入本月凭证。如果结账以后发现本月还有未处理的业务或其他情况,可以进行"反结账",取消本月结账标记,再进行修正,然后进行结账工作。

> 提示:
>
> ① 结账后除查询外,不得再对本月业务进行任何操作。
>
> ② 结账未通过检查,不能结账,也可能因为其他模块如"应收应付模块未结账"造成的。
>
> ③ 如果因某种原因而取消本月结账,需要账套主管在"结账"界面选择取消结账的月份,按 Ctrl+Shift+F6 键取消结账即可。

模拟实训 3

◆ 实训目的

通过实训掌握总账初始设置的内容及操作方法,掌握总账日常业务及期末业务处理的流程及操作方法。

◆ 实训资料

一、总账初始化设置

1. 总账参数

(1) 明细权限设置

① 902(张云):拥有所有科目及其下级科目的明细账查询权和打印权;有权审核所有制单人员填制的凭证。

② 903(朱平):拥有所有科目及其下级科目的制单权、明细账查询权和打印权。

③ 904(学生姓名):拥有所有科目及其下级科目的制单权、明细账查询权和打印权。

④ 905(董明):拥有所有科目及其下级科目的制单权、明细账查询权和打印权。

(2) 功能选项设置

① "凭证"标签页。不允许查看他人填制的凭证;凭证审核控制到操作员;出纳凭证必须经由出纳签字;新增凭证时,自动带入的凭证日期为"最后一次录入的凭证日期",其他选项按系统默认。

② "账簿"标签页。默认。

③"会计日历"标签页。默认。

④"其他"标签页。默认。

2. 期初余额

（1）录入期初余额（见附表 3-1）

附表 3-1　期初余额　　　　　　　　　　　　　　元

科目代码	科目名称	累计借方	累计贷方	方向	期初余额
1001	库存现金	533 187.24	523 174.57	借	19 673.60
1002	银行存款	13 540 551.79	8 729 775.00	借	10 631 524.10
100201	中国农业银行	13 540 551.79	8 729 775.00	借	9 415 708.10
100202	中国工商银行	0.00	0.00	借	693 570.00（美元 100 000.00）
100203	中国招商银行	0.00	0.00	借	443 255.00（英镑 50 000.00）
100204	中国银行	0.00	0.00	借	78 991.00（欧元 10 000.00）
1012	其他货币资金	1 176 000.00	823 000.00	借	500 505.96
101202	银行本票存款	1 176 000.00	823 000.00	借	500 505.96
1101	交易性金融资产	0.00	0.00	借	130 948.00
110101	成本	0.00	0.00	借	120 000.00
110102	公允价值变动	0.00	0.00	借	10 948.00
1121	应收票据	2 360 570.00	2 109 220.00	借	251 350.00
1122	应收账款	10 312 030.00	100 000.00	借	10 716 420.00
1123	预付账款	858 000.00	800 000.00	借	198 000.00
1132	应收利息	0.00	0.00	借	3 300.00
1221	其他应收款	126 200.00	123 200.00	借	17 840.00
122101	备用金	0.00	0.00	借	10 000.00
122102	个人往来	3 000.00	0.00	借	3 000.00
122103	其他往来	123 200.00	123 200.00	借	4 840.00
1231	坏账准备	0.00	0.00	贷	6 974.00
1402	在途物资	2 496 736.00	2 496 736.00	借	0.00
140201	棉布料	1 396 736.00（129 676 码）	1 396 736.00（129 676 码）	借	0.00
140205	皮革	1 100 000.00（34 375 码）	1 100 000.00（34 375 码）	借	0.00
1403	原材料	10 026 850.00	9 829 300.00	借	3 408 966.00

（续表）

科目代码	科目名称	累计借方	累计贷方	方向	期初余额
140301	棉布料	9 496 850.00 (863 350 码)	9 411 600.00 (855 600 码)	借	1 694 770.00 (154 070 码)
140302	麻布料	250 000.00 (10 000 米)	187 500.00 (7 500 米)	借	385 750.00 (15 430 米)
140303	丝绸料	70 000.00 (3 500 米)	30 000.00 (1 500 米)	借	44 000.00 (2 200 米)
140304	毛料	0.00	0.00	借	58 000.00 (1 000 米)
140305	皮革	0.00	0.00	借	1 100 000.00 (34 375 码)
140306	化纤料	0.00	0.00	借	89 600.00 (5 600 米)
140307	辅料	0.00	0.00	借	16 521.00
140308	配件	0.00	0.00	借	6 325.00
140309	燃料	210 000.00	200 200.00	借	14 000.00
1405	库存商品	7 954 716.00	7 997 440.00	借	458 520.00
140501	衬衣	34 716.00 (350 件)	77 440.00 (766 件)	借	3 520.00 (36 件)
140502	风衣	220 000.00 (2 000 件)	220 000.00 (2 000 件)	借	33 000.00 (300 件)
140503	棉衣	7 700 000.00 (51 334 件)	7 700 000.00 (51 334 件)	借	330 000.00 (2 200 件)
140504	皮夹克	0.00	0.00	借	52 000.00 (148 件)
140505	牛仔服	0.00	0.00	借	40 000.00 (800 件)
1406	发出商品	1 004 564.00	1 026 960.00	借	99 220.00
1411	周转材料	211 385.90	187 000.00	借	106 304.00
141101	低值易耗品	101 385.90	88 000.00	借	51 304.00
141102	包装物	110 000.00	99 000.00	借	55 000.00
1521	投资性房地产	6 789 780.76	6 789 780.76	借	109 500.00
1531	长期应收款	254 716.00	297 440.00	借	33 220.00
1601	固定资产	506 000.00	0.00	借	7 810 000.00
160101	房屋及建筑物	300 000.00	0.00	借	6 804 000.00

（续表）

科目代码	科目名称	累计借方	累计贷方	方向	期初余额
160102	机器设备	150 000.00	0.00	借	570 000.00
160103	交通运输设备	50 000.00	0.00	借	350 000.00
160104	办公设备	6 000.00	0.00	借	86 000.00
1602	累计折旧	0.00	252 675.00	贷	1 287 373.00
1701	无形资产	3 610 191.83	3 300 000.00	借	420 326.40
2001	短期借款	0.00	481 250.00	贷	607 875.00
2201	应付票据	9 520 132.60	8 820 960.17	贷	170 225.00
2202	应付账款	0.00	0.00	贷	833 624.00
2203	预收账款	6 192 000.00	137 000.00	贷	1 125 000.00
2211	应付职工薪酬	492 458.56	492 458.56	贷	172 500.00
221101	工资	402 000.56	402 000.56	贷	172 500.00
221102	职工福利	90 458.00	90 458.00	贷	8 000.00
2221	应交税费	604 130.32	545 602.22	贷	48 085.44
222101	应交增值税	28 661.60	28 661.60	贷	0.00
22210101	进项税额	−2 219 902.00	−2 219 902.00	贷	0.00
22210105	销项税额	2 248 563.60	2 248 563.60	贷	0.00
222111	应交企业所得税	547 218.59	488 762.54	贷	45 549.18
222112	应交城市维护建设税	2 006.31	2 006.31	贷	0.00
222113	应交个人所得税	26 243.82	26 171.77	贷	2 536.26
2231	应付利息	660 000.00	1 095 050.00	贷	1 048 645.40
2232	应付股利	110 000.00	0.00	贷	37 692.60
2241	其他应付款	18 647.44	19 507.27	贷	2 624.23
2501	长期借款	4 439 804.01	4 492 604.01	贷	1 333 305.96
2502	应付债券	120 076.55	56 441.55	贷	74 002.00
2701	长期应付款	2 025 218.64	1 310 617.19	贷	5 878 178.80
4001	股本	2 217 895.69	2 246 557.29	贷	18 518 284.20
4002	资本公积	1 405 844.19	23 300 000.00	贷	439 355.57
400202	其他资本公积	1 405 844.19	23 300 000.00	贷	439 355.57
4101	盈余公积	0.00	0.00	贷	830 000.00
410101	法定盈余公积金	0.00	0.00	贷	520 000.00
410102	任意盈余公积金	0.00	0.00	贷	310 000.00

（续表）

科目代码	科目名称	累计借方	累计贷方	方向	期初余额
4103	本年利润	11 829 649.47	13 226 844.40	贷	1 397 194.93
4104	利润分配	0.00	0.00	贷	1 317 934.93
410401	未分配利润	0.00	0.00	贷	1 317 934.93
5001	生产成本	13 494 514.00	13 281 257.00	借	213 257.00
500101	直接材料	8 608 830.00	8 457 892.00	借	150 938.00
500102	直接人工	4 684 960.00	4 627 960.00	借	57 000.00
500103	其他直接支出	111 215.00	108 615.00	借	2 600.00
500104	制造费用	89 509.00	86 790.00	借	2 719.00
5101	制造费用	612 713.00	612 713.00	借	0.00
510101	工薪	192 800.00	192 800.00	借	0.00
510102	折旧费	56 030.00	56 030.00	借	0.00
510103	修理费	87 310.00	87 310.00	借	0.00
510104	办公费	191 000.00	191 000.00	借	0.00
510105	水电费	69 800.00	69 800.00	借	0.00
510106	其他	15 773.00	15 773.00	借	0.00
6001	主营业务收入	13 226 844.40	13 226 844.40	贷	0.00
600101	衬衣	3 569 012.30（23 793 件）	3 569 012.30（23 793 件）	贷	0.00
600102	风衣	5 697 820.00（18 993 件）	5 697 820.00（18 993 件）	贷	0.00
600103	棉衣	2 567 410.00（8 023 件）	2 567 410.00（8 023 件）	贷	0.00
600104	皮夹克	1 238 780.10（1 877 件）	1 238 780.10（1 877 件）	贷	0.00
600105	牛仔服	153 822.00（1 923 件）	153 822.00（1 923 件）	贷	0.00
6051	其他业务收入	255 728.00	255 728.00	贷	0.00
6401	主营业务成本	7 997 440.00	7 997 440.00	借	0.00
640101	衬衣	2 489 630.00（24 626 件）	2 489 630.00（24 626 件）	借	0.00
640102	风衣	3 147 820.00（28 617 件）	3 147 820.00（28 617 件）	借	0.00
640103	棉衣	1 259 705.00（8 398 件）	1 259 705.00（8 398 件）	借	0.00

（续表）

科目代码	科目名称	累计借方	累计贷方	方向	期初余额
640104	皮夹克	894 750.00 （2 237 件）	894 750.00 （2 237 件）	借	0.00
640105	牛仔服	205 535.00 （4 110 件）	205 535.00 （4 110 件）	借	0.00
6403	税金及附加	65 024.30	65 024.30	借	0.00
6601	销售费用	2 037 064.70	2 037 064.70	借	0.00
660101	工薪	80 000.00	80 000.00	借	0.00
660102	广告费	1 000 000.00	1 000 000.00	借	0.00
660103	展销会费	800 000.00	800 000.00	借	0.00
660104	折旧费	107 064.70	107 064.70	借	0.00
660105	运输费	19 800.00	19 800.00	借	0.00
660106	其他	30 200.00	30 200.00	借	0.00
6602	管理费用	1 985 848.47	1 985 848.47	借	0.00
660201	工薪	553 696.00	553 696.00	借	0.00
660202	差旅费	207 008.00	207 008.00	借	0.00
660203	办公费	467 456.00	467 456.00	借	0.00
660204	折旧费	304 168.47	304 168.47	借	0.00
660205	水电费	400 720.00	400 720.00	借	0.00
660206	其他	52 800.00	52 800.00	借	0.00
6603	财务费用	79 260.00	79 260.00	借	0.00
660301	借款利息	79 260.00	79 260.00	借	0.00

（2）录入辅助账期初余额

① 应收账款明细（见附表 3-2）。

附表 3-2　应收账款明细　　　　　　　　　　　　　　　　　　　元

日　期	凭证号	客　户	摘　要	方　向	金　额
2016.12.07	转字-19	武汉苏阳批发市场	应收销货款	借	134 100.00
2016.12.16	转字-23	北京金林商贸集团	应收销货款	借	127 500.00
2017.03.01	转字-1	杭州汇丽服装商城	应收销货款	借	58 600.00
2017.05.08	转字-5	山西吉茂百货公司	应收销货款	借	660 000.00
2017.10.10	转字-12	华城百姓生活超市	应收销货款	借	79 800.00
2017.11.19	转字-25	南湾服装贸易集团	应收销货款	借	330 000.00
2017.12.05	收字-7	山西吉茂百货公司	收回部分货款	贷	225 610.00

（续表）

日 期	凭证号	客 户	摘 要	方 向	金 额
2017.12.23	收字-30	南湾服装贸易集团	收回部分货款	贷	660 000.00
2018.07.21	转字-21	湖南湘乡批发市场	应收销货款	借	8 800 000.00
2018.09.30	转字-35	上海天美服饰总汇	应收销货款	借	4 345.00
2018.10.17	转字-26	中兴商场股份公司	应收销货款	借	1 507 685.00
2018.11.06	收字-8	武汉苏阳批发市场	收回部分货款	贷	100 000.00
合　计					10 716 420.00

② 预付账款明细（见附表 3-3）。

附表 3-3　预付账款明细　　　　　　　　　　　　　元

日 期	凭证号	供应商	摘 要	方 向	金 额
2017.06.09	付字-16	山东华彩织布厂	预付货款	借	200 000.00
2017.07.07	转字-13	山东华彩织布厂	结算购货款	贷	120 000.00
2017.09.24	付字-29	柳杨服装辅料加工厂	预付货款	借	60 000.00
2018.04.09	付字-18	宁陆丝绸进出口公司	预付货款	借	844 140.00
2018.06.28	转字-22	宁陆丝绸进出口公司	结算购货款	贷	800 000.00
2018.11.23	付字-28	陕西淮阳扎花厂	预付货款	借	13 860.00
合　计	—			—	198 000.00

③ 其他应收款明细。

备用金明细见附表 3-4。

附表 3-4　备用金明细　　　　　　　　　　　　　元

部 门	方 向	金 额
供应科	借	4 000.00
销售科	借	6 000.00
合　计		10 000.00

个人往来明细见附表 3-5。

附表 3-5　个人往来明细　　　　　　　　　　　　　元

日 期	凭证号	部 门	个 人	摘 要	方 向	金 额
2018.11.10	付字-6	人力资源科	李金元	预借差旅费	借	3 000.00
合　计						3 000.00

④ 应付账款明细（见附表 3－6）。

附表 3－6　应付账款明细　　　　　　　　　　　　　　　　　　元

日　期	凭证号	供应商	摘　要	方　向	金　额
2017.03.10	转字－7	优而美服饰配件公司	应付购货款	贷	153 600.00
2017.05.19	转字－24	浙江兰华针织印染厂	应付购货款	贷	149 024.00
2017.07.12	转字－20	陕西淮阳扎花厂	应付购货款	贷	121 000.00
2017.08.03	转字－6	柳杨服装辅料加工厂	应付购货款	贷	500 000.00
2017.10.27	付字－49	浙江兰华针织印染厂	支付部分货款	借	90 000.00
合　计	—	—	—	—	833 624.00

⑤ 预收账款明细（见附表 3－7）。

附表 3－7　预收账款明细　　　　　　　　　　　　　　　　　　元

日　期	凭证号	客　户	摘　要	方　向	金　额
2017.01.06	收字－10	诚诚服装专营店	预收货款	贷	750 000.00
2017.09.06	收字－15	北京金林商贸集团	预收货款	贷	6 430 000.00
2018.06.08	收字－7	上海天美服饰总汇	预收货款	贷	67 000.00
2018.11.23	转字－34	北京金林商贸集团	结算销货款	借	6 192 000.00
2018.11.30	收字－39	华城百姓生活超市	预收货款	贷	70 000.00
合　计	—	—	—	—	1 125 000.00

⑥ 生产成本明细（见附表 3－8）。

附表 3－8　生产成本明细　　　　　　　　　　　　　　　　　　元

明细科目	项　目	方　向	累计借方	累计贷方	期初余额
直接材料	衬衣	借	2 099 592.22	2 062 780.22	36 812.00
	棉衣	借	2 543 556.84	2 498 960.84	44 596.00
	皮夹克	借	3 965 680.94	3 896 150.94	69 530.00
	小　计	—	8 608 830.00	8 457 892.00	150 938.00
直接人工	衬衣	借	1 643 845.61	1 623 845.61	20 000.00
	棉衣	借	1 232 884.21	1 217 884.21	15 000.00
	皮夹克	借	1 808 230.18	1 786 230.18	22 000.00
	小　计	—	4 684 960.00	4 627 960.00	57 000.00
其他直接支出	皮夹克	借	111 215.00	108 615.00	2 600.00
	小　计	—	111 215.00	108 615.00	2 600.00

会计电算化应用教程

（续表）

明细科目	项 目	方 向	累计借方	累计贷方	期初余额
	衬衣	借	18 105.90	17 555.90	550.00
	棉衣	借	28 837.77	27 961.77	876.00
制造费用	皮夹克	借	42 565.33	41 272.33	1 293.00
	小 计	—	89 509.00	86 790.00	2 719.00
合 计		—	—	13 494 514.00	13 281 257.00	213 257.00

（3）试算平衡与对账

① 试算结果。平衡（分别检查期初余额、年初余额是否平衡，如果不平衡应检查余额录入是否有错误）。

② 期初对账。相符。

二、总账日常业务处理

1. 凭证录入

① 1日，核算会计收到河南天逸集团对本单位的投资，金额为人民币3 500 000元，转账支票1张已由出纳董明当天送存农业银行，结算号为789601，结算日期为当日，附件计3张。

② 1日，根据结算凭证，由孙伶俐经办，将上月月末因手续等原因未入本单位银行账的应收票据利息5 400元入账，结算方式为转账支票，结算号为351036，结算日期为当日，附件计4张。

③ 1日，根据结算凭证，由张军生经办，将上月月末因手续等原因未入本单位银行账的应付电费7 560元入账，结算方式为转账支票，结算号为295402，结算日期为当日，附件计3张。

④ 1日，由总账会计经办，从银行贷款人民币1 000 000元，期限为5年，以转账支票方式存入农业银行。业务回单及相关合同送交核算会计进行账务处理，结算号为458413，结算日期为当日，附件计7张。

⑤ 2日，收到英国英吉利公司对本单位的投资，金额为500 000英镑，存入招商银行英镑账户。对方以银行汇票形式划款，款已入账。相关资料送核算会计制单，结算号为795624，结算日期为当日，附件计10张。

⑥ 3日，由人力资源科李金元经办，将出差到武汉的相关费用单据送交核算会计，共计报销差旅费3 215元，原从财务科预借现金3 000元，余款用现金支付，附件计3张。

⑦ 4日，由缝纫车间杨红梅经办，用农业银行转账支票从中信文具公司购入办公用品，取得的增值税专用发票上注明的价款为8 000元，税额为1 040元。办公用品当日发放至各部门，其中，裁剪车间1 200元、缝纫车间800元、整烫车间1 500元、后道车间1 000元、供应科300元、销售科500元、财务科900元、设计科700元、人力资源科600元、安保科500元。相关单据交核算会计制单，结算号为263501，结算日期为当日，附件计2张。

⑧ 6日，根据朱平提供的上月工资结算汇总表，应发职工工资172 500元，出纳董明开出农业银行现金支票1张用于发放职工工资，金额为172 500元。相关单据交核算会计制单，结算号为139601，结算日期为当日，附件计2张。

⑨ 7日，出纳董明开出农业银行转账支票1张，缴纳应交企业所得税45 549.18元，代缴

88

上月已代扣个人所得税 2 536.26 元。相关单据交核算会计制单,结算号为 263502,结算日期为当日,附件计 16 张。

⑩ 7 日,整烫车间因工作需要,由张云华经办购入专用工具,取得的增值税专用发票上注明的价款为 1 400 元,税额为 182 元,已验收入库。由出纳董明开出农业银行转账支票 1 张。相关单据交核算会计制单,结算号为 263503,结算日期为当日,附件计 6 张。

⑪ 8 日,销售科因支付产品展销会费,持相关单据由董明开出农业银行现金支票 1 张,金额为 49 820 元。相关单据交核算会计制单,结算号为 139602,结算日期为当日,附件计 4 张。

⑫ 8 日,经研究决定,将本单位生产的棉衣发放给职员作为福利,数量 21 件,市场价格为每件 320 元,增值税税率为 13%。相关单据交核算会计制单,附件计 2 张。

⑬ 8 日,设计科发生业务招待费 2 570 元。周大海持相关单据至出纳董明处开出农业银行转账支票 1 张。相关单据交核算会计制单。结算号为 263504,结算日期为当日,附件计 3 张。

⑭ 9 日,裁剪车间因工作需要,由孔洋洋经办购入修理用备件,取得的增值税专用发票上注明的价款为 5 500 元,税额为 715 元,已验收并于当日交付使用。由出纳董明开出农业银行转账支票 1 张。相关单据交核算会计制单,结算号为 263505,结算日期为当日,附件计 6 张。

⑮ 10 日,由供应科周晓晓经办,支付本企业电费 84 500 元,其中,裁剪车间 22 000 元、缝纫车间 25 000 元、整烫车间 16 000 元、后道车间 18 000 元、供应科 400 元、销售科 500 元、财务科 500 元、设计科 1 000 元、人力资源科 600 元、安保科 500 元,进项税额为 10 985 元。出纳董明根据相关单据开出农业银行转账支票 1 张。相关单据交核算会计制单,结算号为 263506,结算日期为当日,附件计 16 张。

⑯ 15 日,由朱平经办并支付财务科空调修理费 500 元。出纳董明根据相关单据开出农业银行转账支票 1 张。相关单据交核算会计制单,结算号为 263507,结算日期为当日,附件计 4 张。

⑰ 15 日,供应科周晓晓因采购工作需要,需办理金额为 25 000 元银行汇票 1 张带往徐州。出纳董明根据相关资料向农业银行提交银行汇票申请书,银行签发银行汇票 1 份。相关单据交核算会计制单,结算号为 146321,结算日期为当日,附件计 2 张。

⑱ 19 日,由供应科周晓晓经办,从江苏淮成棉布厂购入棉布 1 000 码,单价 17.5 元,取得的增值税专用发票上注明的价款为 17 500 元,税额为 2 275 元;向货运公司支付运费,取得的增值税专用发票上注明的运费为 750 元,税额为 67.5 元。款项由银行汇票支付,该汇票多余款项已划入农业银行账户。相关单据交核算会计制单,结算号为 146321,结算日期为当日,附件计 9 张。

⑲ 20 日,19 日购入的棉布经验收全部合格,按实际采购成本入库,周晓晓将验收合格手续交核算会计制单,附件计 9 张。

⑳ 20 日,收到北京金林商贸集团出具的转账支票 1 张,用于偿还 2016 年 12 月所欠的货款 127 500 元。支票由出纳董明送农业银行入账,结算号为 934803,结算日期为当日。相关单据交核算会计制单,附件计 3 张。

㉑ 21 日,由销售科孙伶俐负责,销售风衣给上海天美服饰总汇,数量 200 件,单价 280 元,增值税税率为 13%,以 2018 年 6 月本单位取得的预收款项结算。相关手续送核算会计制单,业务编号为 20181221,附件计 9 张。

㉒ 22 日，由供应科周晓晓经办，从内蒙古克旗皮革公购入皮革 900 码，单价 35 元，取得的增值税专用发票上注明的价款为 31 500 元，税额为 4 095 元，因长期合作，企业信用比较好，款项经协商暂未付。相关单据交核算会计制单，业务编号为 20181222，附件计 5 张。

㉓ 23 日，22 日购入的皮革经验收全部合格，按实际采购成本入库，周晓晓将验收合格手续交核算会计制单，附件计 9 张。

㉔ 23 日，由销售科郑文杰负责，销售衬衣给武汉苏阳批发市场，数量 2 000 件，单价 120 元，增值税税率为 13%，未收到款项，业务编号为 20181223，附件计 9 张。

㉕ 23 日，由销售科郑文杰负责，销售皮夹克给中兴商场股份有限公司，数量 100 件，单价 650 元，增值税税率为 13%。收到对方开出的为期 3 个月的不带息银行承兑汇票。相关单据送核算会计进行制单，附件计 10 张。

㉖ 24 日，各车间领用物料用于车间一般耗用，其中，裁剪车间领用专用工具 3 050 元；整烫车间领用棉布 500 码，单价 11 元；缝纫车间领用皮革 20 码，单价 32 元，棉布 1 000 码，单价 11 元；后道车间领用包装物 2 000 元。相关单据送核算会计制单，附件计 20 张。

㉗ 24 日，收到现金 2 320 元，系本单位出租包装物的租金收入，增值税税率为 13%。相关单据送核算会计制单，附件计 2 张。

㉘ 25 日，由销售科孙伶俐负责，销售棉衣给南湾服装贸易集团 1 000 件，单价 320 元，增值税税率为 13%。收到对方单位银行汇票 1 张，由出纳董明将汇票送农业银行，款项于当日入账，结算号为 241709，结算日期为当日，附件计 12 张。

㉙ 25 日，出纳董明通过电汇方式支付前欠优而美服饰配件公司货款 153 600 元，结算号为 286668，同时支付银行汇兑手续费 100 元。相关单据送核算会计制单，附件计 3 张。

㉚ 26 日，为响应市青少年成长基金会的号召，经总经理同意，由王长海经办，捐款人民币 30 000 元。王长海持相关手续单据到财务，由出纳董明开出农业银行转账支票 1 张。相关单据送核算会计制单，结算号为 263508，结算日期为当日，附件计 3 张。

㉛ 26 日，出纳董明根据相关部门提供的单据，开出农业银行转账支票 1 张，用来支付产品展销会费 2 000 元、广告费 1 300 元。相关单据送核算会计进行制单，结算号为 263509，结算日期为当日，附件计 11 张。

㉜ 26 日，财务人员因工作需要，参加财务软件应用培训，费用为 7 800 元，出纳董明开出农业银行转账支票 1 张。相关单据送核算会计制单，结算号为 263510，结算日期为当日，附件计 2 张。

㉝ 27 日，出售一项交易性金融资产，取得款项 132 000 元，收到对方开来的转账支票 1 张，款已于当日转入本单位银行账户，同时将交易性金融资产（账面价值 130 948 元）注销。相关单据送核算会计制单，结算号为 630172，结算日期为当日，附件计 5 张。

㉞ 27 日，经研究决定，本单位拟建设一个仓库，由出纳董明开出农业银行转账支票 1 张购买工程物资 10 000 元，增值税税率为 13%，当日投入工程建设。相关单据送核算会计制单，结算号为 263511，结算日期为当日，附件计 3 张。

㉟ 31 日，计算本月应交城市维护建设税、教育费附加、地方教育费附加。相关单据送核算会计制单，附件计 2 张。

㊱ 31 日，核算会计根据相关资料，计提本月短期借款利息，附件计 1 张（已知：所有短期借款均从一家机构借出，年利率均为 7%）。

㊲ 31日，核算会计根据相关资料，将本月发生的制造费用按3∶4∶3的比例在衬衣、棉衣、皮夹克之间进行分配，结转制造费用，生成凭证，附件计1张。

㊳ 31日，经核算，后道车间完工衬衣4 000件，成本单价52元，其中，直接材料单价36元，直接人工单价10元，其他直接支出单价3元，制造费用单价3元。完工棉衣5 000件，成本单价84元，其中，直接材料单价61元，直接人工单价15元，其他直接支出单价4元，制造费用单价4元。相关单据送核算会计制单，附件计30张。

㊴ 31日，在对账时，出纳董明发现已经审核记账的供应科报销差旅费凭证的金额误写为3 215元，正确金额为3 275元。将此情况反馈给核算会计进行更正，附件计1张。

㊵ 31日，在对账时，出纳董明发现已经审核记账的设计科发生业务招待费凭证的金额误写为2 570元，正确金额为2 510元。将此情况反馈给核算会计进行更正，附件计1张。

㊶ 31日，在财产清查时，实地盘点库存现金为20 473.60元。对账后发现账实不符，账余现金20 273.60元，将此情况反馈给核算会计进行调账，并追查原因，附件计1张。

㊷ 31日，仔细核查后未发现有现金收支方面的差错，针对上述情况经批准按相关规定处理，附件计1张。

㊸ 31日，核算会计按应收账款余额的2‰计提坏账准备，附件计1张。

㊹ 31日，核算会计根据相关资料按全年利润总额的25%计算应交企业所得税，附件计1张。

㊺ 31日，核算会计根据相关资料结转全年所得税费用。

㊻ 31日，核算会计根据相关资料按全年税后利润的10%提取法定盈余公积金，附件计1张。

㊼ 31日，核算会计根据相关资料按全年税后利润的20%宣告向投资者分配利润，附件计1张。

㊽ 31日，核算会计根据相关资料结转“本年利润”账户金额至“利润分配——未分配利润”账户。

㊾ 31日，核算会计根据相关资料结转“利润分配”账户的其他明细账户金额至“利润分配——未分配利润”账户。

2. 设置常用摘要

编码:1，内容:销售产品，相关科目:主营业务收入。

3. 设置常用凭证

编码:1，摘要:提取现金，凭证类别:付款凭证，科目编码:1001库存现金和1002银行存款。

4. 凭证查询

① 查询会计期间等于“12”，且已记账的收款凭证。

② 查询会计期间等于“12”，且会计科目等于“100201”的凭证。

③ 查询会计期间等于“12”，且日期不等于“2018年12月1日至2018年12月10日”的凭证。

④ 自定义查询条件进行凭证查询。

5. 出纳签字

由出纳董明对本月所有的出纳凭证(包括后来录入的出纳凭证)进行签字。

6. 凭证审核

对本月所有的凭证(包括后来录入的凭证)审核完毕。

7. 凭证过账

将本月所有的凭证过账(包括后来录入的凭证)进行过账。

8. 凭证修改

采用正确的更正方法进行凭证更正处理,参见凭证录入中的第39~40笔业务。

9. 科目汇总

① 汇总到2018年12月1日至31日,凭证字为"收"字的已过账凭证的一级科目。

② 汇总到2018年12月1日至31日,凭证字为"付"字的所有二级科目。

③ 汇总到2018年12月1日至31日,凭证字为"转"字、凭证号为"1"至"10"的所有凭证的一级科目。

④ 自定义汇总条件进行科目汇总。

三、总账期末处理

1. 期末转账

① 自定义转账。用户可自行确定可操作的相关业务。

② 销售成本结转。31日,结转已销售产品成本(包括视同销售业务),相关单据送核算会计制单,附件计4张。

③ 汇兑损益转账。31日,核算会计根据相关资料进行期末调汇(期末汇率:美元6.863 2、英镑8.676 2、欧元7.847 3),生成凭证,附件计3张。

④ 期间损益转账。31日,核算会计根据相关资料结转本期损益。

2. 期末结账

处理本期结账业务(在其他业务系统结账后进行)。

四、账簿及其相关查询

1. 总账

① 查询2018年12月,"1002"科目的包含末级科目的总分类账。

② 查询2018年12月,所有一级会计科目的总分类账。

③ 查询2018年12月,包含未记账凭证的所有二级会计科目的总分类账。

④ 自定义查询条件进行总账查询。

2. 余额表

① 查询2018年12月,包含未记账凭证的所有资产类一级科目的余额表。

② 查询2018年12月,包含未记账凭证,币别为"美元"的末级科目的余额表。

③ 查询2018年12月,不包含未记账凭证,本期无发生额、无余额不显示的所有一级科目的余额表。

④ 自定义查询条件进行明细账查询。

3. 明细账

① 查询2018年12月,明细科目范围为"1001"至"6901",按对方一级科目展开,包含未记账凭证的明细账。

② 查询 2018 年 12 月,明细科目范围为"1001"至"6901",按科目排序,包含未记账凭证的明细账。

③ 比较所查询的①、②项明细账的异同。

④ 自定义查询条件进行明细账查询。

4. 多栏账

① 编制 2018 年 12 月制造费用多栏账、生产成本多栏账。

② 编制 2018 年 12 月其他多栏账(主营业务收入多栏账、管理费用多栏账)。

③ 自定义查询条件进行多栏账查询。

5. 费用明细表

① 查询 2018 年 12 月销售费用明细表。

② 自定义查询条件进行明细表查询。

6. 辅助查询

① 个人往来。查询 2018 年 12 月科目为"122101"的包含未记账凭证的个人往来余额表;查询 2018 年 12 月不包含未记账凭证的个人往来明细账;自定义查询条件进行个人往来查询。

② 部门核算。查询 2018 年 12 月后勤部所属各科室的"工薪"项目部门总账;查询 2018 年 12 月科目为"制造费用"的包含未记账凭证的部门多栏明细账;自定义查询条件进行部门核算查询。

项目5　工资管理

能力目标

理解各项基础设置在工资管理中所起的作用及各项目的含义；

理解并掌握工资核算和总账之间的关系；

掌握工资管理系统初始设置的操作流程；

掌握工资日常业务处理、银行代发工资处理、个人所得税的扣除以及工资分摊处理。

工资管理系统主要由系统初始设置和日常业务处理两个方面组成。其主要功能是进行工资核算、工资发放、工资费用分摊、工资报表数据和个人所得税计算等，适用于各类企业、行政事业单位。工资管理系统可以与总账系统集成使用，将工资凭证传递到总账中；可以与成本管理系统集成使用，为成本管理系统提供人员的费用信息。

系统初始设置的主要功能是进行人员类别、基本信息的设置，还有工资项目和公式计算公式设置，对于通过银行代发工资的单位还需要进行银行信息的填制。日常业务处理主要进行工资数据的输入和变动调整，工资数据分摊业务处理，以及工资相关报表的查询和输出。

案例 5-1

新阳光科技公司工资系统初始资料如下。

1. 功能参数

工资类别个数设置为"单个"；核算币种设置为"RMB 人民币"；实行代扣个人所得税；不进行扣零处理；人员编码长度为 6 位。

2. 工资类别

工资类别为"正式人员"，正式人员分布于各个部门。

3. 人员附加信息

身份证号、性别、学历、技术职称、出生年月。

4. 人员类别

管理人员、销售人员、车间管理人员、生产工人。

5. 工资项目

基本工资、职务工资、岗位津贴、工龄工资、奖金、实发合计、应发合计、公积金养老金、代扣税、事假扣款、扣款合计。

6. 银行名称

工商银行(账号长度为 11)、建设银行(账号长度为 11)、农业银行(账号长度为 11)、上海农商银行(账号长度为 17)。

7. 部门(见表 5-1)

表 5-1　部　门

部门编码	部门名称
1	人事部
2	财务部
3	业务部
301	业务一部
302	业务二部

8. 人员档案(见表 5-2)

表 5-2　人员档案

职员编码	职员姓名	所属部门	人员类别	银行账号(工商银行)	技术职称
000001	周明	财务部	管理人员	62022207890	高级会计师
000002	王珊	财务部	管理人员	62021119890	会计师
000003	章婷	财务部	管理人员	62028678909	会计师
000006	李飞扬	财务部	管理人员	62029891011	高级会计师
000007	杨南	人事部	管理人员	62022205639	经济师
000008	刘华	业务一部	销售人员	62029887173	经济师
000009	韩东	业务二部	销售人员	62091234456	工程师
000010	李茂	业务一部	车间管理人员	62021010998	工程师
000011	张志兵	业务二部	生产工人	62010456708	技工

任务1　初始设置

一、系统启用

1. 启用工资系统

由账套主管登录"系统管理"界面,执行【账套】\【启用】命令,即可进入"系统启用"窗口,如图 5-1 所示。选中【WA 工资管理】选项,修改启用时间为 2018 年 12 月,单击【确定】按钮,即可完成工资系统的启用。

2. 启用工资账套

(1) 启用工资管理

由企业应用平台进入工资管理模块,选择本账套处理的工资类别个数,然后选择币种,接下来确定是否代扣税、是否扣零处理、人员编号长度,完成启用工资管理工作。如图 5-2 所示。

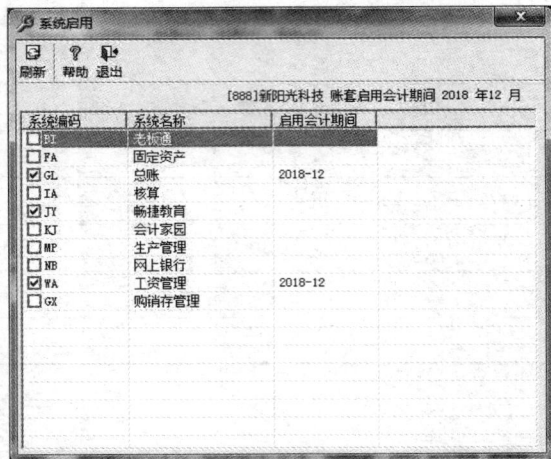

图 5-1 "系统启用"窗口

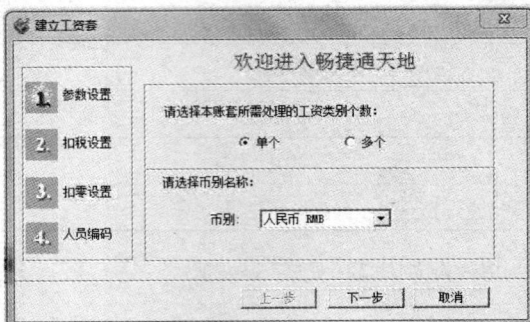

图 5-2 启用工资管理

（2）建立工资类别

工资类别是指一套工资账中，根据不同情况而设置的工资数据管理类别。如某企业将正式职工和临时职工分设为两个工资类别，两个类别同时对应一套账务。系统提供多个工资类别，可为按周或一月多次发放工资，或者是有多种不同别的人员，工资发放项目不尽相同，计算公式也不相同，但需进行统一工资核算管理的单位提供解决方案。

选择【新建工资类别】菜单，选中【工资类别向导】选项，如图 5-3 所示，再选择【该工资类别所辖部门】菜单，确定工资系统启用日期后即可完成。不过在选择工资类别个数时选"多数"，此时才可设置。如图 5-3、图 5-4、图 5-5 所示。

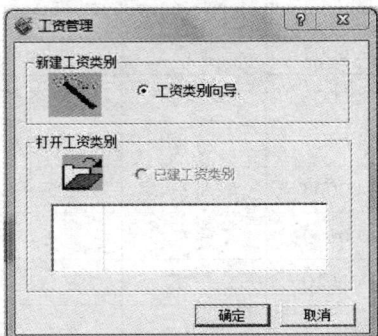

图 5-3 "工资类别向导"窗口

图 5-4 新建工资类别名称

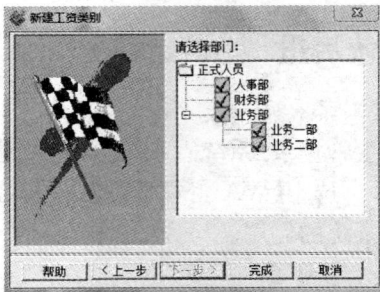

图 5-5 工资类别下的部门选择

建立完成后，系统默认自动打开该工资类别。

二、基础设置

在图 5-6 所示的工资系统界面中,可以进行相关的基础设置。

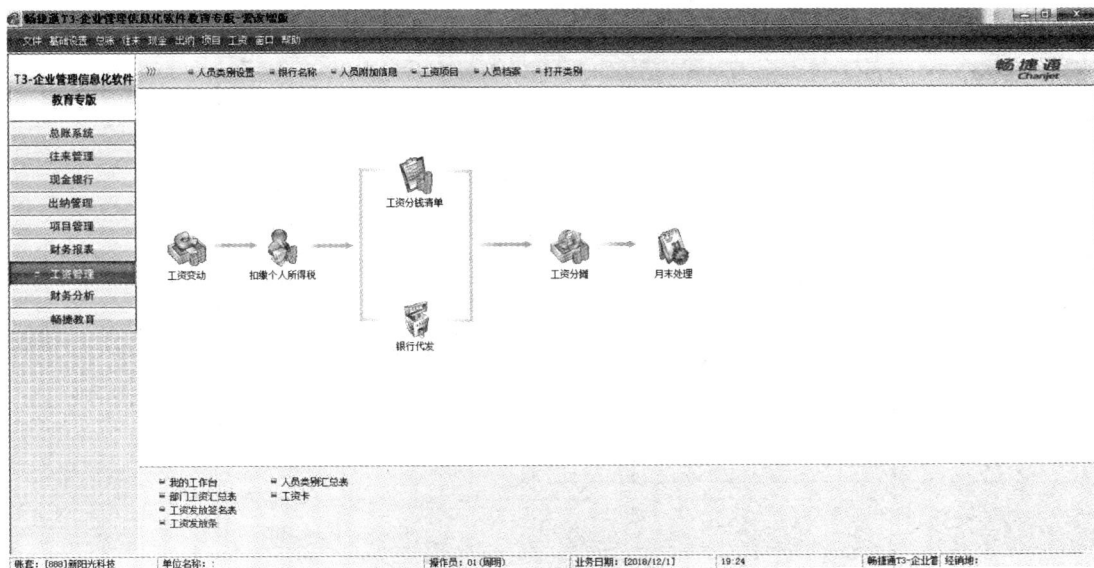

图 5-6　"工资管理"窗口

1. 人员附加信息设置

人员附加信息的设置主要是为了丰富人员档案的内容,便于对人员进行更加有效的管理。例如,增加设置人员的性别、技术职称、身份证号等。

在"工资管理"界面打开"人员附加信息设置"窗口,单击【增加】按钮,在参照中选择所需要的信息即可(也可以不参照直接在"增加"栏中输入附加信息)。如图 5-7 所示。

2. 人员类别设置

设置人员类别的名称便于按人员类别进行工资汇总计算。

在"工资管理"界面打开人员"类别设置"窗口,单击【增加】按钮,输入人员类别名称(如管理员、销售人员、车间管理人员、生产工人等)。如图 5-8 所示。

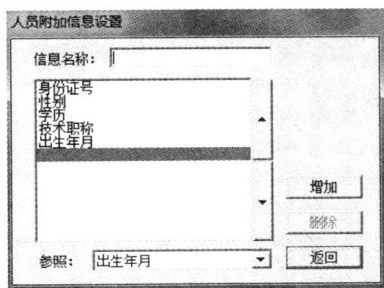

图 5-7　"人员附加信息设置"窗口

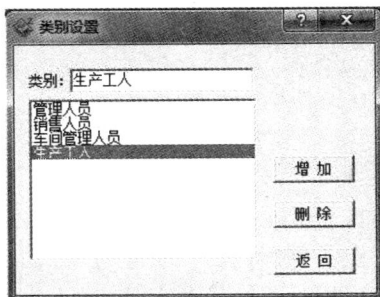

图 5-8　"类别设置"窗口

3. 人员档案设置

在"工资管理"界面打开"人员档案"窗口，单击【增加】按钮，录入人员编码、人员姓名，选择所在部门、人员类别、进入日期、银行名称、银行账号、人员附加信息等，点击【确认】按钮可以输入下一个人员档案。如图5-9和图5-10所示。

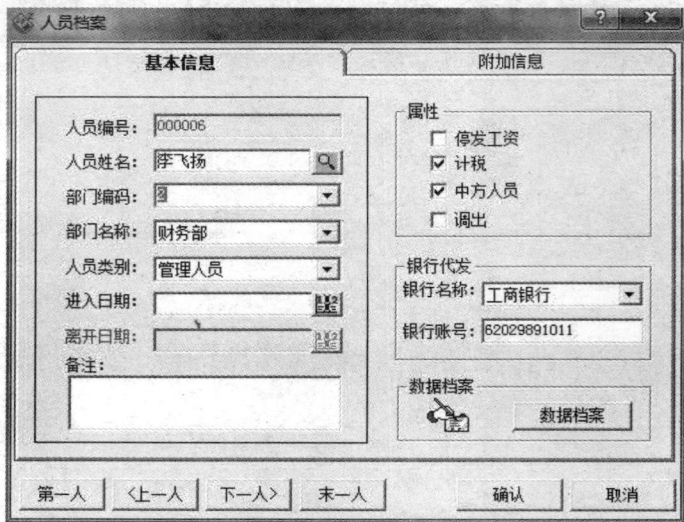

图5-9　人员档案设置

图5-10　人员档案信息

4. 工资项目及公式设置

（1）公共工资项目设置

关闭工资类别后，在"工资管理"界面打开"工资项目设置"窗口，单击【增加】按钮，选择工资预置项目或输入工资项目名称，进一步选择类型、数字长度、小数位、工资增减项等，点击【增加】按钮，添加下一个项目，然后单击【确认】按钮即可。如图5-11所示。

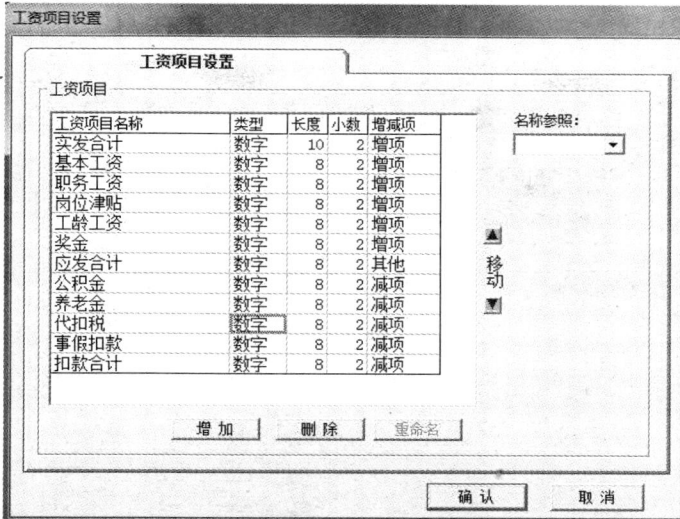

图 5-11　公共工资项目设置

（2）工资类别中的工资项目设置

打开工资类别后,选择需要设置的工资项目的类别(如正式人员),然后在"工资管理"界面打开"工资项目设置"窗口,单击【增加】按钮,在参照中选择相应的项目。所有项目增加后将增项与减项排序,然后单击【确认】按钮。如图 5-12 所示。

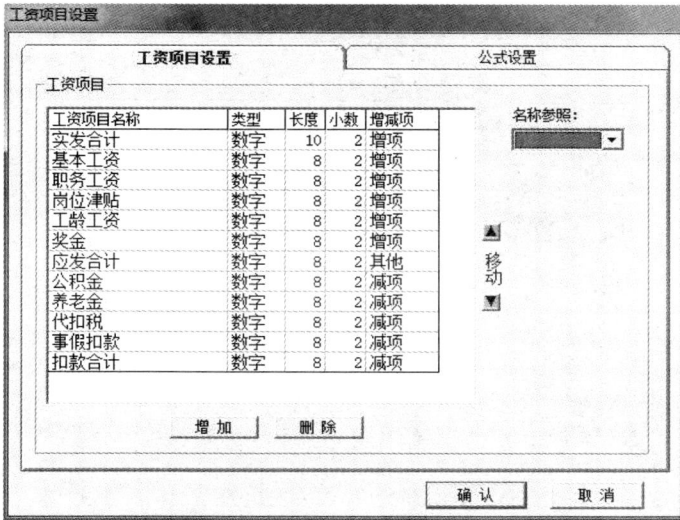

图 5-12　正式人员工资项目设置

（3）工资计算公式设置

① 一般公式设置。打开工资类别后,选择需要设置工资项目的类别(如正式人员),然后在"工资管理"界面打开"工资项目设置"窗口,选择【公式设置】菜单,系统自动设置应发合计、扣款合计等计算公式,点击【公式确认】按钮,再点击【确认】按钮即可完成。如图 5-13 所示。

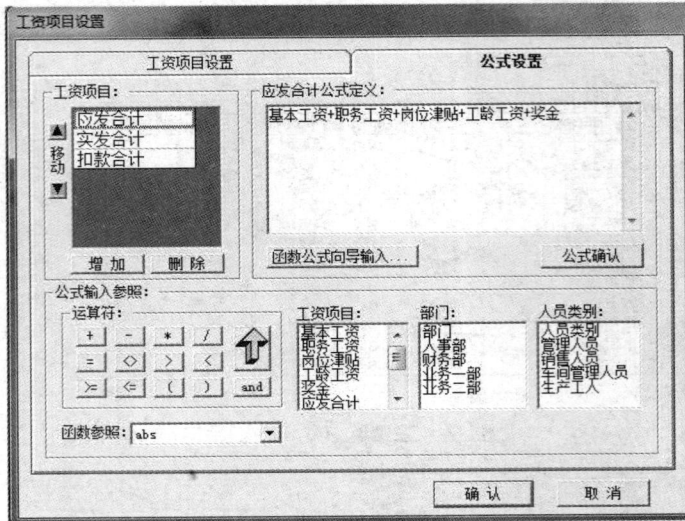

图 5-13　正式人员一般公式设置

②　其他公式设置。打开工资类别后,选择需要设置工资项目的类别(如正式人员),然后在"工资管理"界面打开"工资项目设置"窗口,选择【公式设置】菜单,点击【增加】按钮,点黑色小三角选择工资项目,选择公式定义区,录入该工资项目的计算公式,点击【公式确认】按钮,再点击【确认】按钮即可完成。如图 5-14 所示。

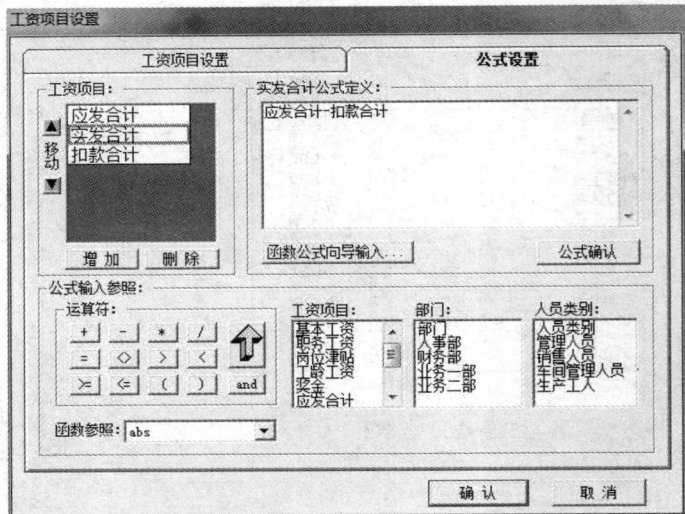

图 5-14　正式人员其他公式设置

5. 银行名称设置

银行名称设置中可设置多个发放工资的银行,以适应不同的需要。例如,同一工资类别中的人员由于在不同的工作地点,需在不同的银行代发工资;或者不同的工资类别由不同的银行代发工资。

在"工资管理"界面选择【银行名称】菜单,单击【增加】按钮,设置账号长度,再点吉【增加】

按钮即可。如图 5 - 15 所示。

6. 部门设置

若需对工资类别中管理的部门进行增加或删除,选中【工资】菜单下的【设置】选项,打开"部门设置"窗口,在选择当前工资类别所核算的部门前的"□"打"√",点击【确认】按钮即可完成设置。如图 5 - 16 所示。

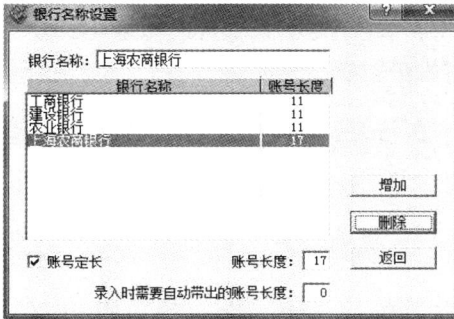

图 5 - 15　"银行名称设置"窗口　　　　图 5 - 16　"部门设置"窗口

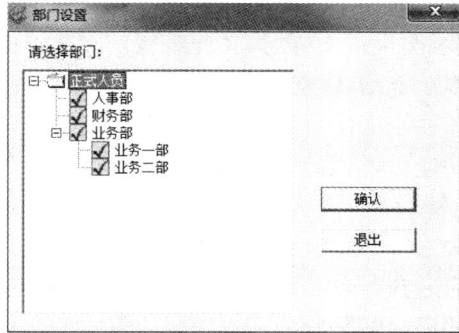

7. 权限设置

通过权限设置可实现将操作员的权限分部门按工资项目来设置。要注意操作员列表中列示的是非账套主管具有工资功能权限的操作员。

选中【工资】菜单下的【设置】选项,打开"权限设置"窗口,右上角选择工资类别,点击【修改】按钮,选择部门管理权限,再进一步选择项目管理权限,单击【保存】按钮后可以完成下一个工资类别的权限设置。如图 5 - 17 所示。

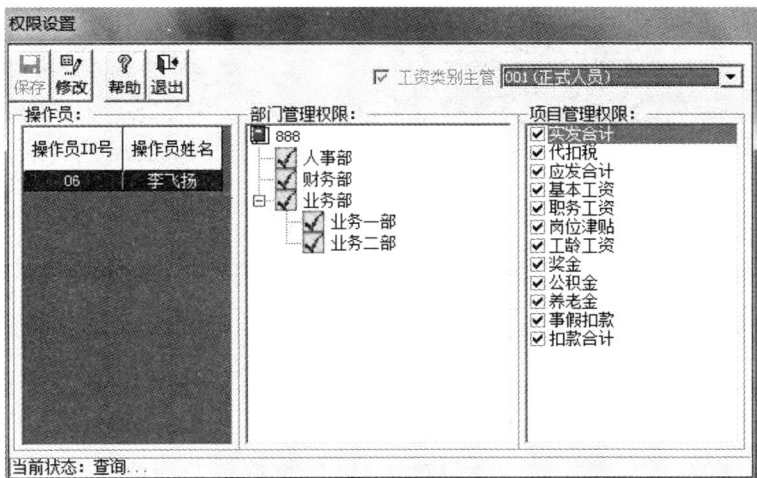

图 5 - 17　"权限设置"窗口

任务2　工资业务处理

一、数据输入与调整

该功能用于日常工资数据的调整变动以及工资项目增减等。比如,平常水电费扣款、事病假扣款、奖金录入等,都在此进行。而人员的增减、部门变更则必须在人员档案中操作。首次进入本功能前,需先设置工资项目及其计算公式,然后进行数据录入。

若在个人所得税功能中修改了"税率表"或重新选择了"收入额合计项",则在退出个人所得税功能后,需要到本功能中执行重新计算功能,否则系统将保留修改个人所得税前的数据状态。

进入"工资变动"窗口后,屏幕显示所有人员的所有项目供查看,可直接修改数据。所有数据录完后执行重新计算,然后进行汇总后退出。

如果只对某些项目进行录入,比如,奖金、缺勤扣款等,可使用项目过滤功能,选择某些项目进行录入。

如果需录入某个指定部门或人员的数据,可先点击【定位】菜单,让系统自动定位到需要的部门或人员上,然后录入。

如果需按某个条件统一调整数据,比如,将人员类别等于"管理人员"的人员的公积金统一调为500元,这时可使用"数据替换"功能。

如果需按某些条件筛选符合条件的人员进行录入,比如,选择人员类别为"销售人员"的人员进行录入,可使用"数据筛选"功能。

页编辑录入可对选定人员进行工资数据的快速录入。在"工资变动"主界面点击【编辑】按钮,或单击右键菜单中的【页编辑】按钮,可进入功能界面。如图5-18所示。

人员编号	姓名	部门	人员类别	实发合计	基本工资	职务工资	岗位津贴	工龄工资	奖金	应发合计	公积金	养老金	代扣税	事假扣款	扣款合计
000001	周明	财务部	管理人员	4,200.00	2,000.00	1,000.00	500.00	100.00	1,000.00	4,600.00	300.00	100.00	21.00		400.00
000002	王珊	财务部	管理人员	4,400.00	2,000.00	1,000.00	500.00	300.00	1,000.00	4,800.00	300.00	100.00	27.00		400.00
000003	章婷	财务部	管理人员	4,300.00	2,000.00	1,000.00	500.00	200.00	1,000.00	4,700.00	300.00	100.00	24.00	50.00	450.00
000006	李飞扬	财务部	管理人员	5,788.00	2,000.00	1,500.00	500.00	188.00	2,000.00	6,188.00	300.00	100.00	123.80		400.00
000007	齐为敏	人事部	管理人员	5,867.00	2,000.00	1,500.00	500.00	267.00	2,000.00	6,267.00	300.00	100.00	131.70		400.00
000008	张辉	业务一部	销售人员	5,489.00	1,000.00	1,200.00	500.00	189.00	3,000.00	5,889.00	300.00	100.00	93.90		400.00
000009	韩建军	业务二部	销售人员	5,699.00	1,000.00	1,200.00	500.00	399.00	3,000.00	6,099.00	300.00	100.00	114.90		400.00
000010	李茂	业务一部	车间管理人员	4,680.00	1,000.00	1,200.00	500.00	280.00	2,100.00	5,080.00	300.00	100.00	35.40		400.00
000011	张志兵	业务二部	生产工人	3,320.00	1,000.00	1,000.00	500.00	220.00	1,000.00	3,720.00	300.00	100.00			400.00

图5-18　"工资变动"窗口

在修改了某些数据,重新设置了计算公式,进行了数据替换或在个人所得税中执行了自动扣税等操作后,最好调用本功能对个人工资数据重新计算,以保证数据正确。通常实发合计、应发合计、扣款合计在修改完数据后不自动计算合计项,如要检查合计项是否正确,可先执行重算工资,如果不执行重算工资,在退出工资变动时,系统会自动提示重新计算。

如果需要显示排序，可以在"数据变动"主界面点击右键菜单中的【排序】按钮，然后选择需排序的列及排序的方式。本功能的设置有利于用户录入和查询工资数据。

二、扣缴个人所得税

单击【扣缴个人所得税】选项，并单击【确定】按钮，选择对应工资项目（应发合计、实发合计或计税基数），系统将根据选择的工资项目自动计算对应所得税。如图5-19所示。

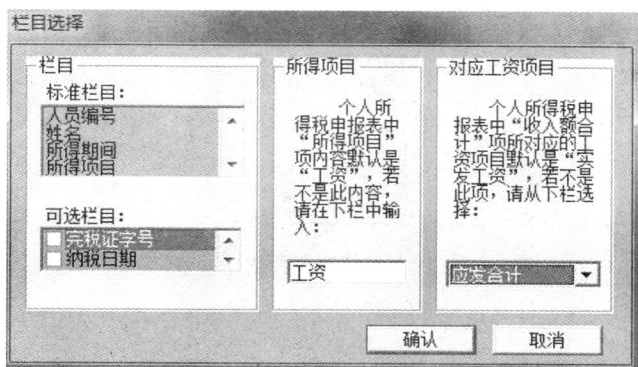

图5-19　扣缴个人所得税对应工资项目设置

可以修改所得税的扣除基数，以及进行个人所得税缴纳方法计算设置。如图5-20和图5-21所示。

图5-20　个人所得税税率表设置

畅捷通T3-企业管理信息化软件教育专版10.8 Plus1 - [个人所得税 (工资类别：正式人员)]

文件 基础设置 总账 往来 现金 出纳 项目 税务 工资 票据通 资源中心 窗口 帮助

打印 预览 输出 栏目 税率 定位 过滤 导出 帮助 退出

个人所得税扣缴申报表
2015年1月

☐ 只显示需要纳税人员   总人数：9

人员编号	姓名	所得期间	所得项目	收入额合计	减费用额	应纳税所得额	税率(%)	速算扣除数	扣缴所得税额
000001	周明	1	工资	4,600.00	3,500.00	1,100.00	3.00	0.00	33.00
000002	王珊	1	工资	4,800.00	3,500.00	1,300.00	3.00	0.00	39.00
000003	章婷	1	工资	4,700.00	3,500.00	1,200.00	3.00	0.00	36.00
000006	李飞扬	1	工资	6,188.00	3,500.00	2,688.00	10.00	105.00	163.80
000007	齐为敏	1	工资	6,267.00	3,500.00	2,767.00	10.00	105.00	171.70
000008	张辉	1	工资	5,889.00	3,500.00	2,389.00	10.00	105.00	133.90
000009	韩健军	1	工资	6,099.00	3,500.00	2,599.00	10.00	105.00	154.90
000010	李茂	1	工资	5,080.00	3,500.00	1,580.00	10.00	105.00	53.00
000011	张志兵	1	工资	3,720.00	3,500.00	220.00	3.00	0.00	6.60
	合计	1	工资	47,343.00	31,500.00	15,843.00			791.90

图 5-21 "个人所得税扣缴申报表"窗口

三、银行代发

在"工资管理"界面选择【银行代发】选项，设置银行所要求的内容（增加或删除），提示是否确定银行账号代发格式，单击【确定】按钮，再点击工具栏中的【代发】按钮将当前格式输出（或直接预览打印）。如图 5-22 和图 5-23 所示。

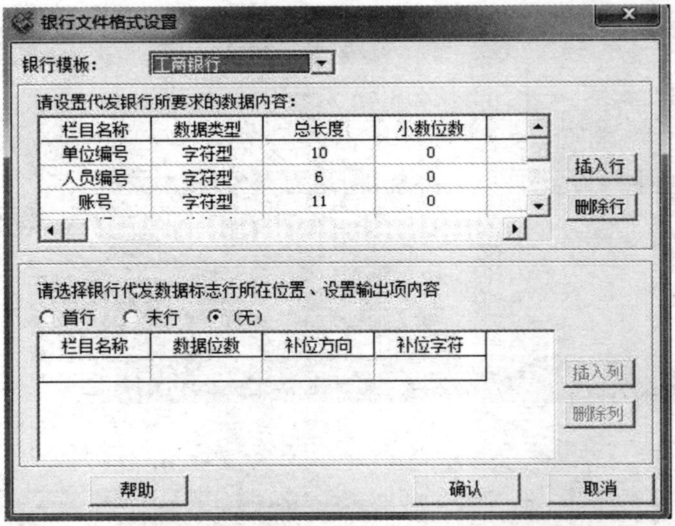

银行文件格式设置

银行模板：工商银行

请设置代发银行所要求的数据内容：

栏目名称	数据类型	总长度	小数位数
单位编号	字符型	10	0
人员编号	字符型	6	0
账号	字符型	11	0

插入行   删除行

请选择银行代发数据标志行所在位置、设置输出项内容

○ 首行   ○ 末行   ● (无)

栏目名称	数据位数	补位方向	补位字符

插入列   删除列

帮助   确认   取消

图 5-22 "银行文件格式设置"窗口

畅捷通T3-企业管理信息化软件教育专版10.8 Plus1 - [银行代发-[工资类别：正式人员]]

文件 基础设置 总账 往来 现金 出纳 项目 税务 工资 票据通 资源中心 窗口 帮助

打印 预览 输出 格式 方式 传输 定位 代发 帮助 退出

银行代发一览表

名称：工商银行   人数：9人

单位编号	人员编号	账号	金额	录入日期
1234934325	000001	62022207890	4 167.00	20150323
1234934325	000002	62021119890	4 361.00	20150323
1234934325	000003	62028678909	4 214.00	20150323
1234934325	000006	62029891011	5 624.20	20150323
1234934325	000007	62022205639	5 695.30	20150323
1234934325	000008	62029887173	5 355.10	20150323
1234934325	000009	62091234456	5 544.10	20150323
1234934325	000010	62021010998	4 627.00	20150323
1234934325	000011	62010456708	3 313.40	20150323
合计			42 901.10	

图 5-23   "银行代发一览表"窗口

四、工资分摊

财会部门根据工资费用分配表，将工资费用根据用途进行分配，并编制转账会计凭证，供登账处理用。可在"工资管理"界面点击【工资分摊】按钮，即可进入该功能界面。

1. 工资分摊设置

工资分摊设置可以增加新的工资分配计提类型，也可以修改一个已设置的工资分配计提类型，还可以删除一个已设置的工资分配计提类型。

点击【工资分摊设置】按钮，可进行工资分摊类型设置、分摊计提比例设置。在"工资分摊设置"窗口，点击【增加】按钮，在此输入计提类型名称和分摊计提比例，如图 5-24 所示。

点击【下一步】按钮，进入"工资分摊设置"界面。在部门名称中选择部门，不同部门、相同人员类别可设置不同分摊科目。在人员类别中选择分配人员类别。在工资项目中选择计提分配的工资项目。每个人员类别可选择多个计提分配的工资项目。借方科目对应选中部门、人员类别所应计入的借方科目。贷方科目选择"应付职工薪酬"科目及其对应的明细科目。如图 5-25 所示。点击【完成】按钮，便可增加一个新的分摊类型。

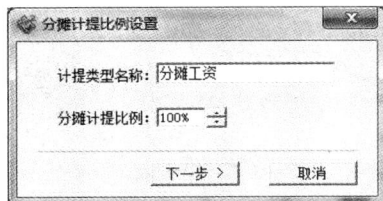

分摊计提比例设置

计提类型名称：分摊工资

分摊计提比例：100%

下一步 >   取消

分摊构成设置

分摊构成设置

部门名称	人员类别	项目	借方科目	贷方科目
业务一部,业务二部	管理人员	应发合计	660103	221101
人事部,财务部	管理人员	应发合计	660203	221101
业务一部	车间管理人员	应发合计	5101	221101
业务二部	生产工人	应发合计	500102	221101

< 上一步   完成   取消

图 5-24   工资分摊设置   图 5-25   "工资分摊构成设置"窗口

2. 工资分摊

在"工资管理"界面点击【工资分摊】按钮,依次选择计提费用的分摊类型、核算部门、计提分配方式,如图 5-26 所示。单击【确定】按钮,即可生成工资分摊一览表,如图 5-27 所示。在"分摊工资一览表"界面,如选中"合并科目相同、辅助项相同的分录",则制单时按相同科目合并分录。

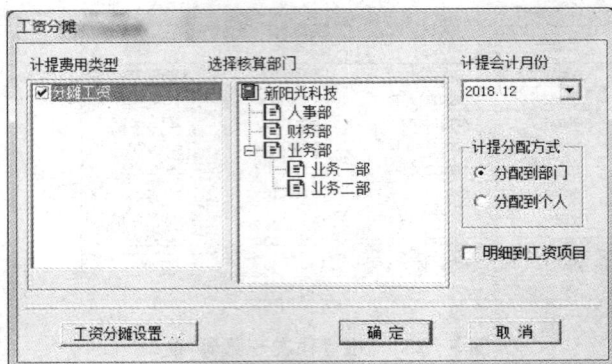

图 5-26 "工资分摊"窗口

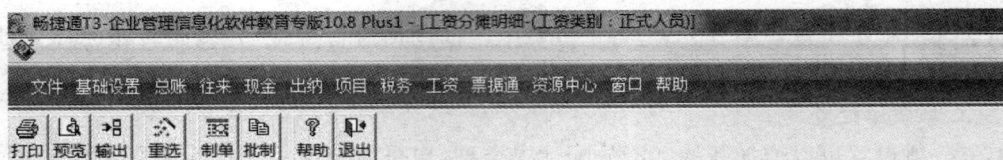

图 5-27 "分摊工资一览表"窗口

在"分摊工资一览表"界面,选中【制单】按钮,可以按要求生成凭证。如图 5-28 所示。如果点击【批制】按钮,即批量制单,可一次将所有本次参与分摊的"分摊类型"所对应的凭证全部生成。

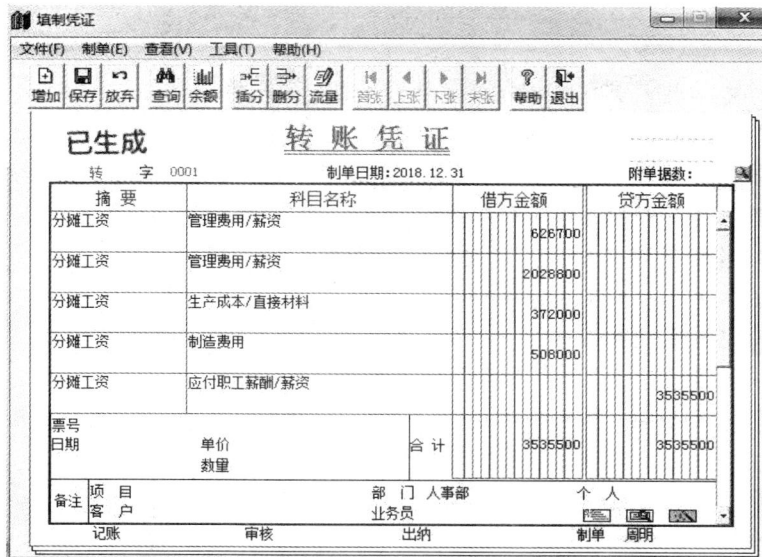

图 5 - 28　工资分摊凭证

五、月末处理

1. 月末结转

月末结转是将当月数据经过处理后结转至下月,每月工资数据处理完毕后均可进行月末结转。由于在工资项目中,有的项目是变动的,即每月的数据均不相同,在每月工资处理时,均需将其数据清为 0,而后输入当月的数据,此类项目即为清零项目。可在系统中的【业务处理】菜单中点击【月末处理】按钮,即进入该功能,如图 5 - 29 所示。

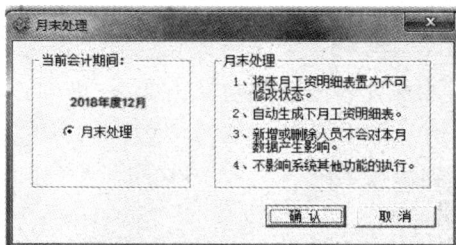

图 5 - 29　"月末处理"窗口

进入"月末处理"界面,系统将弹出选择框,用户选择月末结转,并点击【确认】按钮,即可进行月末结转。然后系统将会出现操作提示,用户可确认操作是否进行。如果点击【取消】按钮,则退回"工资管理"主界面。

如果点击【确认】按钮,系统将弹出对话框:若用户点击【否】按钮,则下月项目完全继承当前月数据;若用户点击【是】按钮,即进入清零项目选择界面。左面项目框显示用户设置的所有工资项目,右面项目框显示需要清空数据的项目。

用户选择后点击【确认】按钮,系统将进行数据结转;按用户设置将清零项目数据清空,其他项目继承当前月数据。在下月数据生成后系统会给出提示结转完毕。

注意!

　　① 月末结转只有在会计年度的 1 月至 11 月进行。

　　② 月末结转只有在当月工资数据处理完毕后才可进行。

　　③ 若为处理多个工资类别,则应打开工资类别,分别进行月末结算。

　　④ 若本月工资数据未汇总,系统将不允许进行月末结转。用户在进行月末结转时,系统将给予警告提示:"本月数据未进行汇总,不能进行月末结转!"

　　⑤ 若本月无工资数据,用户进行月末处理时,系统将给予操作提示:"本月无工资数据,是否进行月末结转?"

　　⑥ 进行期末处理后,当月数据将不再允许变动。

　　⑦ 月末结账后,所选择的需清零的工资项系统将予以保存,不用每月再重新选择。

　　⑧ 月末处理功能只有主管人员才能执行。

2. 反结转

在【业务处理】菜单内,选中【反结账】菜单项,屏幕显示"反结账"界面,如图 5 - 30 所示,点击【确认】按钮,系统进行反结账处理。

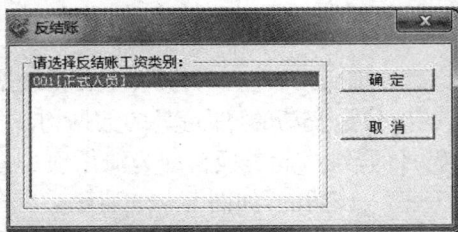

图 5 - 30　"反结账"窗口

在进行反结账功能后,也需要注意本功能只能由账套(类别)主管执行。有下列情况之一,不允许反结账。

　　① 本月工资类别已制单到总账系统。

　　② 如已制单记账,做红字冲销。

　　③ 如已制单审核(出纳签字),应取消审核(出纳签字),删除已制单据。

　　④ 如制单总账系统未做任何操作,删除已制单据。

　　⑤ 成本上月已结账。

　　⑥ 总账系统上月已结账。

　　⑦ 汇总工资类别的会计月份等于反结账会计月,且包括需反结账的工资类别。

执行此功能前、后处于关闭工资类别状态。反结账工资类别的可处理会计月份为反结账会计月减 1。

3. 结转上年数据

结转上年数据是将工资数据经过处理后结转至本年。新年度账应在进行数据结转前建立。

在"系统管理"界面选择【结转上年数据】选项后,点击【确认】按钮,即可进行上年数据结转。

点击【确认】按钮,系统将给予操作提示,用户可确认操作是否进行。若用户点击【取消】按钮,则取消工资数据的结转。

若用户点击【确认】按钮,系统将弹出对话框:接下来若用户点击【否】按钮,则本年工资项目完全继承上年最后数据;若用户点击【是】按钮,即进入清零项目选择界面。左面项目框显示用户设置的所有工资项目,右面项目框显示需要清空数据的项目。

用户选择后点击【确认】按钮,系统将进行数据结转,按用户设置将清零项目数据清空,其他项目继承当前月数据。在数据结转后,系统会给出提示"上年数据结转完毕!"对话框。

● 模拟实训 4 ●

◆ 实训目的

通过实训掌握工资管理系统的初始设置及日常业务处理的流程和方法。

◆ 实训资料

工资管理系统启用日期为 2018 年 12 月 1 日,以账套主管(编号为"901"、姓名为"学号末 3 位"的用户)身份完成以下初始设置。

一、工资管理系统的初始设置

1. 功能参数

工资类别个数设置为"多个";核算币种设置为"RMB 人民币";实行代扣个人所得税;不进行扣零处理;人员编码长度为 6 位。

2. 工资类别

工资类别为"正式人员"和"临时人员",而且正式人员分布于各个部门,临时人员只属于安保科。

3. 人员类别

人员类别分为行政管理、裁剪人员、缝纫人员、整烫人员、后道人员、采购管理、销售管理、财务管理、技术管理、人事管理、保卫人员。

4. 人员附加信息

增加"性别""身份证号""学历"和"技术职称"为人员的附加信息。

5. 银行信息

农业银行湖则路支行,账号定长"11"。

6. 人员档案

(1) 正式人员档案(见附表 4-1)

附表 4-1　正式人员档案

职员编号	职员姓名	所属部门	人员类别	账　号
010101	张一文	董事长室	行政管理	73330101101
010201	王长海	总经理室	行政管理	73330101102
020101	孔洋洋	裁剪车间	裁剪人员	73330101103
020102	吴奇仁	裁剪车间	裁剪人员	73330101104
020201	杨红梅	缝纫车间	缝纫人员	73330101105
020202	张军生	缝纫车间	缝纫人员	73330101106
020301	张云华	整烫车间	整烫人员	73330101107
020401	钱秋月	后道车间	后道人员	73330101108
0301	周晓晓	供应科	采购管理	73330101109
0401	孙伶俐	销售科	销售管理	73330101110
0402	郑文杰	销售科	销售管理	73330101111
050101	学号末3位	财务科	财务管理	73330101112
050102	张云	财务科	财务管理	73330101113
050103	朱平	财务科	财务管理	73330101114
050104	学生姓名	财务科	财务管理	73330101115
050105	董明	财务科	财务管理	73330101116
050201	周大海	设计科	技术管理	73330101117
050301	李金元	人力资源科	人事管理	73330101118
050401	王川	安保科	保卫人员	73330101119

注：中方人员，计税，通过银行代发工资，工资不停发。

（2）临时人员档案（见附表 4-2）

附表 4-2　临时人员档案

职员编号	职员姓名	所属部门	人员类别	账　号
990001	汪琴	安保科	保卫人员	73330101120
99 0002	李勇	安保科	保卫人员	73330101121

注：中方人员，不计税，通过银行代发工资，工资不停发。

7. 工资项目(见附表4-3)。

附表4-3　工资项目

项目名称	类　型	长　度	小数位数	增减项
基本工资	数字	10	2	增项
岗位工资	数字	10	2	增项
误餐补贴	数字	8	2	增项
交通补贴	数字	8	2	增项
应发合计	数字	10	2	增项
病事假扣款	数字	8	2	减项
社会保险金	数字	8	2	减项
住房公积金	数字	8	2	减项
代扣税	数字	8	2	减项
税前扣款合计	数字	8	2	减项
实发合计	数字	10	2	增项
病事假天数	数字	8	1	其他

8. 人员类别的工资项目及其计算公式

(1) 正式人员

① 工资项目:基本工资、岗位工资、误餐补贴、交通补贴、应发合计、病事假扣款、社会保险金、住房公积金、代扣税、税前扣款合计、实发合计、病事假天数。

② 计算公式(见附表4-4)。

附表4-4　正式人员工资的计算公式

工资项目	计算公式
误餐补贴	人员类别为采购管理、销售管理,误餐补贴为300元,否则为150元
交通补贴	人员类别为销售管理,交通补贴为1 000元,否则为500元
应发合计	基本工资+岗位工资+误餐补贴+交通补贴
病事假扣款	病事假天数×50元
社会保险金	基本工资×0.15
住房公积金	基本工资×0.10
税前扣款合计	病事假扣款+社会保险金+住房公积金+代扣税
实发合计	应发合计-扣款合计

(2) 临时人员

① 工资项目:基本工资、病事假扣款、实发合计、病事假天数。

② 计算公式:(见附表4-5)。

附表 4-5　临时人员工资的计算公式

工资项目	计算公式
病事假扣款	病事假天数×50 元
实发合计	基本工资—病事假扣款

9. 代扣个人所得税

① 所得税项目：工资；对应工资科目：实发合计。

② 计税基数为 5 000 元，附加费默认。

③ 个人所得税七级超额累进税率表（见附表 4-6）。

附表 4-6　个人所得税七级超额累进税率表

级　　数	全月应纳税所得额	税率/%	速算扣除数
1	不超过 3 000 元	3	0
2	超过 3 000 元至 12 000 元的部分	10	210
3	超过 12 000 元至 25 000 元的部分	20	1 410
4	超过 25 000 元至 35 000 元的部分	25	2 660
5	超过 35 000 元至 55 000 元的部分	30	4 410
6	超过 55 000 元至 80 000 元的部分	35	7 160
7	超过 80 000 元的部分	45	15 160

二、工资数据处理

根据"2018 年 12 月工资数据表"输入工资数据，进行工资的计算和汇总。

1. 正式人员（见附表 4-7）

附表 4-7　正式人员的工资

职员编号	职员姓名	基本工资	岗位工资	病事假天数
010101	张一文	5 000.00	6 500.00	
010201	王长海	4 000.00	6 000.00	
020101	孔洋洋	3 500.00	3 500.00	
020102	吴奇仁	4 000.00	3 000.00	
020201	杨红梅	3 000.00	3 000.00	
020202	张军生	5 500.00	4 500.00	
020301	张云华	4 100.00	4 000.00	1.0
020401	钱秋月	3 150.00	4 000.00	
0301	周晓晓	2 500.00	4 000.00	
0401	孙伶俐	2 500.00	4 000.00	

职员编号	职员姓名	基本工资	岗位工资	病事假天数
0402	郑文杰	2 500.00	4 000.00	
050101	学号末 3 位	3 310.00	4 000.00	
050102	张云	2 500.00	5 000.00	
050103	朱平	2 000.00	4 000.00	
050104	学生姓名	2 000.00	4 000.00	
050105	董明	2 000.00	3 000.00	
050201	周大海	2 800.00	4 000.00	0.5
050301	李金元	2 500.00	4 000.00	
050401	王川	3 100.00	4 000.00	

注:假设没有其他与工资所得相关的调整项目。

每位正式职工的岗位工资都增加 100 元。

2. 临时人员(见附表 4 - 8)

附表 4 - 8　临时人员的工资

职员编号	职员姓名	基本工资	病事假天数
990001	汪琴	3 610.00	2.0
990002	李勇	3 600.00	

3. 定义工资转账关系(见附表 4 - 9)

在"正式人员"工资类别下,定义工资转账关系(按应发工资的 2% 计提工会经费、2.5% 计提职工教育经费)。

附表 4 - 9　正式人员工资的分配

计提类型名称	部　门	人员类别	借方科目	贷方科目
应付工资	高管部、后勤部	行政管理、财务管理、技术管理、人事管理、保卫人员	管理费用——工薪费	应付职工薪酬——工资
	供销中心	采购管理、销售管理	销售费用——工薪费	
	制作部	裁剪人员、缝纫人员、整烫人员、后道人员	制造费用——工薪费	
工会经费	高管部、后勤部	行政管理、财务管理、技术管理、人事管理、保卫人员	管理费用——工薪费	应付职工薪酬——工会经费
	供应科、销售科	采购管理、销售管理	销售费用——工薪费	
	制作部	裁剪人员、缝纫人员、整烫人员、后道人员	制造费用——工薪费	

计提类型 名称	部　门	人员类别	借方科目	贷方科目
职工教育 经费	高管部、后勤部	行政管理、财务管理、技术管理、人事管理、保卫人员	管理费用——工薪费	应付职工薪酬 ——职工教育经费
	供应科、销售科	采购管理、销售管理	销售费用——工薪费	
	制作部	裁剪人员、缝纫人员、整烫人员、后道人员	制造费用——工薪费	

4. 工资费用分配——生成转账凭证

31 日,核算会计根据"2018 年 12 月工资数据表"将本月应付职工工资的相关数据分配到相关费用及成本中,并生成记账凭证,附件计 10 张。

5. 工资管理的其他业务处理

① 31 日,核算会计根据本月应付职工工资总额的 2‰计提本月工会经费,附件计 1 张。

② 31 日,核算会计根据本月应付职工工资总额的 2.5‰计提本月职工教育经费,附件计 1 张。

③ 31 日,核算会计根据"2018 年 12 月工资数据表"中所列的本月应代扣代缴的个人所得税、应扣住房公积金和社会保险费等相关数据生成记账凭证,附件计 10 张。

6. 对生成的工资费用分摊凭证进行审核、记账

7. 工资账表查询

① 在"正式人员"工资类别下,查询纳税所得申报表。

② 在"正式人员"工资类别下,查询工资发放条。

③ 在"正式人员"工资类别下,查询纳税所得申报表。

项目 6　固定资产管理

理解固定资产管理系统在用友 T3 中的重要地位；

掌握启用固定资产管理系统的方法；

掌握固定资产初始设置、固定资产卡片的录入及修改、固定资产折旧计提的方法；

掌握固定资产日常业务及期末业务处理的方法。

任务 1　初始设置

固定资产初始设置是为账套单位建立一个适合于本单位具体情况和实际需要的固定资产系统的过程，主要包括系统启用、功能参数设置和各项基础档案设置。

一、固定资产管理系统的启用

在"系统管理"主界面，固定资产管理系统的启用主要有两种方法。方法一，在账套创建成功后，系统会随即提示"是否立即启用账套"，点击【是】按钮可由系统管理员 admin 身份一次性连贯完成建账与固定资产管理系统启用。方法二，在建账时不进行固定资产管理系统启用，待到需要启用时再以账套主管身份注册进入"系统管理"窗口，通过执行【启用】命令，实现对固定资产管理系统的启用。

案例 6-1

新阳光科技公司 2018 年 12 月 1 日启用固定资产管理系统。

双击"系统管理"图标，以用户"01"（账套主管：周明）的身份打开"南京新阳光科技股份有限公司"账套，系统弹出如图 6-1 所示的"系统管理"窗口。

在该窗口中，执行【账套】菜单下的【启用】命令，系统弹出如图 6-2 所示的"系统启用"窗口。勾选【固定资产】选项，设定固定资产管理系统的启用日期为 2018 年 12 月 1 日，点击【确定】按钮，即可成功启用固定资产系统。

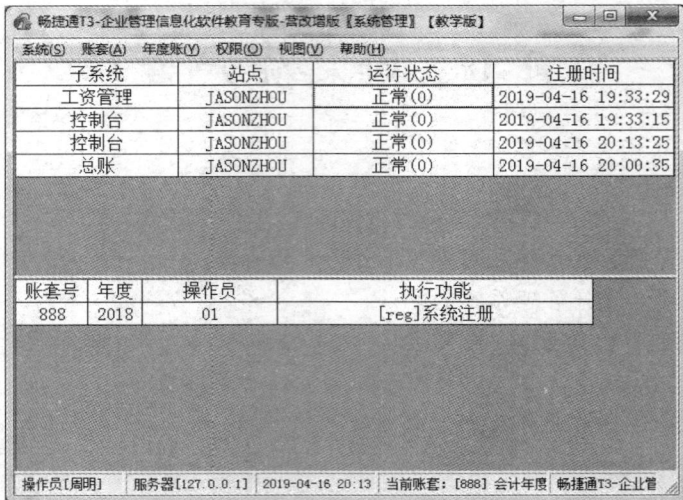

图6-1 "系统管理"窗口

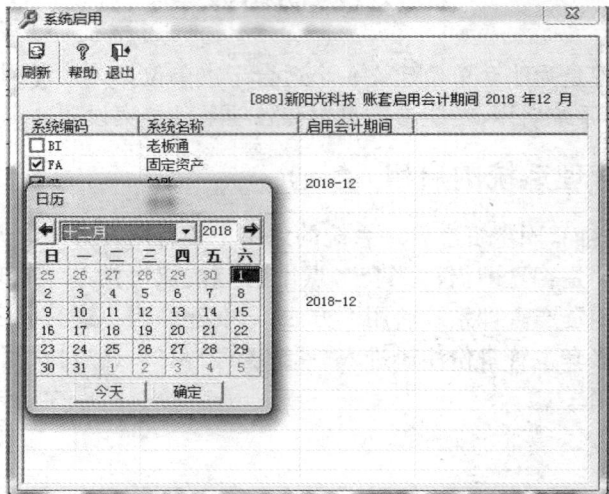

图6-2 "系统启用"窗口

二、固定资产管理系统的功能参数设置

案例 6-2

　　新阳光科技公司的固定资产采用"平均年限法(一)"计提折旧,折旧汇总分配周期为1个月;固定资产编码方式为"2-1-1-2";固定资产编码方式采用"自动编码"方法;编码方式为"类别编码＋部门编码＋序号";序号长度为"3";不与总账进行对账。

　　双击"用友 T3"图标,以用户"01"(账套主管:周明)的身份打开账套"南京新阳光科技股份有限公司",点击"固定资产"模块,系统弹出如图6-3所示的"固定资产"窗口。在该窗口中,点击【是】按钮,进入如图 6-4 所示的"固定资产初始化向导"窗口。

图 6-3　"固定资产"窗口

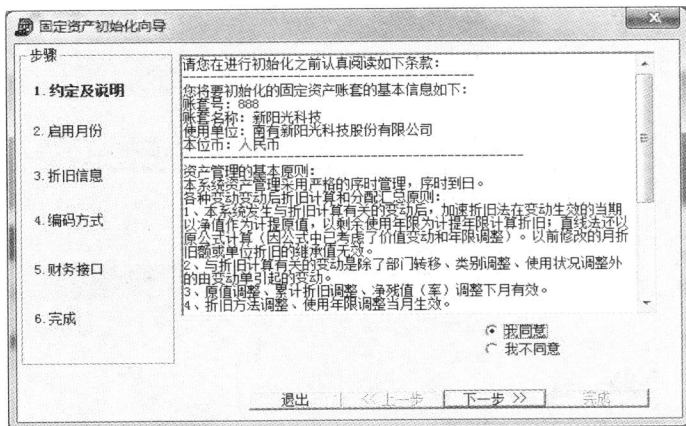

图 6-4　"固定资产初始化向导"窗口

在该窗口中,浏览"约定及说明"的相关条款后,选择"我同意"。然后点击【下一步】按钮,开始固定资产系统的一系列功能参数设置,主要包括启用月份、折旧信息、编码方式、财务接口。

① 启用月份。2018 年 12 月。

② 折旧信息。账套单位可根据自身情况选择主要折旧方法、折旧汇总分配周期,如图 6-5 所示。关于主要折旧方法,系统默认的是"平均折旧法(一)",也提供了 6 种折旧方法供下拉选择。关于折旧汇总分配周期,系统默认的是"1 个月",也提供了 6 种分配周期供下拉选择。

③ 编码方式。它主要用于设定资产类别编码方式、固定资产编码方式,如图 6-6 所示。关于资产类别编码方式,系统默认的是 4 级 6 位(2-1-1-2)的编码方式,最多允许设到 4 级 10 位。关于固定资产编码方式,系统提供了"手工输入"和"自动编码"两种方式供选择;如点击"自动编码"方式,可从"类别编码＋序号""部门编号＋序号""类别编号＋部门编号＋序号""部门编号＋类别编号＋序号"四种不同编码组合中进行下拉选择,且可自行设定自动编码中的序号长度。

④ 财务接口。它主要用于设定与总账系统的关联方式,如图 6-7 所示。如勾选"与账务系统进行对账",需要通过科目参照功能,指定"固定资产对账科目""累计折旧对账科目",才能执行将固定资产系统内的所有资产原值及累计折旧数据与总账系统中的指定对账科目数据进行核对的操作,也才能执行固定资产业务的自动转账工作。在勾选"与账务系统进行对账"后,可自行勾选是否"在对账不平衡情况下允许固定资产月末结账";如不勾选此项,当固定资产系统与总账系统相关数据存在差异时,固定资产系统将无法进行期末结账。

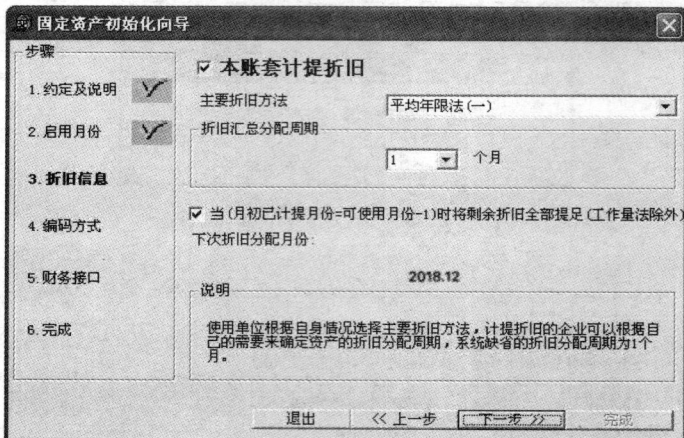

图 6-5　"折旧信息"窗口

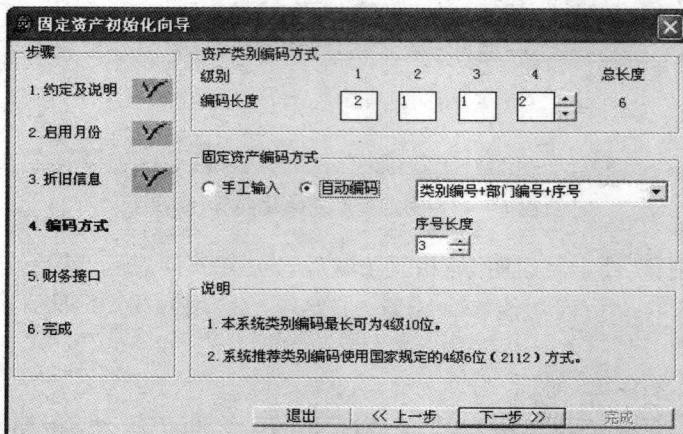

图 6-6　"编码方式"窗口

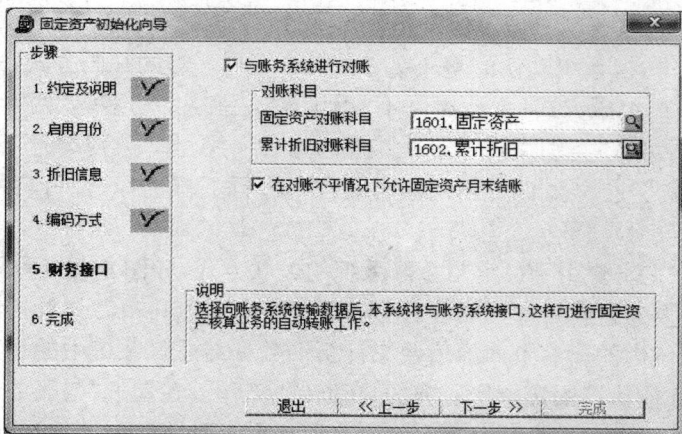

图 6-7　"财务接口"窗口

注意!

① 启用期间:系统自动默认与"系统管理"窗口的账套启用期间一致,用户可自定义。

② 不勾选"本账套计提折旧",系统内所有与折旧有关的功能均不能使用,且该选项一旦设定后不可逆。

③ 折旧汇总分配周期:系统自动默认为"1 个月",用户可自定义。当用户下拉选择其他月数时,系统提示"具体的处理方法是,每个期间均计提折旧,但折旧的汇总分配按设定的周期进行,把该周期内各期间计提的折旧汇总分配",由此可能造成月报表损益相关数据的不匹配,没有订立行业规则的一般性企业建议按系统默认。

④ 编码方式:固定资产自动编码方式只能选择一种,一经设定后不得更改。

⑤ 财务接口:固定资产对账科目为"固定资产"科目,累计折旧对账科目为"累计折旧"科目。

在完成上述向导式设置后,经确认无误,点击【完成】按钮,如图 6-8 所示。

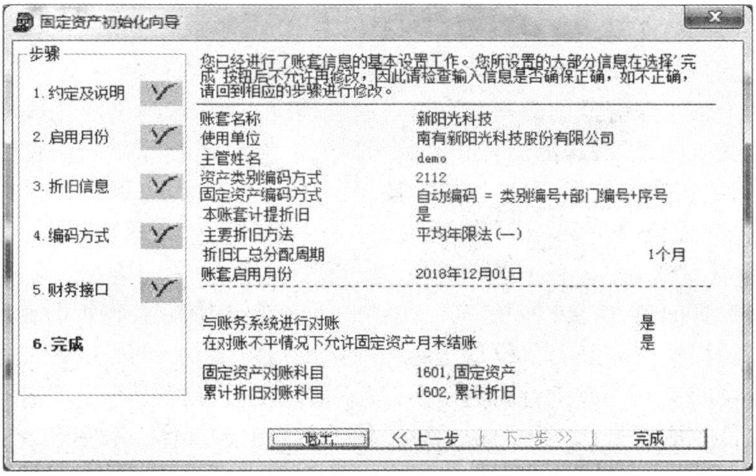

图 6-8　"完成"窗口

完成首次打开账套的初始化设置后,在"用友 T3 企业应用平台"主界面,点击"固定资产"模块,系统即可进入"固定资产"处理窗口,如图 6-9 所示。

图 6 - 9 固定资产的功能选项

三、固定资产管理系统的基础档案设置

1. 部门档案

部门档案属于整个账套公用的基础资料。通常情况下,在账套创建完成后,通过执行【基础设置】菜单下的【机构设置】\【部门档案】命令来增加、修改或删除部门信息。在固定资产系统中,需要确定固定资产的归属,可直接共享使用上述部门信息,也可通过执行【固定资产】菜单下的【设置】\【部门档案】命令来进行修改。

2. 部门对应折旧科目

计提固定资产折旧时,需要以固定资产类别或所属部门为依据,将折旧费用分别确认为相关资产成本或当期损益。如账套单位是按照部门计提折旧的,会计实务上往往将每个部门的固定资产折旧费用归集到一个相对固定的会计科目上,且基本保持不变。部门对应折旧科目设置功能可一次性完成所有部门折旧费用科目的设定。上述操作一般在录入固定资产卡片之前进行,当录入卡片时,所设科目会自动显示在卡片相应栏目中,不必重复设置,有利于提高卡片录入效率,减少录入差错;生成折旧分配表时也会按所设科目自动汇总。

案例 6 - 3

设置新阳光科技公司的部门对应折旧科目(见表 6 - 1)。

表 6 - 1 部门对应折旧科目

部门编码	部门名称	借方科目
1	人事部	管理费用
2	财务部	管理费用

（续表）

部门编码	部门名称	借方科目
3	业务部	销售费用
301	业务一部	销售费用
302	业务二部	销售费用

在"固定资产"模块中，执行【固定资产】菜单下的【设置】\【部门对应折旧科目】命令，选择部门，点击【操作】按钮，通过科目参照功能，从会计科目表中指定折旧费用的对应科目，如图6-10所示。

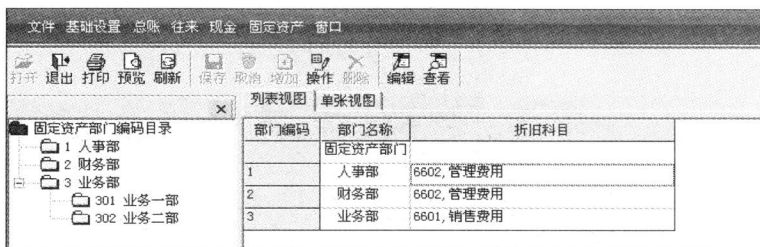

图6-10　部门对应折旧科目

3. 资产类别

固定资产类别设置是将种类繁多、规格不一的固定资产进行科学分类，有助于为固定资产核算与管理提供依据。

案例6-4

设置新阳光科技公司的固定资产类别（见表6-2）。

表6-2　固定资产类别

类别编码	类别名称	使用年限	净残值率/%	计提属性
01	房屋及建筑物			总提折旧
011	办公楼	30	5	总提折旧
012	厂房	30	5	总提折旧

在"固定资产"模块中，执行【固定资产】菜单下的【设置】\【资产类别】命令，点击【增加】按钮，录入类别名称、使用年限、净残值率、计量单位，选择计提属性、折旧方法、卡片样式，如图6-11所示。一项资产类别设置完成后，点击【保存】按钮，如图6-12所示。点击【操作】按钮、【删除】按钮，可分别对选定的资产类别进行修改或删除。

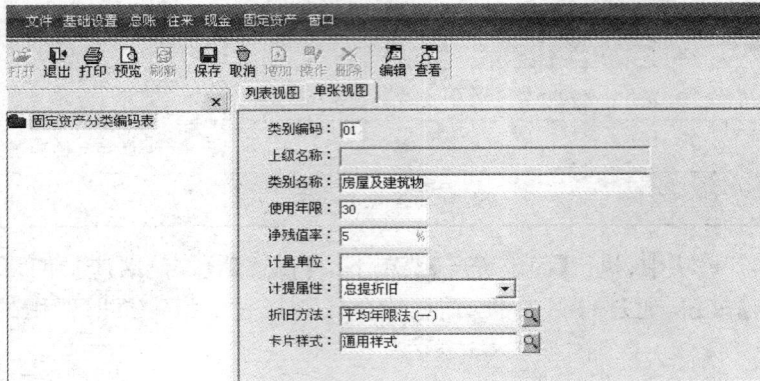

图 6‑11　资产类别设置

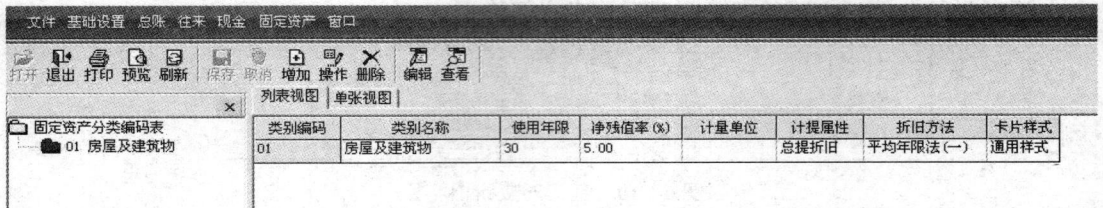

图 6‑12　保存资产类别设置

4. 增减方式

固定资产增减方式设置实际上是对固定资产变动业务内容概括一个关键词。系统默认包括 6 种增加方式和 7 种减少方式,账套单位可根据实际情况增设新的增减方式,并可对每一种增减方式指定对应入账科目。

案例 6‑5

设置新阳光科技公司的固定资产增减方式(见表 6‑3)。

表 6‑3　固定资产增减方式

增加方式	对应入账科目	减少方式	对应入账科目
投资者投入	股本	出售	固定资产清理

在"固定资产"模块中,执行【固定资产】菜单下的【设置】\【增减方式】命令,在列表视图区域选择"投资者投入"所在行的"对应入账科目"单元格,点击【操作】按钮,通过科目参照功能,从会计科目表中选择"实收资本",点击【保存】按钮。以同样的方式完成"出售"这一减少方式的对应入账科目设置,如图 6‑13 所示。

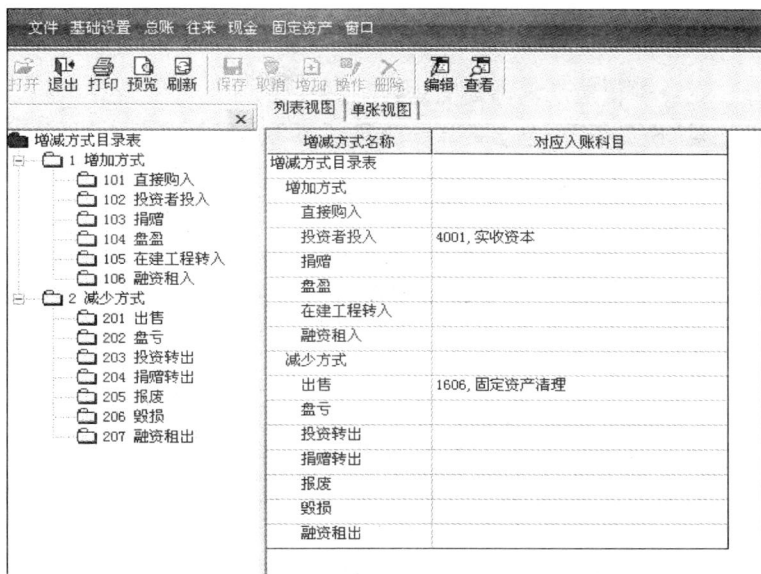

图 6‑13　"增减方式"窗口

5. 使用状况

固定资产使用状况的划分,既有助于统计固定资产的使用情况,提高资产的使用效率,也有助于为准确核算和计提折旧提供依据。系统预置的使用状况有三大类,即使用中、未使用、不需用,在"使用中"大类中又预设了 4 个下级。

在"固定资产"模块中,执行【固定资产】菜单下的【设置】\【使用状况】命令,弹出如图 6‑14 所示的"使用状况目录表"窗口。

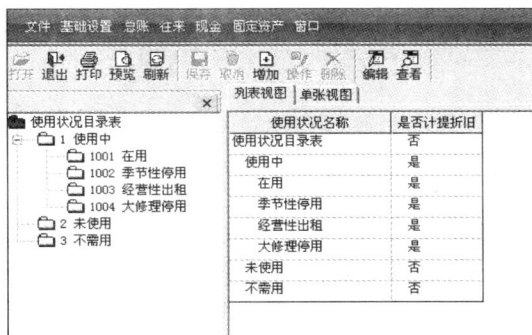

图 6‑14　"使用状况目录表"窗口

在该窗口中,选择系统预置的某一大类,点击【增加】按钮,在单张视图区域输入"使用状况名称",下拉选择"要提折旧"或"不提折旧",点击【保存】按钮,可增设下级名称。点击【操作】按钮、【删除】按钮,可对自定义项目进行修改或删除。

注意!

① 每设完一种使用状况都要点击【保存】按钮。

② 不能对"使用中"所包含的 4 个下级项目再增设下级。

③ 系统提供了两种视图,即列表视图、单张视图。当将光标放置在"使用状况目录表"项时,通过列表视图查看到的是所有使用状况是否计提折旧信息,而单张视图无信息;也可将光标选定某一类或某一个使用状况,通过列表视图或单张视图均可查看该类或该种使用状况及其是否计提折旧信息。

6. 卡片项目与样式设置

固定资产卡片是详细记录每一项固定资产信息的场所。系统在固定资产卡片中预置了一系列基本项目,诸如类别、日期、使用年限、使用状况、原值、累计折旧、折旧方法、净残值等。考虑到不同类型的企业单位经济业务活动存在的特殊性,系统也提供了自定义功能,以便于用户定义自己需要的卡片项目。

在"固定资产"模块中,执行【固定资产】菜单下的【卡片】\【卡片项目】命令,系统弹出如图6-15 所示的卡片"项目列表"窗口。

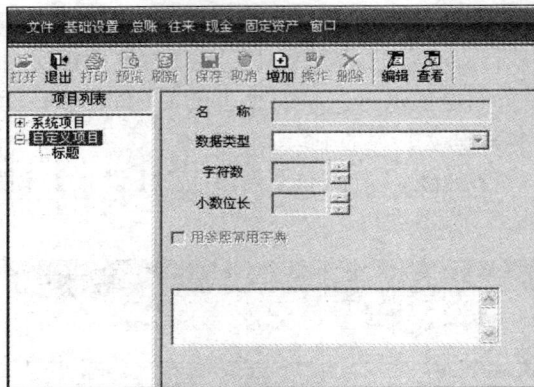

图 6-15 "项目列表"窗口

在该窗口中,点击【增加】按钮,输入名称,下拉选择数据类型(数字型、字符型、日期型、标签型)。如选定为"数字型",可设定整数位长与小数位长;如选定为"字符型",可设定字符数,点击【保存】按钮,可增设新的卡片项目。点击【操作】按钮、【删除】按钮,可对现有卡片项目进行修改或删除。

不同类型的企业单位除了对固定资产卡片项目会有特定需要之外,对固定资产卡片的外观以及项目编排位置、字体格式等的要求也会不尽相同。为此,系统也为用户提供了卡片样式的自定义功能。

在"固定资产"模块中,执行【固定资产】菜单下的【卡片】\【卡片样式】命令,系统弹出如图6-16 所示的卡片"通用样式"窗口。

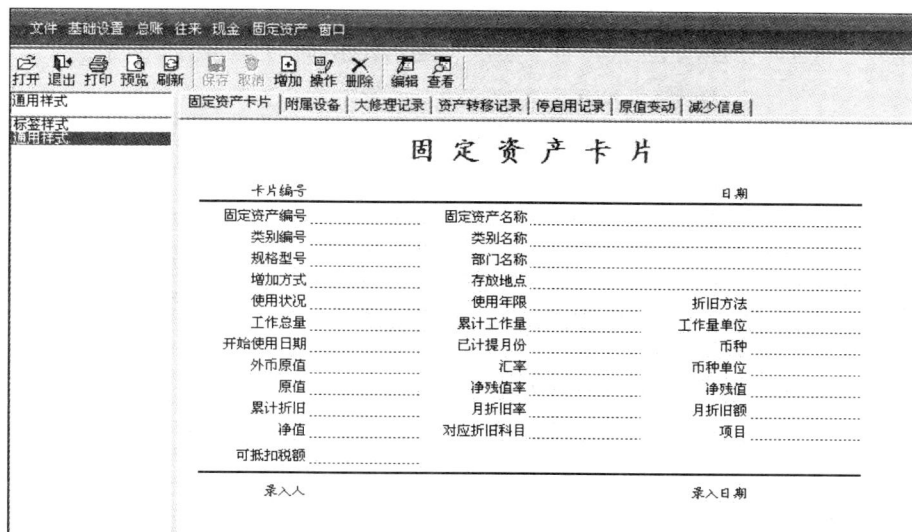

图 6 - 16　"通用样式"窗口

在该窗口中,系统预置了两种卡片样式,即标签样式、通用样式。在"标签样式"中只能修改,不能增加或删除;在"通用样式"中,划分为 7 个页签,即固定资产卡片、附属设备、大修理记录、资产转移记录、停启用记录、原值变动、减少信息,系统分别提供了增加、修改或删除功能。

7. 原始卡片录入

原始卡片是账套单位正式启用固定资产系统之前的固定资产明细资料。为了确保固定资产数据资料的连贯性和完整性,需要将其录入财务软件系统中。

案例 6 - 6

录入新阳光科技公司的固定资产原始卡片(见表 6 - 4)。

表 6 - 4　固定资产原始资料

卡片编号	00001	00002	00003
固定资产编号	011301001	022001	03302001
固定资产名称	1 号楼	笔记本电脑	卡车
类别编号	011	02	03
类别名称	办公楼	电子设备	交通设备
部门名称	业务一部	财务部	业务二部
增加方式	在建工程转入	直接购入	直接购入
使用状况	在用	在用	在用
使用年限	30 年	10 年	15 年
折旧方法	平均年限法(一)	平均年限法(一)	平均年限法(一)

（续表）

开始使用日期	2014. 12. 08	2012. 12. 18	2008. 12. 20
原值	400 000	8 000	100 000
净残值率	5%	2%	3%
净残值	20 000	160	3 000
累计折旧	0	3 136	38 800

在"固定资产"模块中，点击【原始卡片录入】按钮，或者执行【固定资产】菜单下的【卡片】\
【录入原始卡片】命令，系统弹出如图6-17所示的"资产类别参照"窗口。

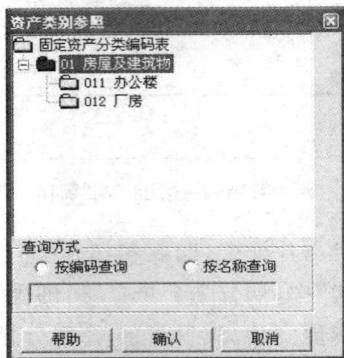

图6-17 "资产类别参照"窗口

在该窗口中，点击【+】按钮，展开下级资产类别，选择待录入卡片所属的资产类别，点击
【确认】按钮，进入"录入原始卡片"窗口，可分别在7个标签页内的相应位置录入相关内容，点
击【保存】按钮，如图6-18所示。其他原始卡片的录入方式参照此方法完成。

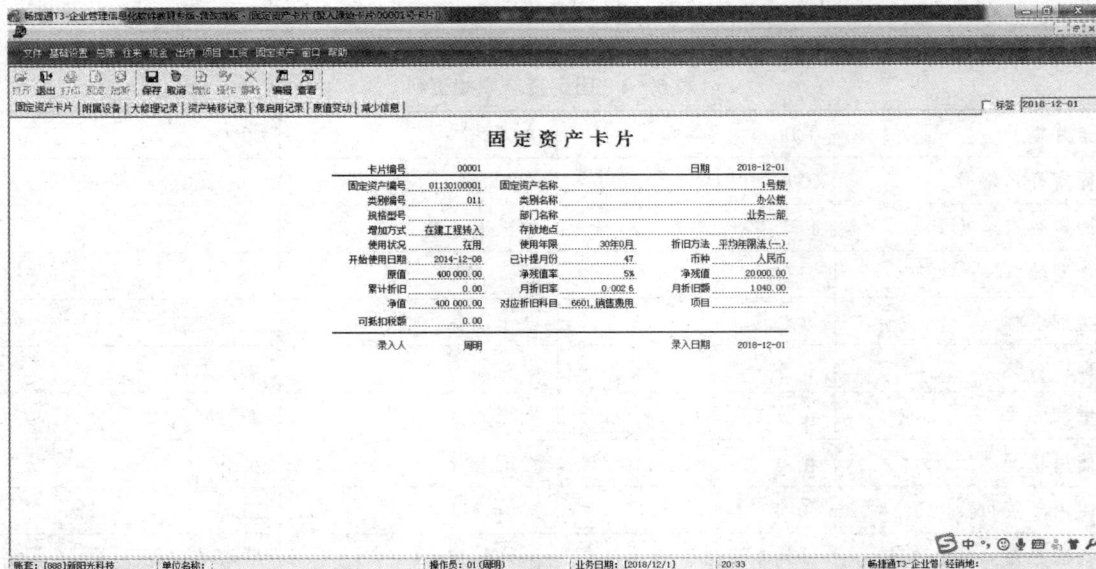

图6-18 录入原始卡片

注意!

① 对于设定为自动编码的固定资产类别,固定资产卡片中的"固定资产编号"不能手工录入。

② 开始使用日期的录入格式为:年份—月份—日期。

③ 原值、累计折旧、累计工作量必须为卡片录入当期期初值。

④ 在涉及折旧计算的基本要素信息录入完成后,系统会根据选定的折旧方法,自动计算并显示出月折旧率、月折旧额。

⑤ 除固定资产卡片外的其他标签页作为辅助管理使用,不参与业务数据计算。

⑥ 原始卡片可在固定资产系统结账前的任何时间录入。

任务 2　日常业务处理

固定资产日常业务处理主要包括固定资产的增加业务处理、其他变动业务处理、评估处理、折旧处理、减少业务处理、固定资产卡片的常规管理、固定资产业务的凭证处理。

一、增加业务处理

在企业单位经济业务过程中,通常会发生通过购入、接受投资、自行建造等方式使固定资产增加的交易或事项。对于新增的固定资产项目,需要将其详细资料通过资产增加操作录入形成固定资产卡片。

案例 6-7

新阳光科技公司于 2018 年 12 月 15 日购入一台电脑,交付财务部使用,属于电子设备类,预计使用年限为 5 年,原值为 12 000 元,净残值率为 2%,采用"平均年限法(一)"计提折旧。

在"固定资产"模块中,点击【资产增加】按钮,或者执行【固定资产】菜单下的【卡片】\【资产增加】命令,系统弹出"资产类别参照"窗口,选择【电子设备】选项,点击【确认】按钮,进入"新增资产卡片"窗口。在该窗口中,操作步骤与原始卡片录入相同,如图 6-19 所示。

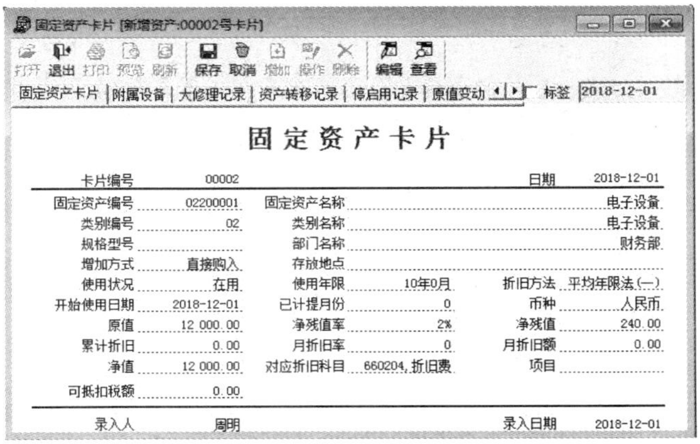

图 6-19　"新增资产卡片"窗口

> **提示:**
>
> ① 原始卡片录入与资产增加的区别:开始使用日期在固定资产系统启用日期之前的资产项目都作为原始卡片进行录入;而开始使用日期在固定资产系统启用日期之后的资产项目都作为资产增加录入卡片。
>
> ② 由于当月增加的固定资产从下月开始计提折旧,因此,新增资产卡片中的月折旧率和月折旧额栏目为空。
>
> ③ 在尚未退出"新增资产卡片"窗口时,单击【操作】按钮、【删除】按钮,可对正在录入的固定资产卡片进行实时修改或删除。退出后再次进入"新增资产卡片"窗口,无法回查已录入的固定资产卡片,如需修改或删除只能在"卡片管理"窗口中进行。

二、其他变动业务处理

固定资产其他变动是指固定资产在使用过程中,除增加、减少之外的其他信息变动。这些变动往往需要修改固定资产卡片的某些项目资料,如原值增减、部门转移、使用状况变动、折旧方法调整、累计折旧调整、使用年限调整、工作总量调整、净残值(率)调整、类别调整等,通过制作变动单作为变动发生或完成的原始依据。除了按单项资产录入变动信息外,系统还提供了批量变动功能。

1. 单项变动

案例 6－8

新阳光科技公司的 1 号楼于 2018 年 12 月 15 日由业务一部调拨到人事部使用。

在"固定资产"模块中,点击【资产变动】按钮,执行【部门转移】命令,或者执行【固定资产】菜单下的【卡片】\【变动单】\【部门转移】命令,系统弹出"新建变动单"窗口。在该窗口中,点击【卡片编号】按钮,调出卡片参照,选择需做其他变动的固定资产项目,系统会自动在对应栏目显示该资产的相关信息;点击【变动后部门】按钮,选择新的使用部门,点击【保存】按钮。如图6－20 所示。

2. 批量变动

在"固定资产"模块中,执行【固定资产】菜单下的【卡片】\【批量变动】命令,系统弹出如图6－21 所示的"批量变动单"窗口。在该窗口中,可以一次性完成多项固定资产的多种不同类型的变动信息录入。

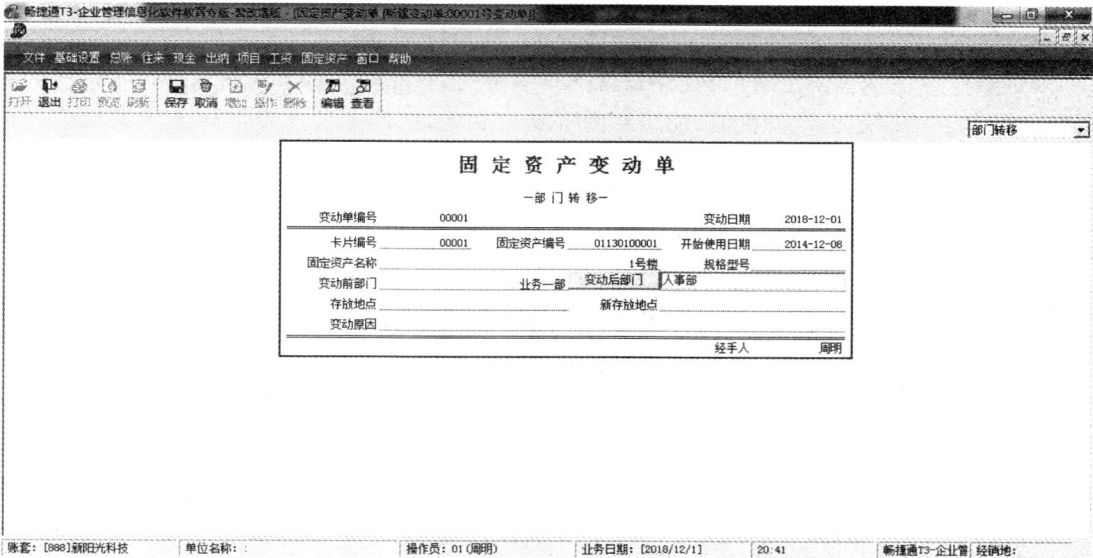

图 6 – 20　"新建变动单"窗口

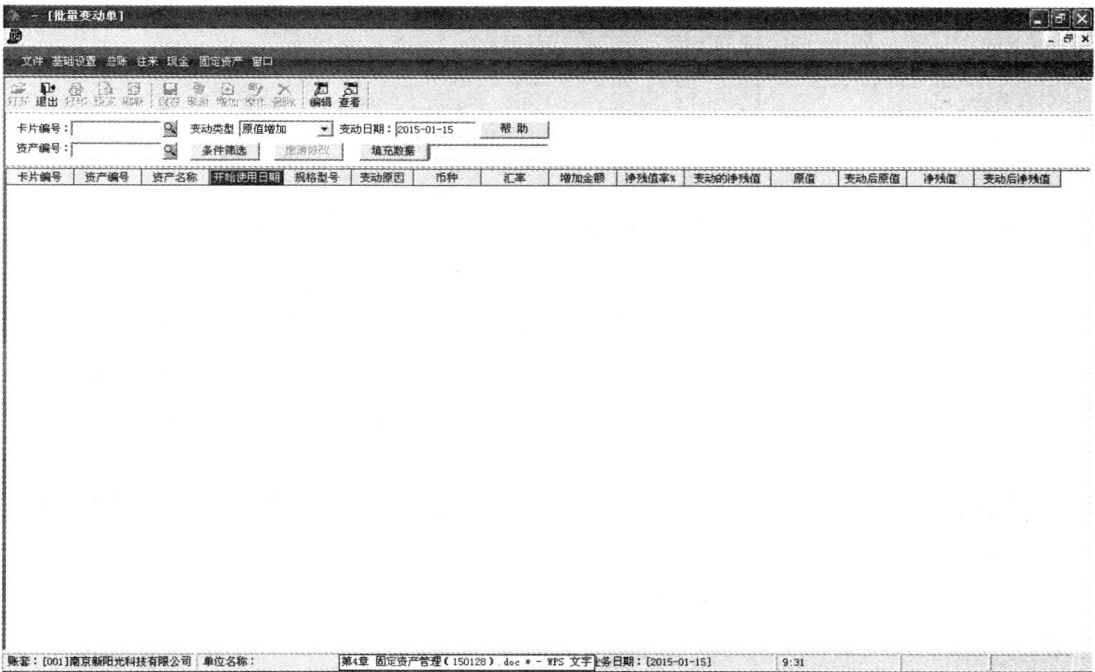

图 6 – 21　"批量变动单"窗口

三、评估处理

固定资产评估是指固定资产在使用过程中,由于受到经济环境、市场需求和技术条件等多种因素的影响,使固定资产的价值、使用年限等发生变化,往往需要重新对相关固定资产进行评议估价。

在"固定资产"模块中,执行【固定资产】菜单下的【卡片】\【资产评估】命令,系统弹出如图6-22所示的"本年评估单"窗口。

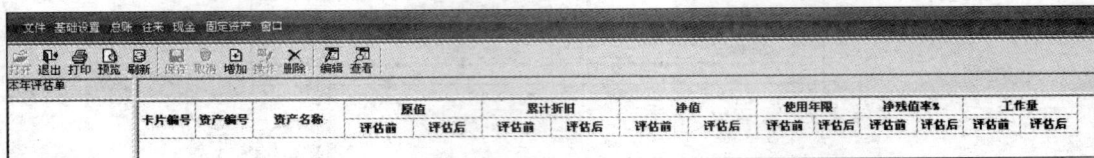

图6-22 资产评估1

在该窗口中,点击【增加】按钮,进入如图6-23所示的"评估资产选择"窗口,系统提供6个可评估项目以及2种对评估资产的选择方式。

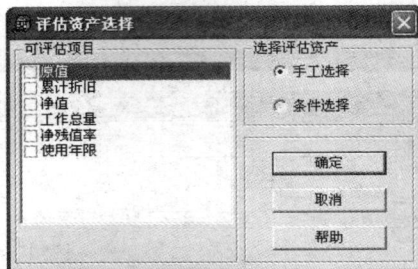

图6-23 "评估资产选择"窗口

在该窗口中,勾选需要评估的项目,点击【确定】按钮,进入如图6-24所示的资产评估窗口。通过卡片参照,选择需要重估的固定资产卡片,带有"(B)"的栏目显示的是评估前的值,只能查看,不得修改;在带有"(A)"的栏目中,双击可手工录入评估后的值。评估后的值录入完成后,评估状态栏显示"Y",点击【保存】按钮,确认评价结果。

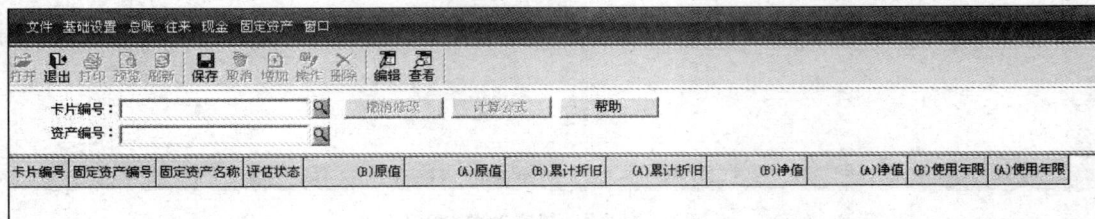

图6-24 资产评估2

四、折旧处理

1. 折旧计提

自动计提折旧是固定资产系统的基本功能之一。它能够将已录入的固定资产资料,按照预设的原值、净残值、折旧方法等折旧计算要素,自动计算出本期折旧额;按照预设的资产对应折旧科目,将本期折旧费用分别计入相关资产成本或当期损益,并自动生成折旧清单、折旧分配表。

案例 6 - 9

计提新阳光科技公司 2018 年 12 月份的固定资产折旧。

在"固定资产"模块中,点击【计提本月折旧】按钮,或者执行【固定资产】菜单下的【处理】\【计提本月折旧】命令,系统弹出如图 6 - 25 所示的"本操作将计提本月折旧,并花费一定时间,是否要继续?"对话框。在该窗口中,点击【是】按钮,系统自动开始计提折旧。折旧完成后,系统会弹出"是否要查看折旧清单?"的提示,并连带显示折旧分配表。

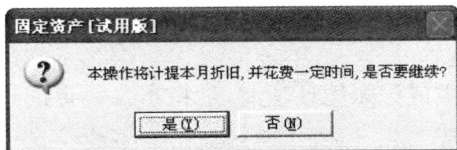

图 6 - 25　"计提本月折旧"窗口

> **提示:**
> ① 当存在以工作量法作为折旧方法的固定资产,在计提折旧前,必须先在"固定资产"模块中点击【工作量录入】按钮,或者执行【固定资产】菜单下的【处理】\【工作量输入】命令,输入工作总量、本期工作量等信息。
> ② 在一个会计期间可多次计提折旧,不会重复累计。如前一次计提折旧已制单,必须先将记账凭证删除后才能重新计提。

2. 折旧清单

在"固定资产"模块中,执行【固定资产】菜单下的【处理】\【折旧清单】命令,系统弹出如图 6 - 26 所示的"折旧清单"窗口。在该窗口中,左上角提供下拉选择,可按部门查询或按类别查询资产折旧的相关信息。通过点击【打印】按钮,可将折旧清单打印形成纸质文档;点击【输出】按钮,可将折旧清单以多种文件类型(如 *.rep、*.dbf、*.xls、*.mdb、*.html、*.txt 等)进行保存,经命名后形成一个独立于财务软件系统的计算机文件。

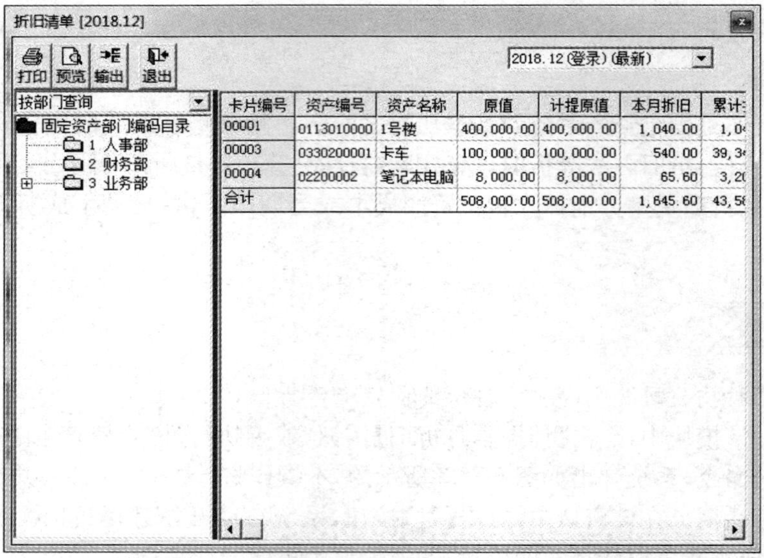

图 6 – 26 "折旧清单"窗口

3. 折旧分配表

折旧分配表提供了自动生成记账凭证功能,是将本月计提的折旧费用分配到相关资产成本或当期损益的辅助工具。

在"固定资产"模块中,执行【固定资产】菜单下的【处理】\【折旧分配表】命令,系统弹出如图 6 – 27 所示的"折旧分配表"窗口。

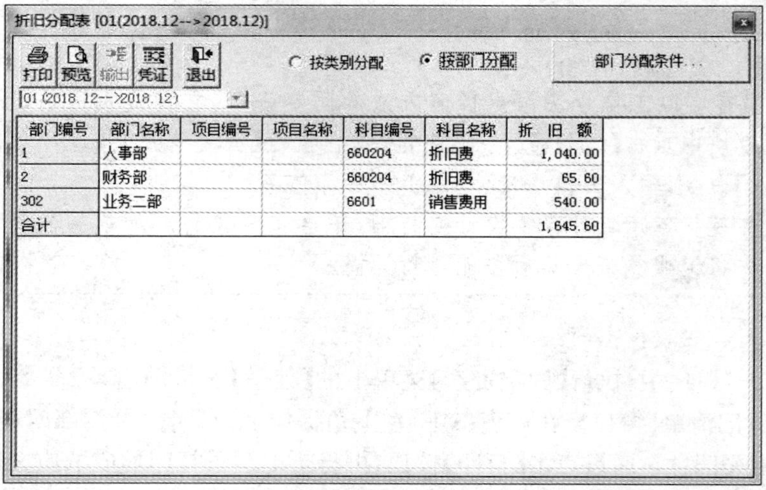

图 6 – 27 "折旧分配表"窗口

在该窗口中,系统提供了两种折旧分配方式,即按类别分配和按部门分配。点击【操作】按钮,可在两种折旧分配方式之间进行选择。现以"按部门分配"为例,点击【凭证】按钮,系统弹出如图 6 – 28 所示的"填制凭证"窗口。

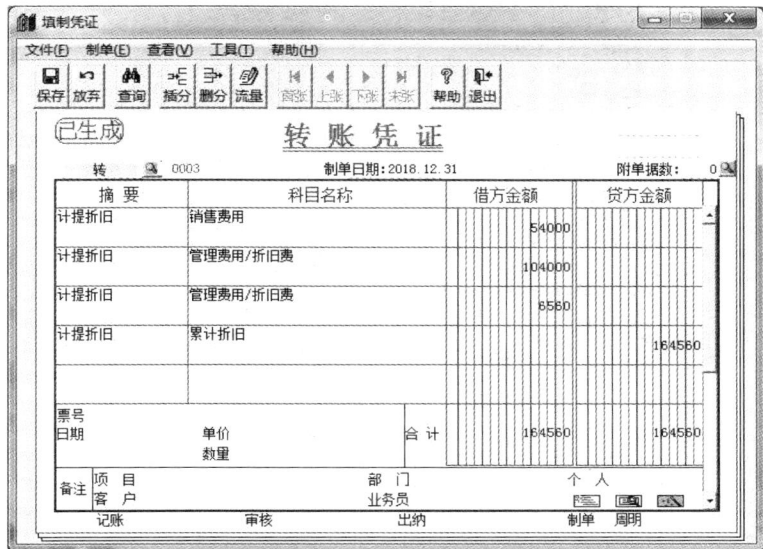

图 6-28　"填制凭证"窗口

在该窗口中,选择该张折旧凭证的凭证类型,输入凭证日期、附单据张数,通过科目参照功能,从会计科目表中选择相关折旧科目,点击【保存】按钮,在凭证左上角会显示"已生成"的红字标志,折旧凭证生成完毕。

系统也提供了类似于折旧清单的折旧分配表输出功能,通过点击【打印】按钮,可将折旧分配表打印形成纸质文档;点击【输出】按钮,可将折旧分配表以多种文件类型(如 *.rep、*.dbf、*.xls、*.mdb、*.html、*.txt 等)进行保存,经命名后形成一个独立于财务软件系统的计算机文件。

五、减少业务处理

在企业发生经济业务过程中,通常会因出售、报废、毁损、投资转出等原因,使固定资产减少。对于减少的固定资产,需要录入到系统中,形成固定资产卡片。

案例 6-10

新阳光科技公司于 2018 年 12 月 29 日将交由业务二部使用的一辆运输用卡车出售,取得款项 45 000 元。

在"固定资产"模块中,点击【资产减少】按钮,或者执行【固定资产】菜单下的【卡片】\【资产减少】命令,系统弹出"资产减少"窗口。在该窗口中,通过卡片参照,选择要减少的固定资产,点击【增加】按钮,形成一条资产减少记录。双击"减少方式"栏,参照选择相应的减少方式,点击【确认】按钮。双击"清理收入"栏,输入"45 000",如图 6-29 所示。相关信息录入完成后,点击【确定】按钮保存。

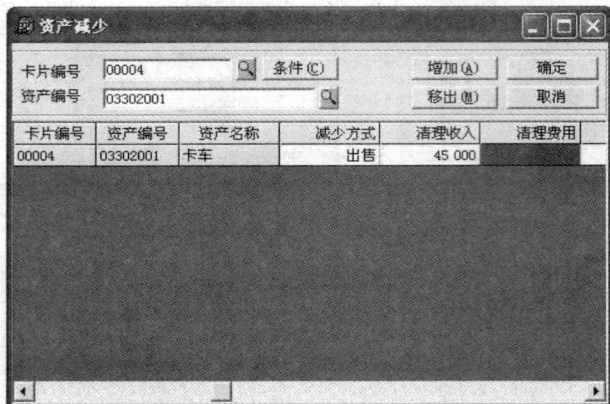

图 6-29 "资产减少"窗口

> **注意!**
>
> ① 由于固定资产系统设置了"当月减少的固定资产,当月照提折旧"的功能参数,当月需要计提折旧后,才能减少固定资产。
>
> ② 如对卡片进行误减少,可做恢复处理,但仅限于当月减少的资产卡片,如该卡片已制单,必须先删除记账凭证。

六、固定资产卡片管理

卡片管理为账套单位提供了对固定资产系统中所有原始卡片和当期录入卡片的综合管理功能。通过卡片管理可完成卡片的查询、修改、删除等操作。

在"固定资产"模块中,点击【卡片管理】按钮,系统弹出如图 6-30 所示的"卡片管理"窗口。

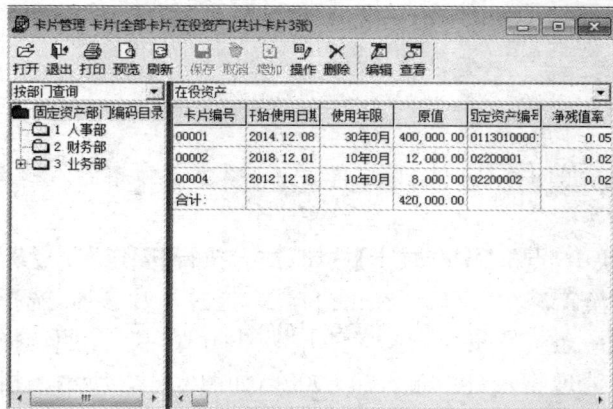

图 6-30 "卡片管理"窗口

1. 卡片查看

在"卡片管理"窗口中,系统提供了三种卡片查询方式,即按部门查询、按类别查询、自定义查询。系统默认的是按部门查询,可通过左上角下拉选择菜单其他查询方式。

如选择"按部门查询",左侧列出固定资产部门档案,系统默认显示的是所有部门的全部在役资产,通过点击"在役资产"栏末尾的下拉按钮可切换显示"已减少资产"。如将光标选定到某一部门,系统则显示该部门所属固定资产。

如选择"按类别查询",左侧列出固定资产类别档案,系统默认显示的是所有类别的全部在役资产,通过点击"在役资产"栏末尾的下拉按钮可以切换显示"已减少资产"。如将光标选定到某一资产类别,系统则显示该类别所属固定资产。

如某企业单位的固定资产卡片较多,也可选择"自定义查询"实现快捷查找,点击【添加查询】按钮,系统弹出如图 6-31 所示的"查询定义"窗口。在该窗口中,点击【新增行】按钮,设定查询项目、比较符、比较值等项目,点击【确定】按钮保存所设的查询条件。

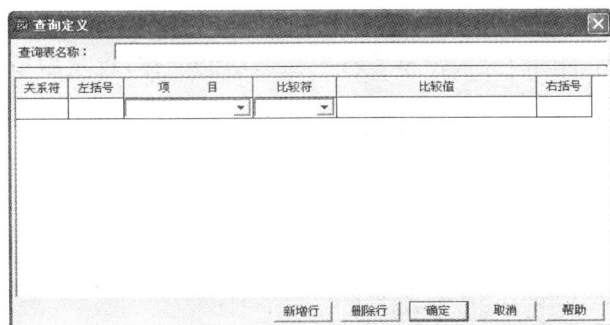

图 6-31 "查询定义"窗口

在"卡片管理"窗口中,从卡片列表中双击某一记录行,可打开对应的固定资产卡片,实现对单张固定资产卡片的联查功能。

2. 卡片修改

在"卡片管理"窗口中,已形成的固定资产卡片如存在录入差错或确有需要修改某些项目信息的,将光标置于待修改的卡片行,直接双击或者点击【操作】按钮,打开该固定资产卡片,点击【操作】按钮,进入卡片编辑状态,修改完成后,点击【保存】按钮即可。

3. 卡片删除

卡片删除是指将卡片信息从固定资产系统中彻底消除,不能理解为固定资产清理或减少。在"卡片管理"窗口中,卡片删除需要区分"在役资产""已减少资产"两种不同的卡片状态。

对于在役资产,如确有需要删除的,将光标置于待删除的卡片行,点击【删除】按钮。对于已减少资产,在执行"卡片删除"功能时,系统可能会出现"现在还没有到可以清理该卡片的时候"提示,使卡片删除操作失败。该提示与在【固定资产】菜单下的【设置】\【选项】命令中的"已发生资产减少卡片可删除时限"有关。根据相关制度的规定,已处置的资产应保留 5 年,系统默认 5 年,也可由用户自定义。只有设定的时限到期,才能将相关资产的卡片和变动单从系统数据库中彻底删除。

提示：

① 如需修改的卡片是已做过资产变动处理、资产评估处理以及已编制过凭证的当月卡片，只有先删除对应的变动单、评估单、记账凭证，才能修改。

② 非本期录入的卡片、做过月末结账后的卡片不得删除。

③ 如所删除的卡片并非卡片序列中编号为末尾的最后一张卡片，该卡片编号将空缺。

七、固定资产业务的凭证处理

1. 批量制单

固定资产系统提供了编制记账凭证的功能，可将业务数据通过制单自动传输到总账系统。固定资产系统提供了两种制单方式，即业务发生后立即制单、批量制单。业务发生后立即制单是在录入固定资产卡片的同时完成单笔业务的凭证填制工作；批量制单是将一批需要制单的业务集中起来填制凭证。

案例 6 - 11

将新阳光科技公司 2018 年 12 月录入的全部固定资产业务进行批量制单。

在"固定资产"模块中，点击【批量制单】按钮，或者执行【固定资产】菜单下的【处理】\【批量制单】命令，系统弹出如图 6 - 32 所示的"批量制单"窗口。

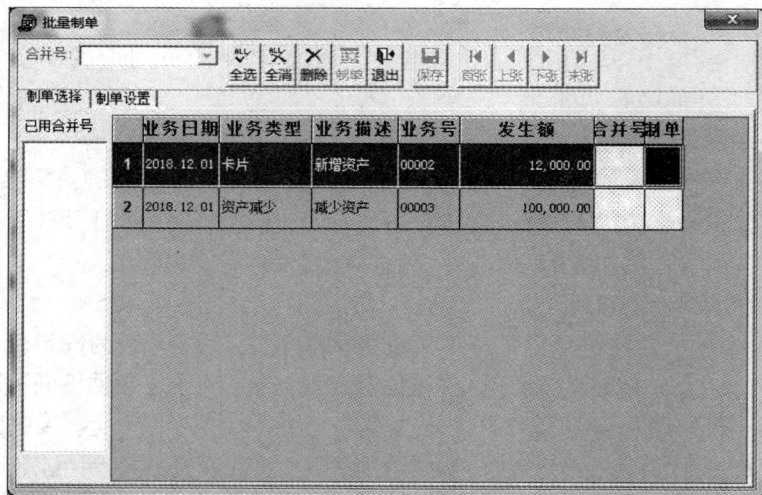

图 6 - 32 "批量制单"窗口

在该窗口的"制单选择"标签页中，可以查看到业务发生当时未予以制单的所有业务。点击【全选】按钮，批量制单列表中的所有业务在"制单"栏都会显示"Y"红字标记，表示选中所有业务进行批量制单；也可直接双击在某业务记录行的"制单"栏，同样会显示"Y"红字标记，表示选中该笔业务进行制单。如需将几行业务记录汇总编制一张凭证,可在"合并号"栏输入标记。选定需要批量制单的业务后,点击进入【制单设置】标签页。在"制单设置"标签页中,从左上角下拉选择进行制单设置的当前业务,在"科目"栏和"部门"栏设置凭证科目与辅助核算项目信息,如图 6-33 所示。以同样的方法完成其他业务的制单设置操作。

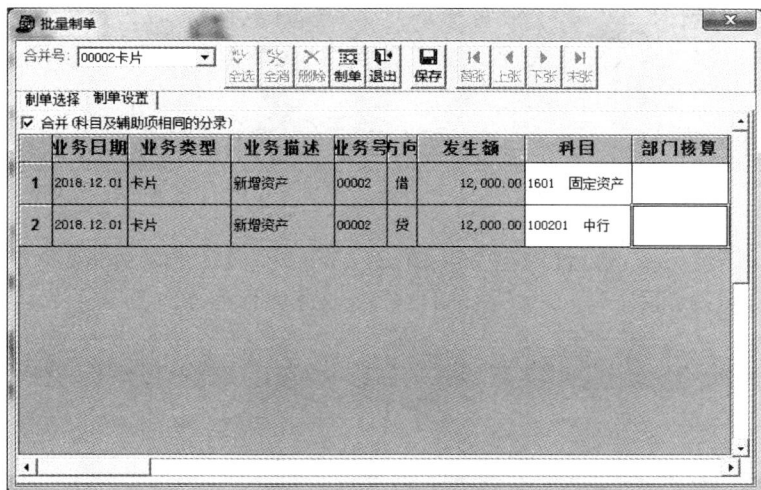

图 6-33 "制单设置"窗口

设置完成后,点击【制单】按钮,系统弹出"填制凭证"窗口,从左上角选择对应的凭证类别,录入附单据数、录入摘要,点击【保存】按钮,在凭证左上角会显示"已生成"的红字标志,如图 6-34 所示。点击【下张】按钮,以同样的方法完成其他业务的填制凭证操作。

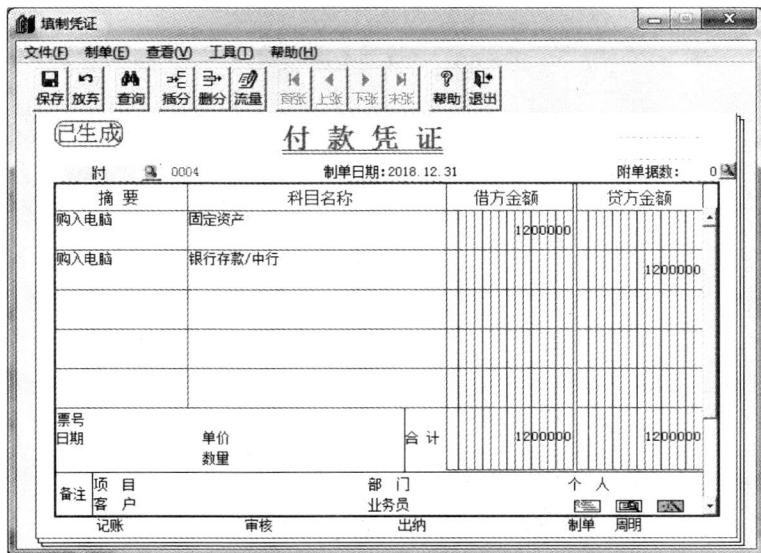

图 6-34 "填制凭证"窗口

注意！

① 只有业务发生时没有制单的业务才会显示在批量制单列表中。

② 如一次性选择多笔业务进行批量制单,在【制单设置】标签页必须先逐一将各笔业务的"科目"和"部门"设置完成,方可点击【制单】按钮填制凭证。

③ 制单日期:系统默认为登录"信息门户"时的操作日期,可根据业务发生的实际日期进行手动修改,但所改日期不得滞后于系统操作日期。

④ 在批量制单中,显示"已生成"红字标志的凭证不能修改。

2. 凭证查询

在"固定资产"模块中,执行【固定资产】菜单下的【处理】\【凭证查询】命令,系统弹出如图 6-35 所示的"凭证查询"窗口,显示所有固定资产业务凭证列表。

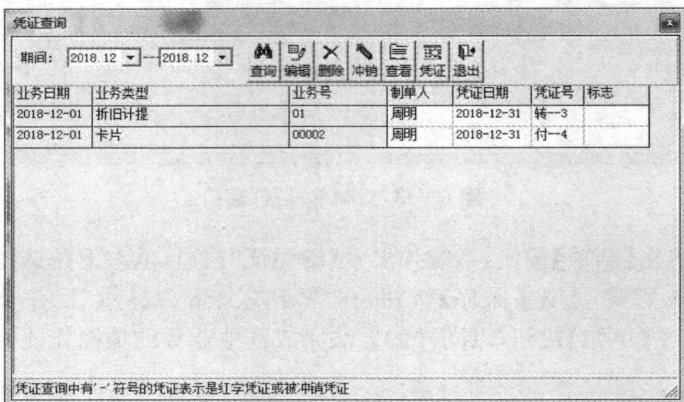

图 6-35 "凭证查询"窗口 1

在该窗口中,系统提供了两种凭证查询方式,即按条件查询凭证、直接联查凭证。按条件查询主要适用于固定资产业务较多的企业单位,需要先设置查询条件。点击【查询】按钮,系统弹出如图 6-36 所示的"凭证查询"窗口,根据账套单位查询需要,可自行选择凭证类型、期间、制单人、凭证号起止范围等查询条件;也可点击【辅助条件】按钮,通过选择科目(名称、方向、金额范围)、辅助项目、币别等设置为具体的查询条件,点击【确认】按钮,系统会显示出符合查询条件的凭证列表。然后,可将光标定位于需要查询凭证的业务行,点击【确定】按钮,可查询到对应业务的凭证界面。如凭证列表的业务数量较少,可将光标定位于需要查询凭证的业务行,点击【凭证】按钮,可直接联查该笔业务凭证。

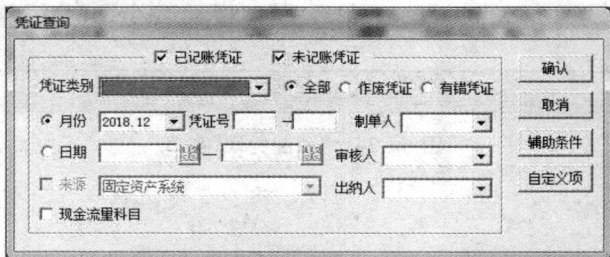

图 6-36 "凭证查询"窗口 2

在"凭证查询"窗口中,系统提供了联查固定资产卡片功能。将光标定位于需要查询卡片的业务行,点击【查看】按钮,可查询到对应业务的卡片界面。通过点击【编辑】按钮、【删除】按钮,可进行凭证修改和删除。通过点击【冲销】按钮,可冲销已记账的凭证。

任务 3 期末处理

固定资产期末处理主要包括月末结账、账表管理。

一、月末结账

当固定资产系统完成当期各项操作后,可单独进行月末结账。

在"固定资产"模块中,点击【月末结账】按钮,或者执行【固定资产】菜单下的【处理】\【月末结账】命令,系统弹出如图 6-37 所示的"月末结账"窗口,点击【开始结账】按钮,系统自动进行结账处理。

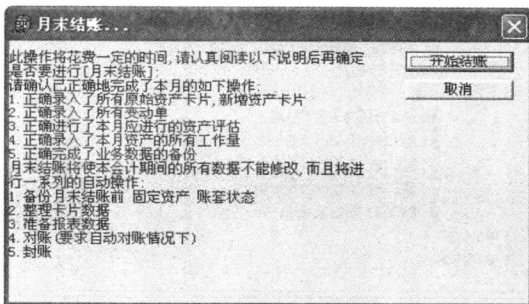

图 6-37 "月末结账"窗口

提示:

① 结账完成后,系统将操作日期转到下一期间,用户必须以下一期间的日期重新登录后,方可进行新的操作。

② 结账后,当期固定资产卡片、凭证等数据不得修改。如确需修改的,必须先通过系统提供的"恢复月末结账前状态"功能进行反结账处理。

二、账表管理

固定资产系统提供了一系列相关账表对固定资产信息进行统计、汇总,以便于账套单位及时把握各项固定资产信息。这些账表主要包括账簿、折旧表、分析表、统计表,从不同的侧面,以不同的方式反映固定资产的分布情况、新旧程度、价值数据、变化情况,以便对固定资产进行序时分析、明细分析、综合分析。此外,还提供了自定义账夹功能,以便于账套单位根据需要增设账表。

在"固定资产"模块中,执行【固定资产】菜单下的【账表】\【我的账表】命令,系统弹出"我的账表"窗口,点击【+】按钮,将所含下级账表展开,如图6-38所示。

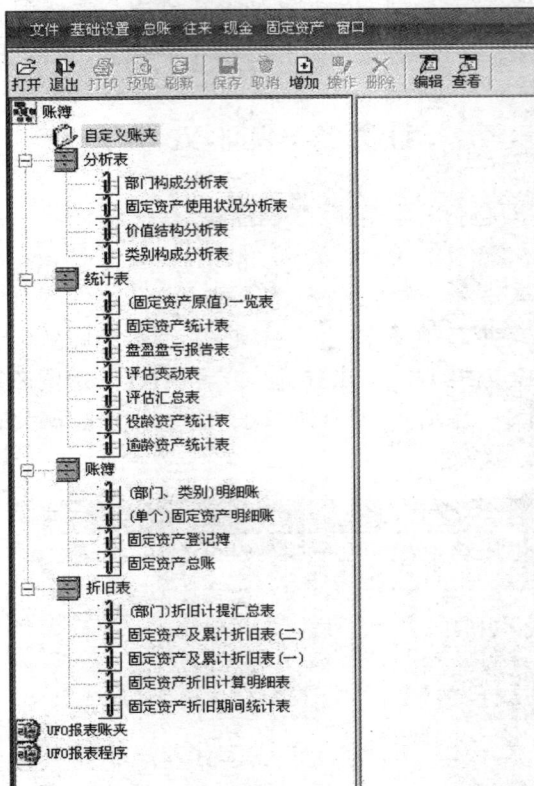

图6-38 "我的账表"窗口

在该窗口中,双击某一账表名称,系统会弹出相关条件设置窗口,设定条件后即可查看到相应账表。

案例6-12

按部门和类别查询新阳光科技公司2018年12月份的"固定资产统计表"。

在"我的账表"窗口中,双击"固定资产统计表",系统弹出如图6-39所示的"固定资产统计表"条件窗口。系统提供了3种统计方式、2种查询级次。条件设置完成后,点击【确定】按钮,即可查看到相应的统计表,如图6-40所示。在该窗口中,通过查询期间的下拉选择,可快捷地查询到既定条件下的统计表;点击【打开】按钮,联查选定资产项目的编号、凭证号、凭证摘要、原值、累计折旧、余额等信息,再双击可联查到凭证。系统也提供了对报表格列宽的调整功能,可采用拖动列边线的方式进行粗略调整,点击【保存格式】按钮加以保存。

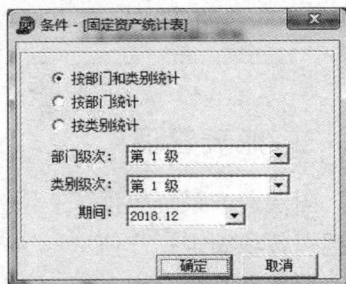

图6-39 固定资产统计表条件

图 6-40　"固定资产统计表"窗口

在"我的账表"窗口中,如需自定义账表,选择【自定义账夹】选项,点击【增加】按钮,系统弹出如图 6-41 所示的报表定义窗口。双击表达式的单元格,系统弹出如图 6-42 所示的"表达式生成器"窗口,进行数据字段定义;点击【格式】按钮,设计标题栏、表头、表尾,设置完成后点击【完成】按钮,命名并保存自定义报表。

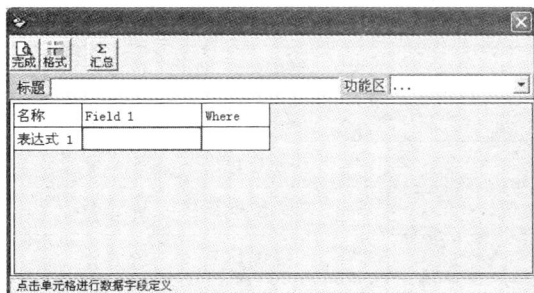

图 6-41　报表定义

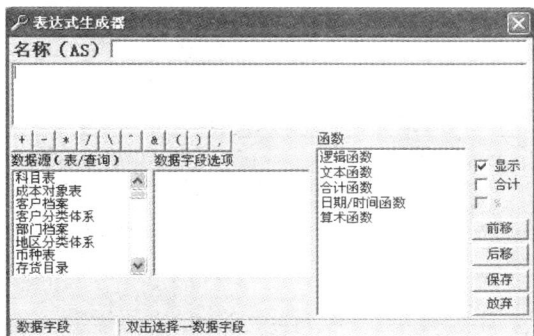

图 6-42　"表达式生成器"窗口

模拟实训 5

◆　实训目的

通过实训掌握固定资产初始设置及固定资产日常和期末业务处理的方法。

◆　实训资料

固定资产管理系统启用日期为 2018 年 12 月 1 日,以账套主管(编号为"901"、姓名为"学号末 3 位"的用户)身份完成以下初始设置。

一、初始设置

1. 功能参数

① 本账套计提折旧,固定资产采用"平均年限法(一)"计提折旧,折旧汇总分配周期为 1 个月,当(月初已提月份=可使用月份-1)时,将剩余折旧全部提足(工作量法除外)。

② 固定资产类别编码方式为"2-1-1-2";固定资产编码方式采用"自动编码"方法;编码方式为"类别编码+部门编码+序号";卡片序号长度为"3"。

③ 要求固定资产管理系统与总账管理系统进行对账,固定资产对账科目为"1601 固定资产",累计折旧对账科目为"1602 累计折旧",对账不平衡的情况下允许固定资产月末结账。

④ 月末结账前一定要完成制单登账业务;固定资产默认入账科目为"1601 固定资产",累计折旧默认入账科目为"1602 累计折旧"。

2. 部门对应折旧科目(见附表 5-1)

附表 5-1 部门对应折旧科目

部门代码	部门名称	折旧科目
01	高管部	管理费用——折旧费
0101	董事长室	管理费用——折旧费
0102	总经理室	管理费用——折旧费
02	制作部	制造费用——折旧费
0201	裁剪车间	制造费用——折旧费
0202	缝纫车间	制造费用——折旧费
0203	整烫车间	制造费用——折旧费
0204	后道车间	制造费用——折旧费
03	供应科	销售费用——折旧费
04	销售科	销售费用——折旧费
05	后勤部	管理费用——折旧费
0501	财务科	管理费用——折旧费
0502	设计科	管理费用——折旧费
0503	人力资源科	管理费用——折旧费
0504	安保科	管理费用——折旧费

3. 资产类别（见附表 5-2）

附表 5-2　资产类别

类别编码	类别名称	使用年限/年	净残值率/%	计提属性
01	房屋及建筑物			
011	厂房	30	2	总提折旧
012	办公楼	30	2	总提折旧
02	机器设备			
021	缝前设备	15	3	正常折旧
022	缝中设备	15	3	正常折旧
023	缝后设备	15	3	正常折旧
024	缝制配件套组	10	2	正常折旧
03	交通运输设备	15	5	正常折旧
04	办公设备	10	3	正常折旧
05	其他设备	10	5	正常折旧

4. 固定资产增减方式（见附表 5-3）

附表 5-3　固定资产增减方式

增加方式	对应入账科目	减少方式	对应入账科目
直接购入	银行存款	出售	固定资产清理
投资者投入	股本	投资转出	固定资产清理
捐赠	营业外收入	捐赠转出	固定资产清理
盘盈	以前年度损益调整	盘亏	待处理财产损溢——待处理非流动资产损溢
在建工程转入	在建工程	报废	固定资产清理
融资租入	长期应付款	毁损	固定资产清理

5. 固定资产原始卡片

（1）录入原始卡片（见附表 5-4）

附表 5-4　原始卡片资料　　　　　　　　　　　　元

资产名称	类别编号	部门	增加方式	使用年限/年	开始使用日期	原值	累计折旧	对应折旧科目
1 号厂房	011	裁剪车间	自建	30	2018-09-01	300 000.00	1 633.00	制造费用——折旧费
2 号厂房	011	缝纫车间	自建	30	2011-05-01	400 000.00	98 000.00	制造费用——折旧费
3 号厂房	011	整烫车间	自建	30	2014-05-01	1 700 000.00	249 900.00	制造费用——折旧费
4 号厂房	011	后道车间	自建	30	2012-09-01	2 600 000.00	523 756.00	制造费用——折旧费

资产名称	类别编号	部门	增加方式	使用年限/年	开始使用日期	原值	累计折旧	对应折旧科目
1号行政楼	012	董事长室	自建	30	2016-05-01	1 000 000.00	81 667.00	管理费用——折旧费
2号行政楼	012	人力资源科	自建	30	2017-06-30	804 000.00	37 207.00	管理费用——折旧费
绘图机	021	裁剪车间	购入	15	2018-06-15	60 000.00	1 617.00	制造费用——折旧费
裁剪机	021	裁剪车间	购入	15	2016-05-01	120 000.00	19 400.00	制造费用——折旧费
缝纫机	022	缝纫车间	购入	15	2014-07-01	200 000.00	56 044.00	制造费用——折旧费
编织机	022	缝纫车间	购入	15	2015-08-17	20 000.00	4 203.00	制造费用——折旧费
熨烫机	023	整烫车间	购入	15	2018-02-10	90 000.00	4 365.00	制造费用——折旧费
验针机	023	整烫车间	购入	15	2016-06-01	60 000.00	9 377.00	制造费用——折旧费
台板	024	后道车间	购入	10	2016-06-01	20 000.00	4 737.00	制造费用——折旧费
商务车	03	总经理室	赠送	15	2011-05-01	300 000.00	142 500.00	管理费用——折旧费
货车	03	销售科	购入	15	2018-10-30	50 000.00	264.00	销售费用——折旧费
空调	04	财务科	购入	10	2011-12-01	60 000.00	40 255.00	管理费用——折旧费
电脑	04	安保科	购入	10	2012-06-01	20 000.00	12 448.00	管理费用——折旧费
传真机	04	设计科	购入	10	2018-11-15	6 000.00	0.00	管理费用——折旧费
合　计	—	—	—	—	—	7 810 000.00	1 287 373.00	—

注：使用状况均为"使用中"，其他未做说明的信息按系统默认。

（2）修改原始卡片

将"台板"的折旧方式由"平均年限法（一）"修改为"年数总和法"。

二、业务处理

1. 固定资产增加业务

① 28日，收到新股东张琴投入的价值514 500元的新型包装线，占本单位注册资本的部分为470 000元，生产线已验收交由后道车间使用，属于"机器设备"的缝后设备，预计尚可使用10年，折旧方法为平均年限法（一）。相关单据送核算会计制单，附件计10张。

② 28日，收到苏润公司捐赠的花边机10台，原值共计600 000元（苏润公司提供了当初购进时的发票复印件），已计提折旧6 000元（苏润公司于2017年10月1日购入，已计提折旧1年）。经拓业会计师事务所对此设备进行评估，评估价值为525 000元。相关手续已办理完毕，设备已交缝纫车间使用，属于"机器设备"的缝中设备，预计尚可使用5年，折旧方法为平均年限法（一）。相关单据送核算会计制单，附件计10张。

③ 29日，购入货车一辆，价值213 800元，增值税税率为13%，以农业银行转账支票结算，结算号为263512，结算日期为当日；另用现金支付其他杂费600元。使用部门为供应科，属于"交通运输设备"，预计使用10年，折旧方法为平均年限法（一）。相关单据送核算会计制单，附件计11张。

④ 29 日，因工作需要，供应科周晓晓和销售科孙伶俐到国美电器购入空调 2 台，单价 6 400 元，增值税税率为 13%，属于"办公设备"。由周晓晓持相关手续到出纳董明处领取农业银行转账支票 1 张，使用部门分别是供应科和销售科，预计使用 10 年，折旧方法为平均年限法（一），结算号为 263513，结算日期为当日。相关单据送核算会计制单，附件计 10 张。

⑤ 30 日，因工作需要，从山东制衣设备厂购入定型机 1 部，价值 100 000 元，增值税税率为 13%。由供应科周晓晓持相关手续到出纳董明处领取农业银行转账支票支付货款。此设备由整烫车间使用，属于"机器设备"的缝后设备，预计使用 15 年，折旧方法为平均年限法（一），结算号为 263514，结算日期为当日。相关单据送核算会计制单，附件计 10 张。

⑥ 30 日，在财产清查中，财务科盘盈 1 台电脑，重置成本为 5 500 元，估计折旧为 2 000 元。相关单据送核算会计制单，并报批等待处理结果，附件计 1 张。

2. 固定资产其他变动业务

① 30 日，将空调由原先的财务科调拨到安保科使用。相关手续送核算会计制单，附件计 1 张。

② 31 日，裁剪车间的绘图机原值增加 3 000 元，变动原因为增加配件。相关手续送核算会计制单，附件计 1 张。

③ 31 日，经调查发现，本单位盘盈电脑的原因在于内部转移手续不全，经研究决定，结转以前年度损益调整。相关手续送核算会计制单，附件计 1 张。

④ 31 日，对商务车进行资产评估，评估结果是原值为 330 000 元，累计折旧为 20 000 元。相关手续送核算会计制单，附件计 1 张。

3. 计提折旧

31 日，核算会计根据固定资产相关信息，计提本月固定资产折旧，并生成记账凭证，附件计 1 张。

4. 固定资产减少业务

31 日，裁剪车间使用的裁剪机因校企合作办学需要，出售给山西技工学校作为学生实习用设备，取得出售款项 80 000 元，增值税税率为 13%，收到对方开来的转账支票 1 张，款已于当日转入本单位银行账户，同时将固定资产注销。结算号为 308934，结算日期为当日。相关单据送核算会计制单，附件计 20 张。上述出售裁剪机的净损益经批准按相关规定处理。

5. 固定资产业务的凭证处理

对本期固定资产业务编制记账凭证，并进行凭证审核和记账。

三、相关查询

1. 卡片查询
① 查询"制作部"所有在役资产项目，并联查固定资产卡片。
② 查询"机器设备类"所有在役资产，并联查固定资产卡片。
③ 自定义查询条件查询固定资产卡片。

2. 账表查询
① 查询所有部门的折旧计提汇总表。
② 查询固定资产统计表。
③ 查询"机器设备类"固定资产的总账及明细账。

项目7 现金银行管理

掌握现金银行系统中现金及银行日记账的查询和打印输出;
掌握银行对账业务的处理。

现金、银行存款是企业流动资产中最敏感的部分。出纳人员除了在前面的总账模块中对相关凭证进行"出纳签字"之外,再就是可以借助"现金银行管理"模块,加强对现金和银行存款的控制和管理,随时掌握现金、银行存款收付的动态和库存现金余额,确保现金和银行存款的安全。

任务1 日记账的查询

企业发生的涉及库存现金、银行存款在内的所有经济业务,经过制单、审核、记账操作后,就形成了正式的会计账簿。为了能及时地了解账簿中的数据资料,并满足对账簿数据的统计分析及打印的需要,系统提供了强大的查询功能,当然这其中也包括现金和银行存款日记账的查询和输出。在现金银行管理系统中除了可以查询现金和银行存款日记账,还可以方便地实现总账、日记账及凭证等账、证、表等资料的联查。

一、现金日记账的查询和联查

日记账的查询包括查询现金日记账和银行存款日记账以及资金日报表。无论是现金日记账还是银行存款日记账的查询,都必须预先制定对应的科目。

如果要查询现金日记账,必须预先指定现金科目。如果要查询银行存款日记账,必须预先指定银行存款科目。其具体的指定方法在前面章节已经介绍,在此不再赘述。

1. 现金日记账的查询

在"现金银行"模块中,执行【现金】\【现金管理】\【日记账】\【现金日记账】命令,进入"现金日记账查询条件"设置窗口,如图7-1所示。

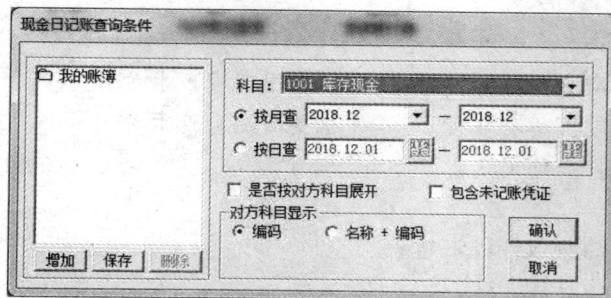

图7-1 "现金日记账查询条件"设置窗口

查询条件设置完毕后,单击【确定】按钮,系统即可将满足条件的经济业务生成现金日记账,并以列表形式反映在"现金日记账"序时簿窗口中,如图 7-2 所示。

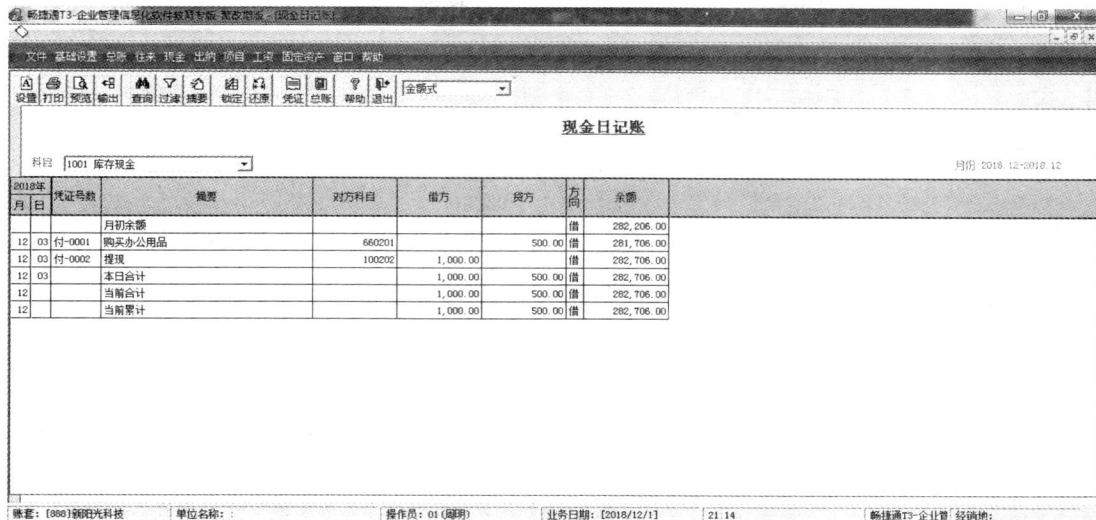

图 7-2　"现金日记账"窗口

2. 现金总账、现金日记账和凭证的联查

通过上述过程可以查询到现金日记账,同时可以在"现金日记账"界面实现现金总账、现金日记账和相关凭证的联查,以便了解现金账簿中更为详细和全面的信息。

(1)现金日记账联查库存现金总账

在"现金日记账"窗口中,单击【总账】按钮就可以联查到库存现金总账,如图 7-3 所示。单击"库存现金总账"窗口中的【退出】按钮,就可以退回到"现金日记账"窗口。

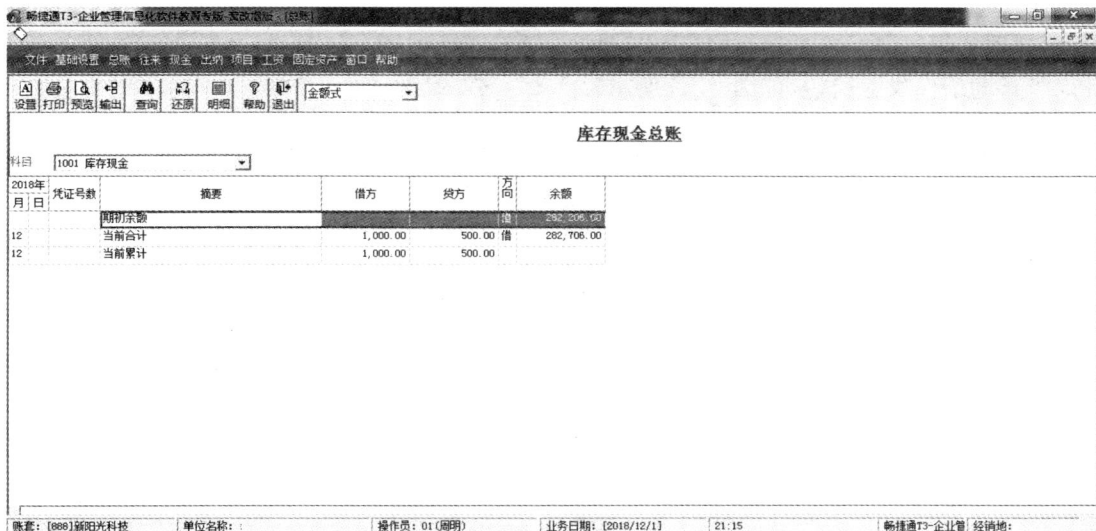

图 7-3　"库存现金总账"窗口

（2）现金日记账联查记账凭证

在"现金日记账"窗口中，单击【凭证】按钮就可以联查到现金日记账中每条记录所对应的记账凭证，如图7－4所示。单击"联查凭证"窗口中的【退出】按钮，就可以退回到"现金日记账"窗口。

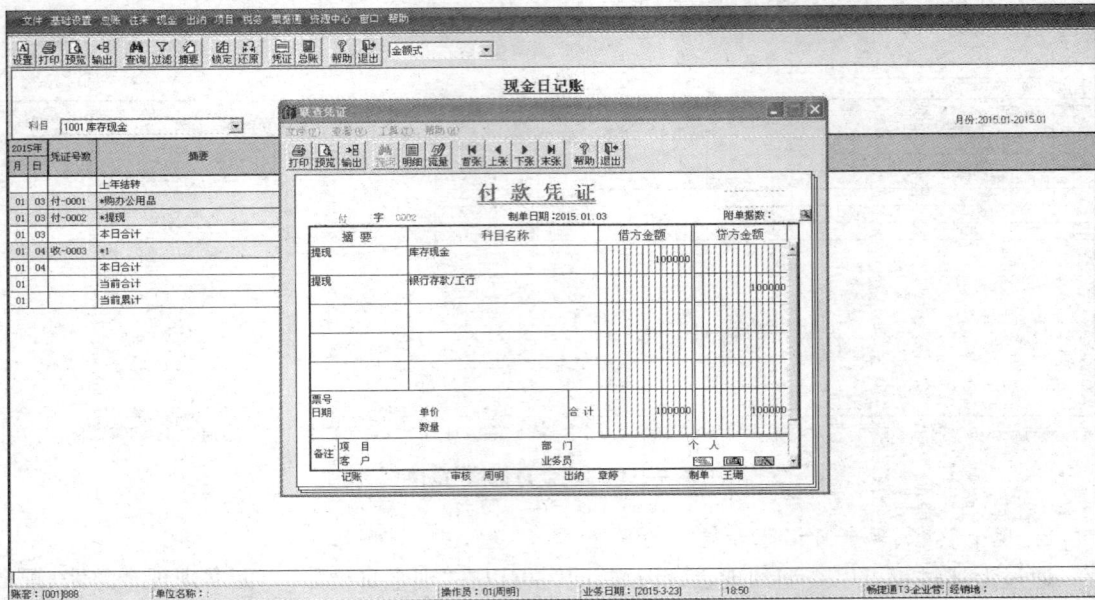

图7－4　"联查凭证"窗口

二、银行存款日记账的查询和联查

1. 银行日记账的查询

在"现金银行"模块中，执行【现金】\【现金管理】\【日记账】\【银行日记账】命令，进入银行日记账查询条件设置窗口，如图7－5所示。

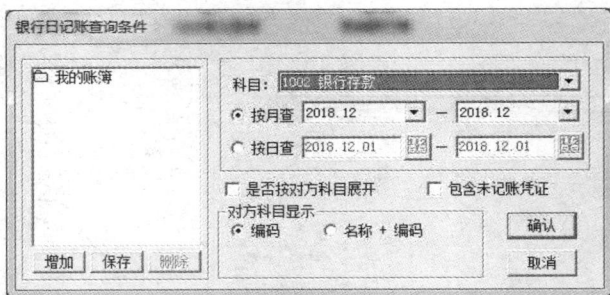

图7－5　"银行日记账查询条件"设置窗口

查询条件设置完毕后，单击【确定】按钮，系统即可将满足条件的经济业务生成银行日记账，并以列表形式反映在"银行日记账"序时簿窗口中，如图7－6所示。

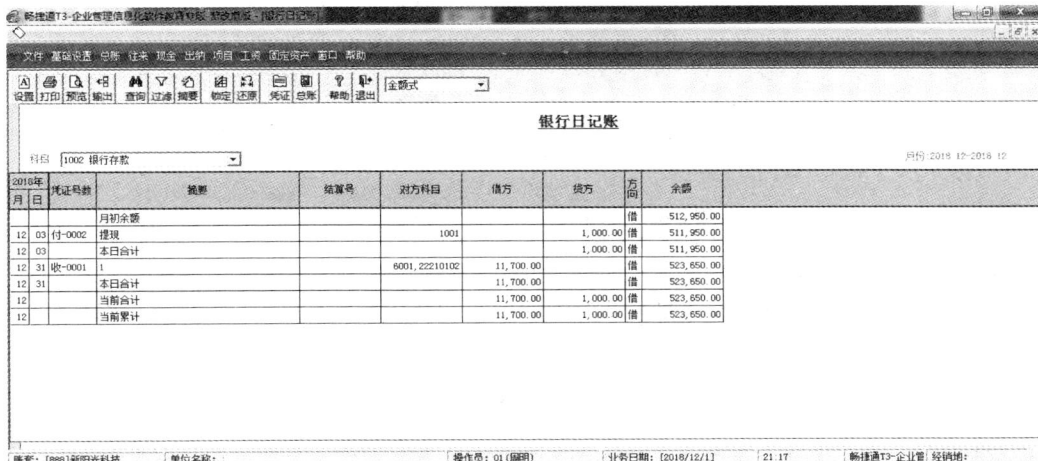

图7-6　"银行日记账"窗口

2. 银行存款总账、银行日记账和凭证的联查

参照现金总账、现金日记账和凭证的联查。

三、资金日报表的查询

资金日报表示反映某日现金、银行存款发生额及余额情况的报表。通过查询资金日报表可以详细掌握企业每天资金的变化情况。

在"现金银行"模块中,执行【现金】\【现金管理】\【日记账】\【资金日报】命令,进入"资金日报表查询条件"设置窗口,如图7-7所示。

查询条件设置完毕后,单击【确定】按钮,系统即可将满足条件的经济业务生成资金日报表,并将现金及银行存款的变动情况分别反映在"资金日报表"窗口中,如图7-8所示。

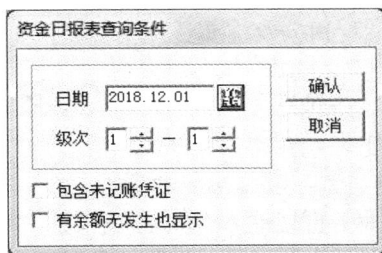

图7-7　"资金日报表查询条件"设置窗口

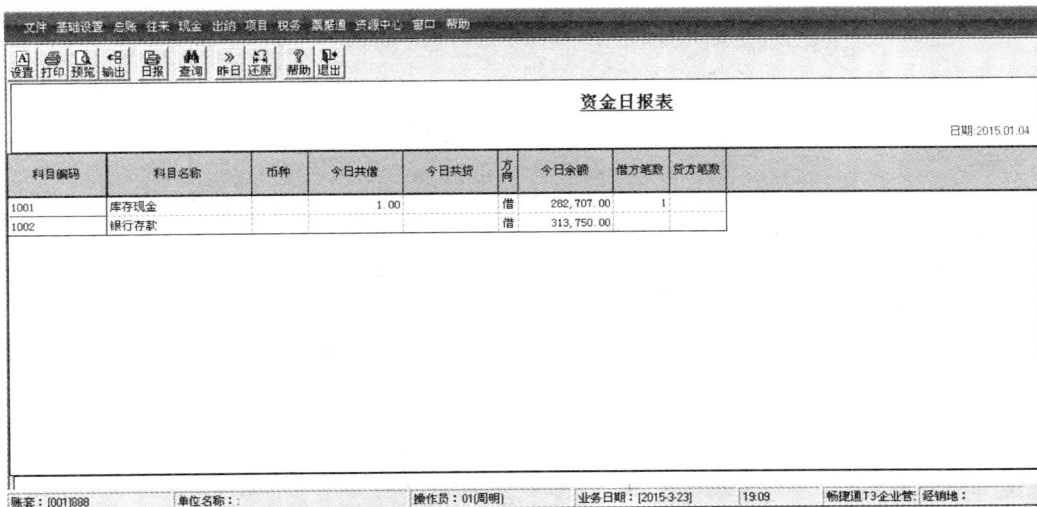

图7-8　"资金日报表"窗口

任务 2　银行对账

一、银行对账的期初设置

在"现金银行"模块中,执行【现金】\【设置】\【银行期初录入】命令,打开如图 7-9 所示的"银行科目选择"窗口。

在"银行科目选择"窗口中,选择要进行期初设置的银行明细科目,点击【确定】按钮,进入"银行对账期初"设置窗口,如图 7-10 所示。

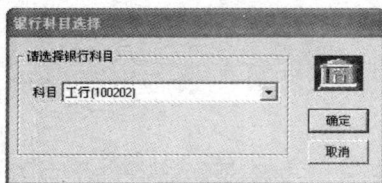

图 7-9　"银行科目选择"窗口

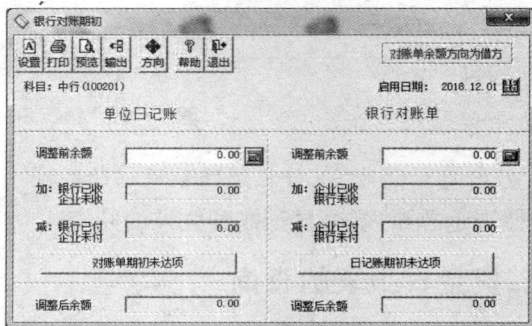

图 7-10　"银行对账期初"设置窗口

在此窗口中,可以分别录入单位银行日记账和银行对账单的期初余额和未达账项。其具体操作步骤如下。

1. 手工输入期初余额

手工直接输入"单位日记账"和"银行对账单"的启用期初余额,如图 7-11 所示,并比较两者的期初余额是否相等,若不等,则在下面的步骤中继续录入期初未达账项。

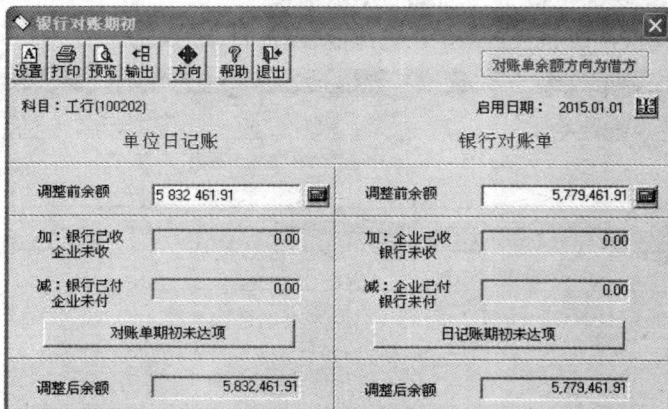

图 7-11　调整前的余额输入

2. 录入期初未达账项

（1）录入期初的银行已达，企业未达账

在"银行对账期初"窗口中，单击【对账单期初未达项】按钮，进入如图 7-12 所示的"银行方期初"窗口。在此窗口中，可以通过单击【增加】按钮逐笔增加期初银行已达但企业未达账项。

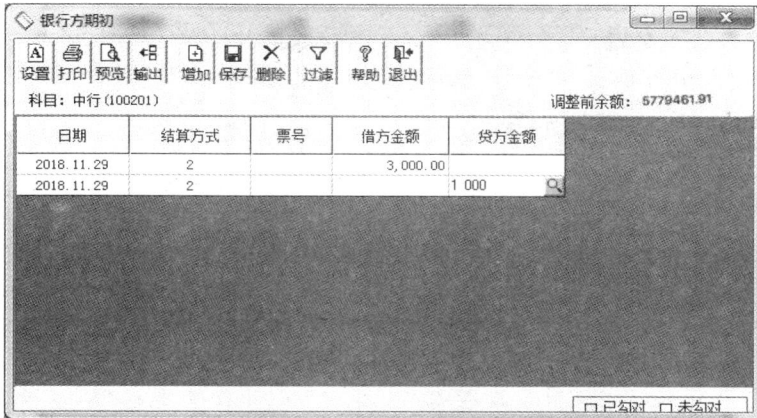

图 7-12　"银行方期初"窗口

（2）录入期初的企业已达，银行未达账

在"银行对账期初"窗口，单击【日记账期初未达项】按钮，进入如图 7-13 所示的"企业方期初"窗口。在此窗口中，可以通过单击【增加】按钮逐笔增加期初企业已达但银行未达账项。

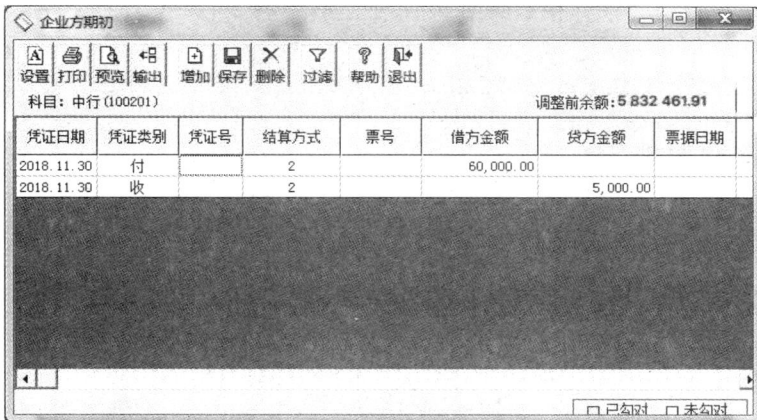

图 7-13　"企业方期初"窗口

当双方的未达账项都录入完毕，并且调整后的余额相等时，如图 7-14 所示，则完成了银行对账的期初设置。

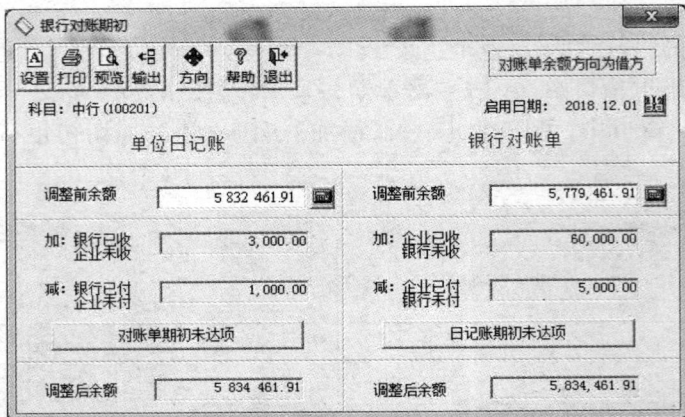

图 7-14 "银行对账期初"设置窗口

注意!

① 只有在第一次使用银行对账功能前,系统才会要求录入日记账及对账单未达账项,一旦开始使用银行对账功能后将不再需要录入。

② 录入完单位日记账、银行对账单期初未达账项后,请不要随意调整启用日期,尤其是不要向前调,否则会造成启用日期后的期初数不能参与对账。

③ 银行日记账、银行对账单期初调整后的余额必须相等,才能进一步执行银行存款管理的其他处理功能。

④ 如果现金和银行存款科目下设多个明细科目,必须对各个明细科目逐一进行初始化。

二、银行存款对账

1. 银行对账单录入

要实现计算机自动进行银行存款对账,在每月月末对账前,必须先将银行开出的银行对账单录入计算机,形成对账文件。其具体操作过程如下。

在"现金银行"模块,单击【银行对账单录入】按钮或执行【现金】菜单下的【现金管理】\【银行账】\【银行对账单】命令,进入如图 7-15 所示的"银行科目选择"窗口。

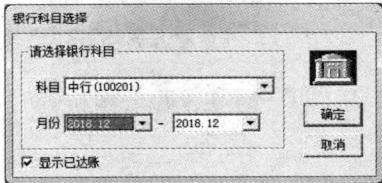

图 7-15 "银行科目选择"窗口

在此窗口中,首先选择具体的银行存款明细科目以及对账单所属月份,然后点击【确定】按钮,进入如图 7 - 16 所示的"银行对账单"窗口。

在"银行对账单"窗口,单击【增加】按钮,可以录入银行对账单数据,单击【保存】按钮,将所录入的对账单数据逐条保存起来。

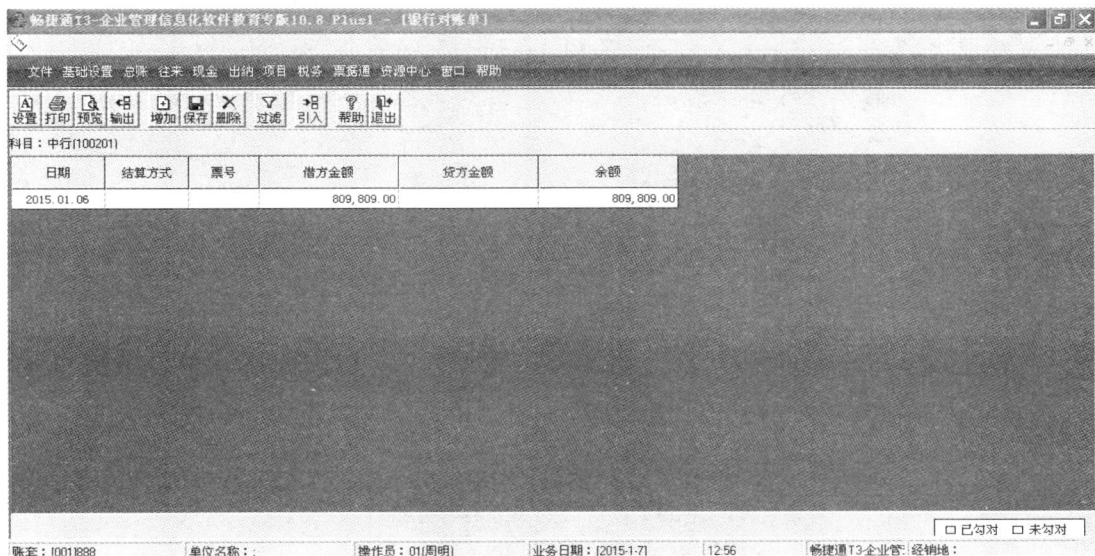

图 7 - 16　"银行对账单"窗口

2. 银行对账

银行对账采用自动对账与手工对账相结合的方式。

(1)自动对账

自动对账即由计算机根据对账依据将银行日记账未达账项与银行对账单进行自动核对、勾销。对账依据通常是"结算方式+结算号+方向+金额"或"方向+金额"。对于已核对上的银行业务,系统将自动在银行日记账和银行对账单双方写上两清标志,并视为已达账项;否则,视为未达账项。由于自动对账是以银行存款日记账和银行对账单双方对账依据完全相同为条件,所以为了保证自动对账的正确和彻底,必须保证对账数据的规范合理。

在"现金银行"模块,单击【银行对账】按钮或执行【现金】菜单下的【现金管理】\【银行账】\【银行对账】命令,进入如图 7 - 17 所示的"银行科目选择"窗口。

图 7 - 17　"银行科目选择"窗口(一)

在此窗口中,首先选择具体的银行存款明细科目以及对账月份,然后点击【确定】按钮,进入如图 7 - 18 所示的"银行对账"窗口。

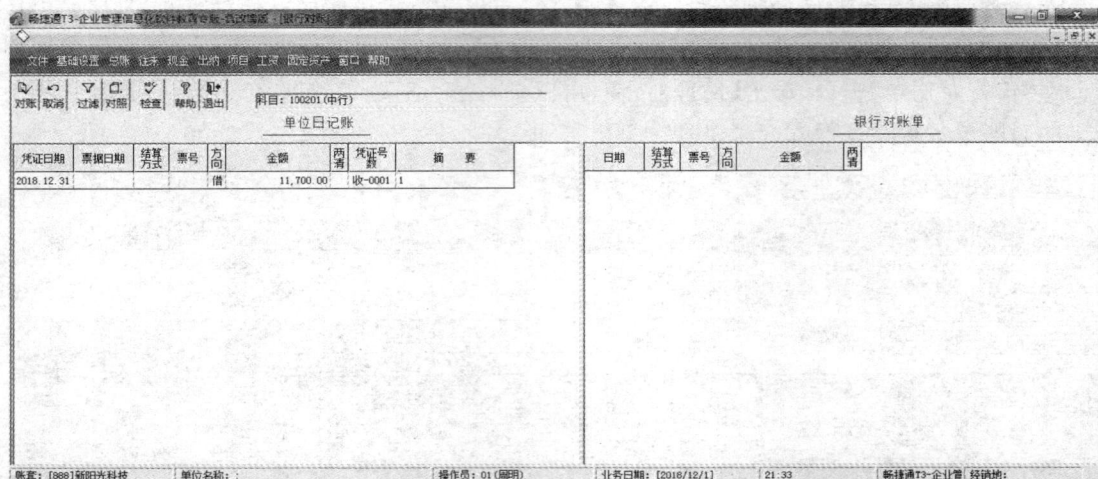

图 7-18 "银行对账"窗口

在"银行对账"窗口,单击【对账】按钮,即可打开如图 7-19 所示的"自动对账"窗口。

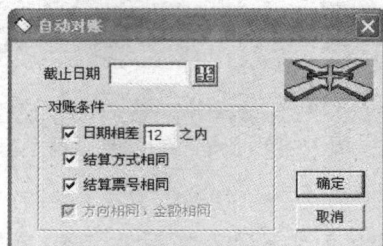

图 7-19 "自动对账"窗口

在该窗口中,可以根据实际情况选择自动对账条件,如"双方日期相差天数""结算方式相同与否""结算票号相同与否"等,没有选定的条件在自动对账时将被忽略。

在选择完自动对账条件后,单击【确定】按钮,系统即开始自动对账,把符合条件的记录进行勾兑。

注意!

① 为了保证自动对账结果的准确,之前录入记账凭证和银行对账单时,各种项目资料都应完整录入。

② 自动对账条件中的借贷方向相反、金额相等是必选条件,对账截止日期可以不输入。

③ 对于已达账项,系统自动在银行存款日记账和银行对账单双方的"两清"栏打上圆圈标志。

(2) 手工对账

手工对账是对自动对账的补充。采用自动对账后,可能还有一些特殊的已达账项没有勾对出来,因而仍被视为未达账项,为了保证对账更彻底、正确,可通过手工对账进行调整勾销。

在"银行对账"窗口,对于一些应勾兑而未勾兑上的账项,可分别双击"两清"栏,直接进行手工调整。手工对账的标志为"Y",以区别于自动对账标志。

手工对账完毕,单击【检查】按钮,检查结果如果平衡,则说明对账基本没有问题,单击【确认】按钮即可。

三、输出余额调节表

在对银行账进行两清勾兑后,计算机自动整理汇总未达账和已达账,生成银行存款余额调节表,以检查对账是否正确。

在"现金银行"模块,单击【余额调节表】按钮或执行【现金】菜单\【现金管理】\【银行账】\【余额调节表查询】命令,进入如图 7 - 20 所示的"银行存货余额调节表"窗口。

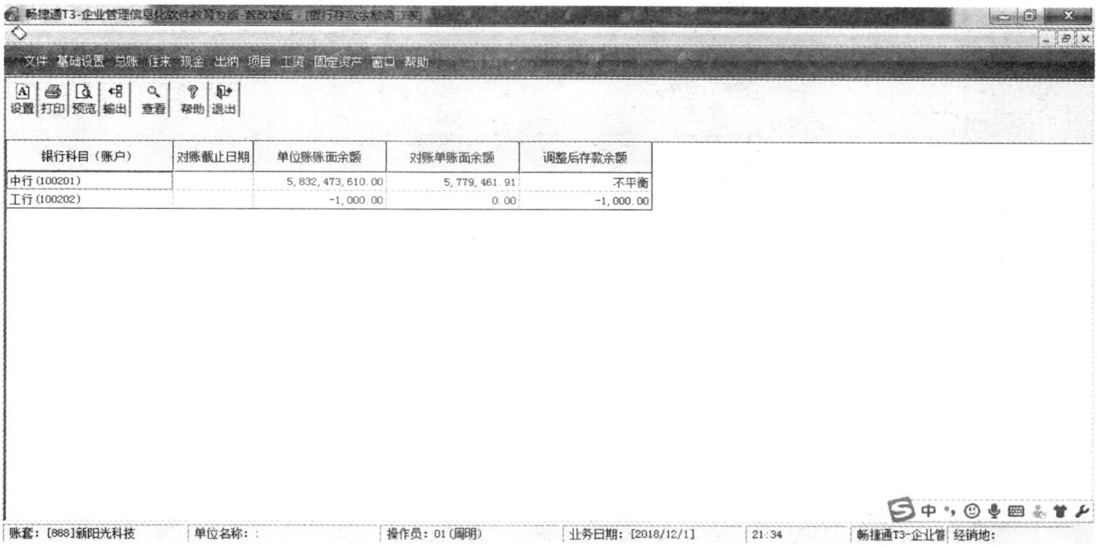

图 7 - 20　"银行存款余额调节表"窗口

在此窗口中,可以直接双击具体的银行科目所在行或者选择任意银行科目所在行的单元格,单击【查看】按钮,即可显示该银行账户的银行存款余额调节表。

该余额调节表为截止到对账截止日期的余额调节表,若无对账截止日期,则为最新的余额调节表。如果余额调节表显示账面余额不平,应查"银行期初录入"中的相关项目是否平衡,"银行对账单"录入是否正确,"银行对账"中勾兑是否正确、对账是否平衡,如不正确应进行调整。

四、勾兑结果查询

勾兑结果查询主要用于查询单位日记账和银行对账单的对账结果。它是对余额调节表的补充,可进一步了解对账后,对账单上勾兑的明细情况(包括已达账项和未达账项),从而进一步查询对账结果。检查无误后,可通过核销银行账来核销已达账。

在"现金银行"模块,单击【勾兑情况查询】按钮或执行【现金】菜单\【现金管理】\【银行账】\

【查询对账勾兑情况】命令,进入如图 7 - 21 所示的"银行科目选择"窗口。

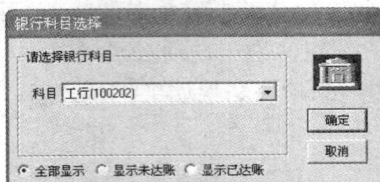

图 7 - 21 "银行科目选择"窗口(二)

在"银行科目选择"窗口中,选择需要查询勾兑结果的银行明细科目后,单击【确定】按钮,即可打开"查询银行勾兑情况"窗口,如图 7 - 22 所示。

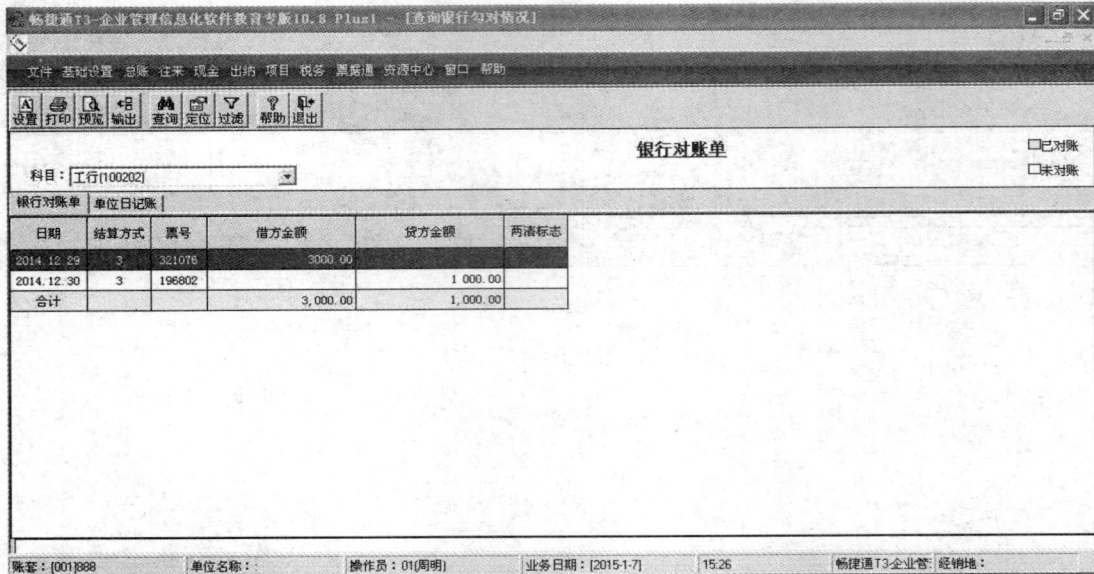

图 7 - 22 "查询银行勾兑情况"窗口

五、核销银行账

核销银行账主要是核销已达账,也就是删除已两清的单位日记账和银行对账单。

在"现金银行"模块,单击【核销银行账】按钮或执行【现金】菜单\【现金管理】\【银行账】\【核销银行账】命令,进入如图 7 - 23 所示的"核销银行账"窗口,单击【确定】按钮即可完成核销操作。

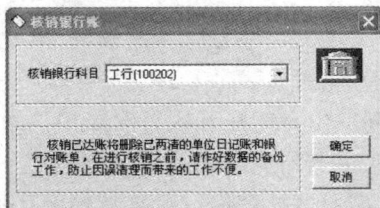

图 7 - 23 "核销银行账"窗口

◉ 模拟实训 6

◆ 实训目的

通过实训掌握现金银行系统中现金及银行日记账的初始设置,日记账的查询及银行对账业务的处理。

◆ 实训资料

出纳管理系统启用日期为 2018 年 12 月 1 日,以账套主管(编号为"901"、姓名为"学号末3 位"的用户)身份完成银行初始设置。

一、初始设置

至 2018 年 11 月月末,只有农业银行的人民币户发生业务,所有外币账户均没有业务发生。

2018 年 11 月 30 日,企业农业银行存款余额为 9 415 708.10 元,银行对账单的账面余额为 9 357 408.10 元。经核对,发现以下未达账项。

① 2018 年 11 月 15 日,由孙伶俐经手,通过转账支票方式结算的应收票据利息 5 400 元,结算号为 351036,银行已收到,但企业因手续等原因未记入银行账。

② 2018 年 11 月 19 日,由张军生经手,通过转账支票支付给供电公司的电费 7 560 元,结算号为 295402,银行已付出,但企业因手续等原因未记入银行账。

③ 2018 年 11 月 23 日,由周晓晓经手,通过转账支票支付给陕西淮阳扎花厂的预付购料款 13 860 元,结算号为 254108,结算日期为当日,企业账面已经支付(付字-28 号),但银行因手续等原因未入账。

④ 2018 年 11 月 30 日,由孙伶俐经手,预收华城百姓生活超市的购货款 70 000 元,对方单位用转账支票支付,结算号为 154329,企业已记入银行账(收字-39 号),但银行因手续等原因未入账。

二、出纳签字

将 2018 年 12 月的出纳凭证(收款凭证、付款凭证)进行出纳签字。

三、日记账

① 查询 2018 年 12 月的"包含未记账凭证"的现金日记账,且联查凭证。
② 查询 2018 年 12 月的"包含未记账凭证"的银行存款日记账,且联查总账。
③ 自定义查询条件进行日记账查询。

四、资金日报表

① 查询 2018 年 12 月 7 日的"包含未记账凭证"的资金日报表,且联查前一日的数据。

② 自定义查询条件进行资金日报表查询。

五、银行对账

（1）录入银行对账单（见附表6-1）

附表6-1　中国农业银行对账单

账户名称:江苏益新制衣股份有限公司　　　　账号:73589823721257　　　　　　元

交易日期	摘　要	凭证种类	银行借方	银行贷方	余　额	结算号
2018.12.01	期初余额				9 357 408.10	
2018.12.02	河南天逸集团投资	转账支票		3 500 000.00	12 857 408.10	789601
2018.12.02	采购预付款	转账支票	20 000.00		12 837 408.10	349850
2018.12.03	收到银行贷款	转账支票		1 000 000.00	13 837 408.10	458413
2018.12.04	购办公用品	转账支票	9 280.00		13 828 128.10	263501
2018.12.07	取现	现金支票	172 500.00		13 655 628.10	139601
2018.12.08	缴纳税费	转账支票	135 559.64		13 520 068.46	263502
2018.12.08	展销会费	现金支票	49 820.00		13 470 248.46	139602
2018.12.09	购专用工具	转账支票	1 624.00		13 468 624.46	263503
2018.12.11	业务招待费	转账支票	2 510.00		13 466 114.46	263504
2018.12.15	空调修理费	转账支票	500.00		13 465 614.46	263507
2018.12.15	购修理配件	转账支票	6 380.00		13 459 234.46	263505
2018.12.16	采购材料	银行汇票	25 000.00		13 434 234.46	146321
2018.12.18	企业电费	转账支票	98 020.00		13 336 214.46	263506
2018.12.20	采购退回款	银行汇票		3 875.00	13 340 089.46	146321

交易日期	摘　要	凭证种类	银行借方	银行贷方	余　额	结算号
2018.12.23	收到货款	转账支票		127 500.00	13 467 589.46	934803
2018.12.25	支付货款	电汇	153 600.00		13 313 989.46	286668
2018.12.25	银行手续费	电汇	100.00		13 313 889.46	286668
2018.12.29	柳杨服装汇款	电汇		50 000.00	13 363 889.46	711240
2018.12.30	销售预收款	转账支票		40 000.00	13 403 889.46	602591

2. 银行对账

① 31日，在对账时，出纳董明发现已经审核记账的供应科报销差旅费凭证的金额误写为3 215元，正确金额为3 275元。将此情况反馈给核算会计进行更正，附件计1张。

② 31日，在对账时，出纳董明发现已经审核记账的设计科发生业务招待费凭证的金额误写为2 570元，正确金额为2 510元。将此情况反馈给核算会计进行更正，附件计1张。

③ 31日，在财产清查时，实地盘点库存现金为20 473.60元。对账后发现账实不符，将此情况反馈给核算会计进行调账，并追查原因，附件计1张。

④ 31日，仔细核查后未发现有现金收支方面的差错，针对上述情况经批准按相关规定处理，附件计1张。

3. 余额调节表

输出2018年12月31日银行存款余额调节表，并与手工编制的银行存款余额调节表的结果进行对比。

4. 核销银行账

核销已达账（此步需谨慎操作，核销前做好备份）。

5. 长期未达账审计

查询截至2018年12月31日的未达天数超过90天的长期未达账。

六、支票登记簿

练习支票的领用及核销。

① 2018年12月2日，缝纫车间杨红梅为经办购买办公用品事宜，领用农业银行转账支票1张，支票号码为263501，使用限额为10 000元，预计报销日期为12月12日。

② 2018年12月3日，出纳董明为缴纳相关税费开出农行银行转账支票1张，支票号码为263502，使用限额为150 000元，预计报销日期为12月13日。

③ 2018年12月4日，缝纫车间杨红梅将此笔业务（263501）到财务报销，共计花费了9 280元。

④ 2018年12月5日，出纳董明为发工资领用农业银行现金支票1张，支票号码为139601，使用限额为180 000元，预计报销日期为12月7日。

⑤ 2018年12月6日，出纳董明将此笔业务（139601）到财务报销，共计花费了172 500元。

⑥ 2018 年 12 月 7 日，出纳董明将此笔业务（263502）到财务报销，共计花费了135 559.64 元。

⑦ 2018 年12 月8 日，销售科郑文杰为经办支付产品展销会费事宜，领用农业银行现金支票1 张，支票号码为 139602，使用限额为 50 000 元，预计报销日期为 12 月 10 日。

⑧ 2018 年12 月8 日，销售科郑文杰将此笔业务(139602)到财务报销，共计花费了49 820 元。

请将业务处理题中其他相关支票逐一进行领用及核销处理(使用限额均为报销金额，预计报销日期均为自领用日期起到第 10 天，实际报销日期均为领用的当天)。

项目 8　报表管理

能力目标

理解财务报表系统在用友 T3 中的重要地位；

掌握自定义财务报表的创建与保存、格式编辑、公式定义；

理解财务报表系统的数据与格式状态功能；

掌握财务报表的数据处理及预置模板报表的模板引用。

财务报表系统是对会计核算资料进行加工处理，使之形成反映账套单位在某一特定时点或一定期间财务状况、经营成果、现金流量的财务报表及其他方面信息的体系。在用友 T3 企业应用平台，点击"财务报表"模块，进入"财务报表"窗口，如图 8-1 所示。

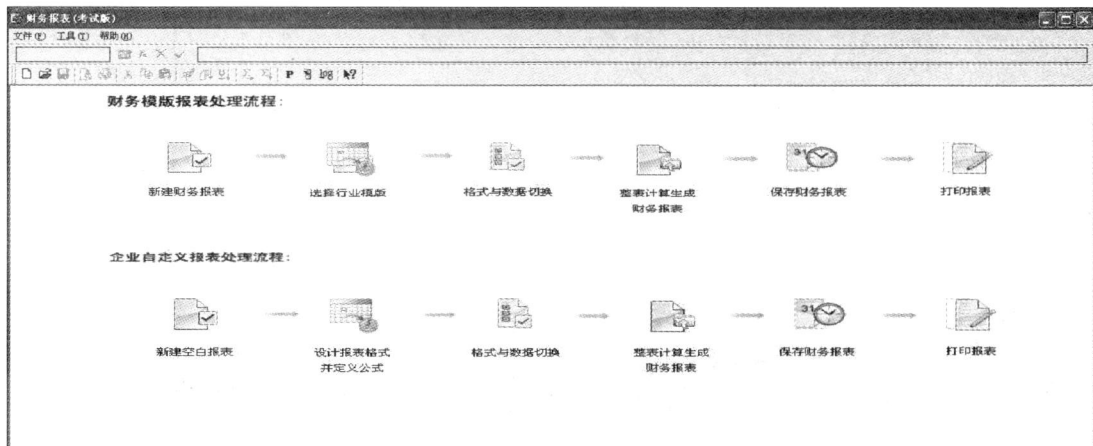

图 8-1　"财务报表"窗口

任务 1　自定义报表设计

在实际工作中，企业往往需要自行编制一些具有特定格式，满足特定管理需求的对外财务报表或内部管理报表，财务报表系统为用户提供了编报这类报表的相关功能。自定义报表处理主要包括报表的创建与保存、格式编辑、公式设计等。

一、报表的创建与保存

案例 8－1

新建一张空白报表，命名为"简表.rep"，保存在电脑的桌面上。

1. 新建报表

在"财务报表"模块中，执行【文件】菜单下的【新建】命令，或者点击工具栏的【新建】按钮，系统弹出如图 8－2 所示的"新建"窗口。

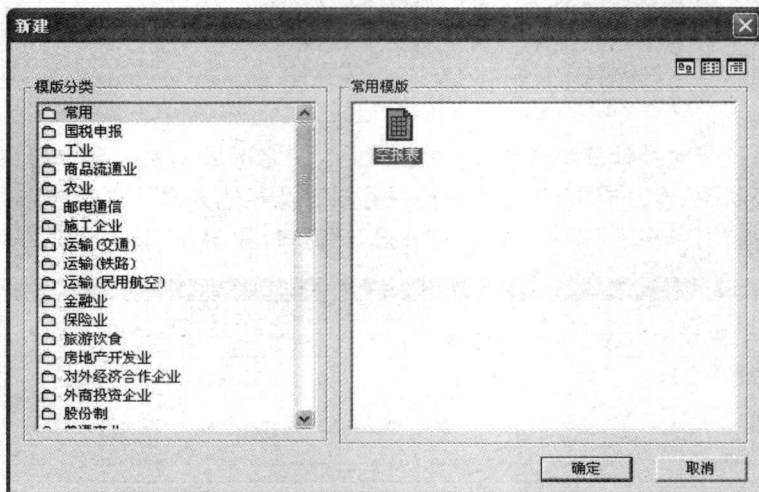

图 8－2 "新建"窗口

在该窗口中，选择"空报表"，点击【确定】按钮，系统进入如图 8－3 所示的"report1"窗口。

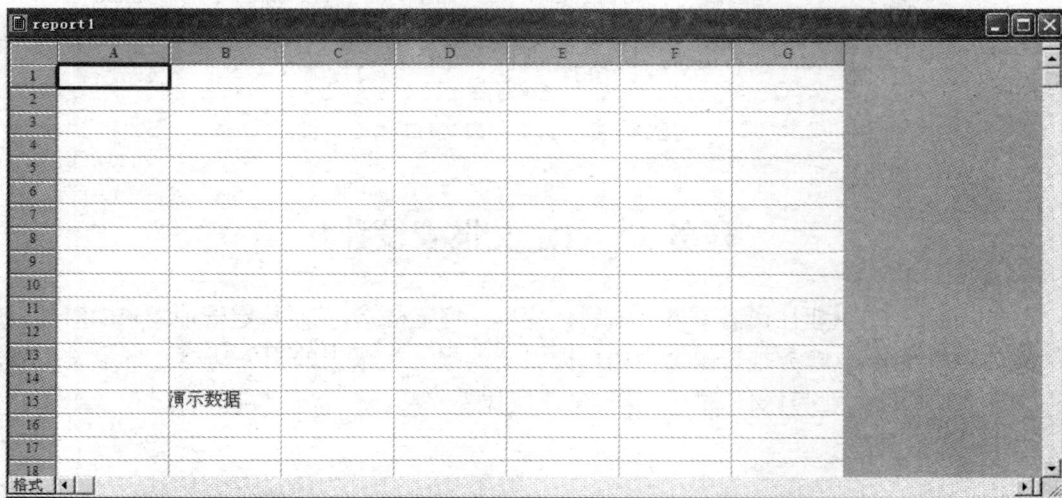

图 8－3 "report1"窗口

提示：

① 新建报表后，系统首先生成的是一张默认格式的空白表，报表名默认为"report1"，内部没有任何内容，所有单元格均默认为数值型。

② "财务报表"窗口有两种不同的显示状态，即格式状态、数据状态。新建报表后，系统默认显示状态为格式状态，报表左下角显示为"格式"。执行【编辑】菜单下的【格式/数据状态】命令，或者点击报表左下角的格式/数据切换按钮，报表左下角显示为"数据"，实现由格式状态向数据状态的转换。两种状态下所能操作的功能存在差别。

2. 保存报表

在"财务报表-report1"窗口中，在格式状态下，执行【文件】菜单下的【保存】命令，或点击工具栏中的【保存】按钮，系统弹出"另存为"窗口，选择保存路径，输入文件名，如图 8-4 所示。点击【保存】按钮，即可将报表保存在计算机系统的指定路径下，以便日后打开使用。

图 8-4 "另存为"窗口

提示：

① 针对处于不同操作环节的报表文件，【文件】菜单下的【另存为】命令的执行效果不同：对于尚未保存的报表文件，可以将文件保存为其他文件格式；对于已保存过的报表文件，可以保存当前文件的备份，只能修改保存路径和文件名，不得变更文件类型。

② 执行【文件】菜单下的【生成 Excel】命令、【生成 HTML】命令（该两项命令只在"数据状态"下有效），或执行【文件】菜单下的【其他格式】\【导出成 XML】命令，可将报表文件导出生成相应类型文件。

③ 执行【文件】菜单下的【其他财务软件数据】命令，通过导入、导出操作，可与其他主流财务软件交换数据。

二、报表的格式编辑

财务报表系统提供了丰富的格式设计功能,可分别对整表、行(或列)、组合区域、单元格进行文字、线条、色彩、图案等多方面进行格式设计和美化操作。

案例 8-2

打开"简表. rep",设计一张自定义报表的格式,录入各单元格的文字项目;按照企业数据获取要求定义报表单元的取数公式,计算报表数据并保存。

1. 表样的内容(见表 8-1)

表 8-1　表样的内容

	A	B	C	D	E	F
1			简　表			会工 05 表
2	单位名称:新阳光科技		2018 年 12 月			
3	单位:元					
4	金额	年初数	期末数	金额	本月数	本年累计数
5	项目			项目		
6	货币资金			主营业务收入		
7	应收账款			其他业务收入		
8	库存商品			主营业务成本		
9	固定资产			期间费用		
10	会计主管:		审核人:		制表人:	

2. 简表的格式要求

① 报表行列:10 行 6 列。

② 将第 1 至第 3 行、第 10 行的行高设置为 10 毫米,第 A 列、第 D 列的列宽设置为 50 毫米。

③ 将(A1:F1)、(A2:F2)、(A3:F3)、(B4:B5)、(C4:C5)、(E4:E5)、(F4:F5)分别进行组合,在(A4:A5)、(D4:D5)内分别绘制斜线。

④ 将第 1 行字体设置为黑体、粗体,18 号字;将第 2、第 3 和第 10 行的字体设置为黑体、粗体,10 号字;将第 4、第 5 行的字体设置为黑体、10 号字。

⑤ 将(A1:F1)、(B4:B5)、(C4:C5)、(E4:E5)、(F4:F5)设置文本对齐为:水平、垂直均"居中";将(A2:F2)设置文本对齐为:水平方向"居右",垂直方向"居中";将(B6:C9)、(E6:F9)设置为数值型,格式为"逗号",2 位小数,文本对齐为:水平方向"居右",垂直方向"居中"。

⑥ 将(A4:F9)设置外框线和内框线。

⑦ 其他各行列、单元格式可按系统缺省或自定义设置。

在"财务报表"模块中,执行【文件】菜单下的【打开】命令,或者点击工具栏的【打开】按钮,系统弹出如图 8-5 所示的"打开"窗口。选择报表文件存放的路径,选中"简表",点击【打开】

按钮,或直接双击"简表",即可进入"财务报表-[简表]"窗口。

图 8-5　"打开"窗口

1. 报表尺寸

在"财务报表-[简表]"窗口中,在格式状态下,执行【格式】菜单下的【表尺寸】命令,系统弹出如图 8-6 所示的"表尺寸"窗口。直接手工输入或点击【▼▲】按钮设置行数、列数,当前报表即以设定的表尺寸显示。

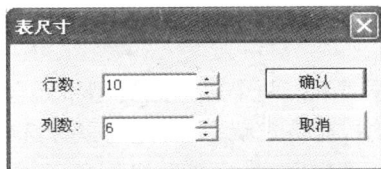

图 8-6　"表尺寸"窗口

提示:

① 在表尺寸设完后,如需增加报表行(或列)有两种方法:一是执行【编辑】菜单下的【插入】\【行...】或【列...】命令;二是执行【编辑】菜单下的【追加】\【行...】或【列...】命令,一次操作可插入或追加 1 行(或列)、多行(或列)。这两种方法的区别在于【插入】命令将行(或列)添加于选定行的上方或选定列的左边,追加命令只能将行或列添加在最后。

② 在表尺寸设完后,如需减少报表行(或列),选择待删除的行(或列),执行【编辑】菜单\【删除】\【行】或【列】命令。拖动鼠标选定连续的多行(或列),可一次操作删除多行(或列)。

2. 行高或列宽

在"财务报表-[简表]"窗口中,在格式状态下,点击行号,选定要调整行高的行,执行【格式】菜单下的【行高...】命令,系统弹出如图 8-7 所示的"行高"窗口。直接手工输入或点击【▲▼】按钮设置行高,当前行即以设定的行高显示。

在"财务报表-[简表]"窗口中,在格式状态下,点击列号,选定要调整列宽的列,执行【格式】菜单下的【列宽...】命令,系统弹出如图 8-8 所示的"列宽"窗口,直接手工输入或点击

【▲▼】按钮设置列宽,当前列即以设定的列宽显示。

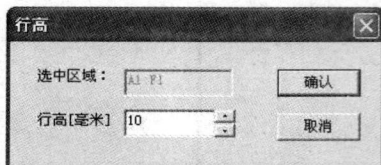

图 8-7 "行高"窗口   图 8-8 "列宽"窗口

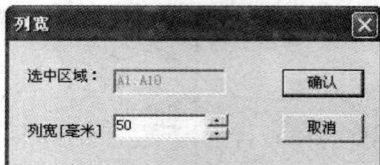

提示:
　　① 点击报表左上角行列交叉处(全选钮),可选中整个表页,可一次操作设置所有行(或列)的行高(或列宽);在行标(或列标)上拖动鼠标可选取多行(或列),一次操作设置多行的行高、多列的列宽。
　　② 行高、列宽的默认计量单位为毫米。
　　③ 将鼠标移至行(列)边界线,拖动鼠标可对行高或列宽进行粗略调整。

3. 组合单元

财务报表系统提供了将相邻两个或两个以上同类型单元合成一个单元的功能。

在"财务报表-[简表]"窗口中,在格式状态下,拖动鼠标选中要组合在一起的单元格区域,执行【格式】菜单下的【组合单元...】命令,系统弹出如图 8-9 所示的"组合单元"窗口。

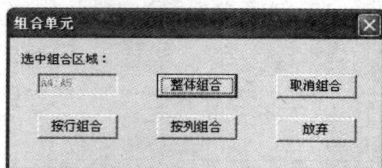

图 8-9 "组合单元"窗口

在该窗口中,系统提供了三种组合方式,即按行组合、按列组合、整体组合。前两种方式受到要组合在一起的单元格区域的行数或列数限制,整体组合可针对要组合在一起的各种单元格区域。要组合在一起的单元格区域如为一行多列,执行"按行组合"或"整体组合"后形成一个大单元格;如为多行一列,执行"按列组合"或"整体组合"后形成一个大单元格。如为多行多列,如 2 行 3 列(包含 6 个单元格),执行"整体组合"后形成一个大单元格;执行"按行组合"后形成 2 个单元格;执行"按列组合"后形成 3 个单元格。

注意!
　　① 组合单元操作必须针对一个单元区域,该区域必须由连续的两个及以上的单元格组成。
　　② 需要组合的单元区域必须具有相同的单元类型。

③ 要组合在一起的单元格区域如为一行多列,执行"按列组合"无效;如为多行一列,执行"按行组合"无效。

④ 组合后的单元格不是以其中的某一个单元地址来表示其名称,而是以单元区域名作为地址。

⑤ 完成组合后,组合单元的类型和内容以区域左上角的单元格为准,用户也可利用系统提供的所有针对 单元格的操作进行自定义。

⑥ 如要取消组合,选定已组合的单元区域,在"组合单元"窗口中,点击【取消组合】按钮即可。

⑦ 已定义公式的单元格、可变区中的单元格不能选入要组合的单元区域中。

4．区域画线

在"财务报表-[简表]"窗口中,在格式状态下,选中要画线的单元格,执行【格式】菜单\【区域画线...】命令,系统弹出如图8-10所示的"区域画线"窗口。

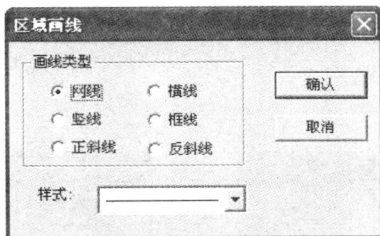

图8-10　"区域画线"窗口

在该窗口中,系统提供了6种画线类型,7种样式。根据表样,选择画线类型为正斜线,样式为直线,点击【确认】按钮,可选定区域即按指定的方式显示。

提示:

① 系统提供的斜线类型仅为二分斜线。

② 可以针对一个单元格或若干个单元格组成的单元区域进行画线操作,如选定的是一个单元区域,无须形成组合单元。

③ 如需删除画线,再次执行【区域画线...】命令,样式选择为"空白";如需删除的是正斜线或反斜线,必须先选择相应的画线类型。

④【格式】菜单\【单元属性...】命令的"边框"标签页也可以设置区域的表格线,但对设置斜线无效。

5．单元属性

在"财务报表-[简表]"窗口中,在格式状态下,选中要设置属性的单元格或单元区域,执行【格式】菜单下的【单元属性...】命令,系统弹出"单元格属性"窗口。在该窗口中,设置了四个标签页,即单元类型、字体图案、对齐、边框,企业可根据规范要求自行设定。

① "单元类型"标签页。系统提供了三种类型,即数值、字符、表样。如选定为"数值",可

勾设千位分隔、百分号、货币符号、小数位数的数值格式,如图8-11所示。

②"字体图案"标签页。它主要用于设置字体、字型、字号,以及前景色、背景色、图案花色,如图8-12所示。

③"对齐"标签页。它主要用于设置文本的水平对齐方向与垂直对齐方向,也可勾设"文字在单元内折行显示",如图8-13所示。

④"边框"标签页。它主要用于设置外边框、内边框,以及框线样式,如图8-14所示。

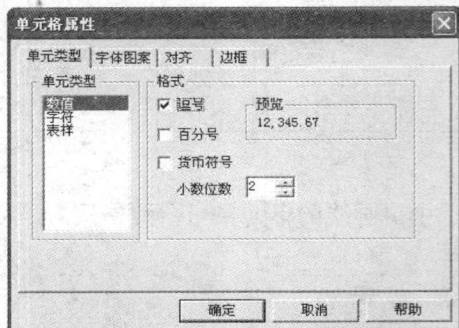

图8-11 "单元类型"窗口

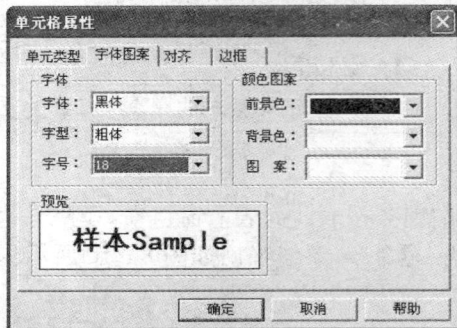

图8-12 字体和颜色图案

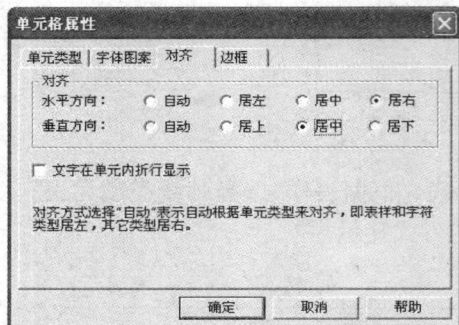

图8-13 "对齐"窗口

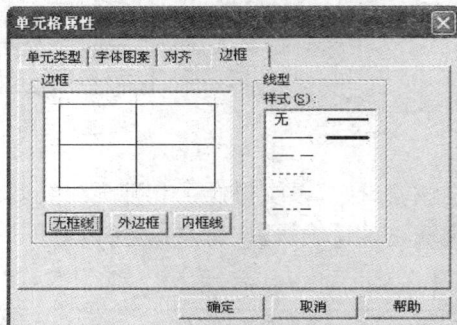

图8-14 "边框"窗口

提示:

①"单元类型"的数值型用于存放报表数字,字符型用于存放报表数字、文字及由键盘可输入的符号。数值型、字符型输入后只作用于当前报表文件,表样型单元的数据作用于每一张表页,各表页相同位置的表样单元的内容和格式都相同。

②新建的报表文件在操作【单元属性…】前,所有单元格的类型默认为"数值";在格式状态下,输入内容后的单元格类型默认为"表样";前景色默认为黑色,背景色默认为白色;对齐方式默认为"自动",表样和字符类型居左,其他类型居右。

③数值型单元只能生成数字;字符型单元既能生成数字,又能生成字符。

④在格式状态下,进行数据录入的单元自动转换成表样型单元。

6. 可变区设置

系统提供了可变区功能,即该区域的行数或列数不固定。其具体划分为行可变区、列可变区。在行可变区中,行数是可变的;在列可变区中,列数是可变的。

在打开的某一报表窗口中,选定需要设为可变区的起始行(或列),执行【格式】菜单下的【可变区】\【设置...】命令,系统弹出如图 8-15 的"设置可变区"窗口。直接输入或者点击【▲▼】按钮设定可变区的最大行数或最大列数。设置完成后,可变区只显示起始行(或列),且对应的行标(或列标)显示为红字。

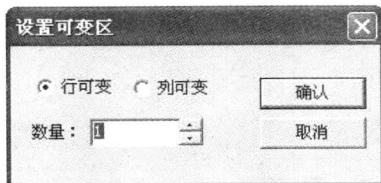

图 8-15　"设置可变区"窗口

注意!
① 存在表样单元的区域不可设置为可变区。
② 一个报表只能设置一个可变区,不能同时既设行可变,又设列可变。

提示:
① 只有可变区所在行(或列)才能在数据状态下执行【编辑】菜单下的【插入(或追加)】命令,随时增加行数(或列数),但所增加的行数(或列数)不能超过可变区的最大行数(或列数)。
② 执行【格式】菜单下的【可变区】\【重新设置...】命令,可改设新的可变区,已设的可变区自动取消。
③ 执行【格式】菜单下的【可变区】\【取消...】命令,取消已设的可变区。

7. 格式保护

在"财务报表-[简表]"窗口中,执行【格式】菜单下的【保护】\【格式加锁...】命令,系统弹出如图 8-16 所示的"格式加锁"窗口,通过设置口令,起到防止报表文件的格式被随意改动的作用。

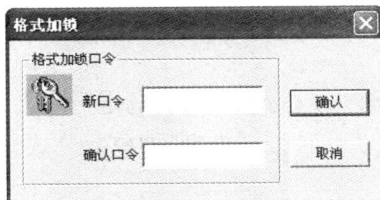

图 8-16　"格式加锁"窗口

169

提示：

① 执行【格式】菜单下的【保护】\【格式解锁…】命令，可取消为保护格式所设的口令。

② 格式保护在格式状态、数据状态下都可以设置。

8. 单元内容输入

在"财务报表-[简表]"窗口中，在格式状态下，经过格式编辑后，选定相应的单元格，按照表样逐一输入相关文字项目，如图 8－17 所示。

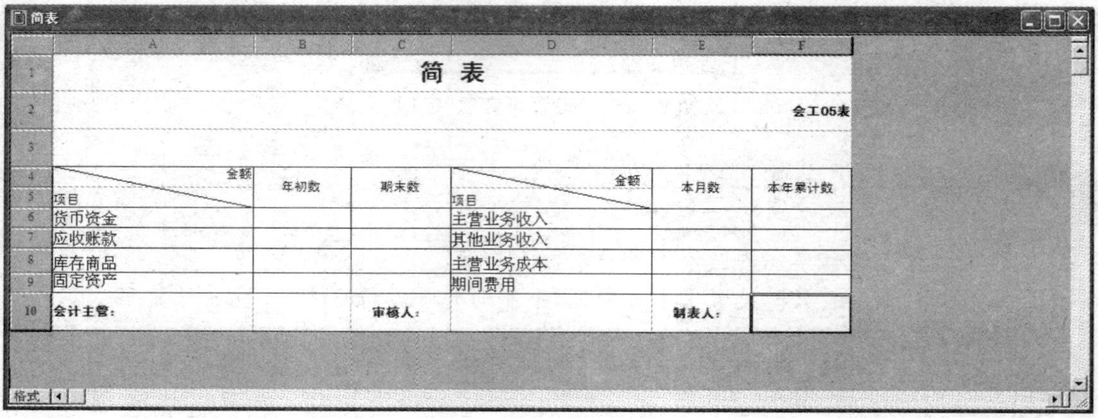

图 8－17 "简表"窗口

注意！

① 在【格式】菜单下，【保护】命令在格式状态与数据状态下均可执行，其他命令必须在格式状态下才可执行。

② 在输入报表项目时，单位名称、编制日期一般不输入，可通过关键字设置功能添加，操作步骤参阅本项目任务 3 中的"关键字操作"所述。

③ 输入报表项目后，如修改单元类型，系统会自动清除已输入的项目内容。

④ 已有公式存在的单元，必须先删除公式才能修改单元内容。

⑤ 在格式状态下，剪切操作对所有表页都起作用，需谨慎使用。

⑥ 在格式状态下，执行【格式】菜单下的【保护】\【格式解锁…】命令，可使用系统提供的报表常用格式，但单元区域中原有的格式和数据将全部去除。

三、报表的公式设计

在"财务报表-[简表]"窗口中，在格式状态下，选定需定义公式的单元格，执行【数据】菜单下的【编辑公式】命令，系统提供了三种公式类型，即单元公式、审核公式、舍位公式。

1. 单元公式

案例 8－3

在"简表.rep"中,定义单元取数公式(相关资产不考虑对应的备抵项目)。

将光标点击"B8"单元格,执行【数据】菜单下的【编辑公式】\【单元公式...】命令,或者点击工具栏上的【fx】按钮,或者使用"＝",系统弹出如图 8－18 所示的"定义公式"窗口。

图 8－18　"定义公式"窗口

在该窗口中,可将公式直接输在"＝"后面的编辑栏内,也可利用函数向导编辑公式。点击【函数向导】按钮,进入"函数向导"窗口。在该窗口中,财务报表系统提供了种类丰富的函数类型,不仅限于账务函数、统计函数,还支持各种业务函数调用功能,每个函数类型还包括多个函数,帮助用户准确而又便捷地设定报表单元的计算公式,从会计核算资料中提取数据。

(1) 常用账务函数

① 函数名为"发生"或"FS",函数格式:发生|FS(〈科目编码〉,〈会计期间〉,〈方向〉,[〈账套号〉],[〈会计年度〉],[〈编码1〉],[〈编码2〉],[〈是否包含未记账〉])。

② 函数名为"累计发生"或"LFS",函数格式:累计发生|LFS(〈科目编码〉,〈会计期间〉,〈方向〉,[〈账套号〉],[〈会计年度〉],[〈编码1〉],[〈编码2〉],[〈是否包含未记账〉])。

③ 函数名为"期初"或"QC",函数格式:期初|QC(〈科目编码〉,[〈会计期间〉],[〈方向〉],[〈账套号〉],[〈会计年度〉],[〈编码1〉],[〈编码2〉],[〈截止日期〉],[〈是否包含未记账〉],[〈编码1汇总〉],[〈编码2汇总〉])。

④ 函数名为"期末"或"QM",函数格式:期末|QM(〈科目编码〉,[〈会计期间〉],[〈方向〉],[〈账套号〉],[〈会计年度〉],[〈编码1〉],[〈编码2〉],[〈截止日期〉],[〈是否包含未记账〉],[〈编码1汇总〉],[〈编码2汇总〉])。

⑤ 函数名为"外币发生"或"wFS",函数格式:外币发生|wFS(〈科目编码〉,〈会计期间〉,〈方向〉,[〈账套号〉],[〈会计年度〉],[〈编码1〉],[〈编码2〉],[〈是否包含未记账〉])。

⑥ 函数名为"外币累计发生"或"wLFS",函数格式:外币累计发生|wLFS(〈科目编码〉,〈会计期间〉,〈方向〉,[〈账套号〉],[〈会计年度〉],[〈编码1〉],[〈编码2〉],[〈是否包含未记账〉])。

⑦ 函数名为"外币期初"或"wQC",函数格式:外币期初|wQC(〈科目编码〉,[〈会计期间〉],[〈方向〉],[〈账套号〉],[〈会计年度〉],[〈编码1〉],[〈编码2〉],[〈截止日期〉],[〈是否包含未记账〉],[〈编码1汇总〉],[〈编码2汇总〉])。

⑧ 函数名为"外币期末"或"wQM",函数格式:外币期末|wQM(〈科目编码〉,[〈会计期间〉],[〈方向〉],[〈账套号〉],[〈会计年度〉],[〈编码1〉],[〈编码2〉],[〈截止日期〉],[〈是否包含未记账〉],[〈编码1汇总〉],[〈编码2汇总〉])。

（2）常用统计函数

① 函数名为"PTOTAL（或 GTOTAL）"，函数用途：指定区域内所有满足区域筛选条件的固定区（或可变区）单元的合计，函数格式：PTOTAL（或 GTOTAL）〈区域〉[,〈区域筛选条件〉]）。

② 函数名为"TOTAL"，函数用途：符合页面筛选条件的所有页面的区域内各单元的合计数，函数格式：TOTAL（〈区域〉[,〈页面筛选条件〉]）。

③ 函数名为"PAVG（或 GAVG）"，函数用途：指定区域内所有满足区域筛选条件的固定区（或可变区）单元的平均值，函数格式：PAVG（或 GAVG）（〈区域〉[,〈区域筛选条件〉]）。

④ 函数名为"AVG"，函数用途：符合页面筛选条件的所有页面的区域内各单元的平均值，函数格式：AVG（〈区域〉[,〈页面筛选条件〉]）。

⑤ 函数名为"PCOUNT（或 GCOUNT）"，函数用途：指定区域内所有满足区域筛选条件的固定区（或可变区）单元个数，函数格式：PCOUNT（或 GCOUNT）〈区域〉[,〈区域筛选条件〉]）。

⑥ 函数名为"COUNT"，函数用途：符合页面筛选条件的所有页面计数区域单元个数之和，函数格式：COUNT（〈计数区域〉[,〈页面筛选条件〉]）。

⑦ 函数名为"PMIN（或 GMIN）"，函数用途：指定区域内所有满足区域筛选条件的固定区（或可变区）单元中最小的单元的数值，函数格式：PMIN（或 GMIN）〈区域〉[,〈区域筛选条件〉]）。

⑧ 函数名为"MIN"，函数用途：符合页面筛选条件的所有页面的区域单元中最小的单元的数值，函数格式：MIN（〈区域〉[,〈页面筛选条件〉]）。

⑨ 函数名为"PMAX（或 GMAX）"，函数用途：指定区域内所有满足区域筛选条件的固定区（或可变区）单元中最大的单元的数值，函数格式：PMAX（或 GMAX）〈区域〉[,〈区域筛选条件〉]）。

⑩ 函数名为"MAX"，函数用途：符合页面筛选条件的所有页面的区域单元中最大的单元的数值，函数格式：MAX（〈区域〉[,〈页面筛选条件〉]）。

（3）条件取值函数

函数名为"IFF"，函数格式：IFF（〈逻辑表达式〉,〈条件真值〉,〈条件假值〉）。

以"B8"单元格为例，在函数分类中选择"账务函数"，在函数名中选择"期初（QC）"，如图8-19所示。

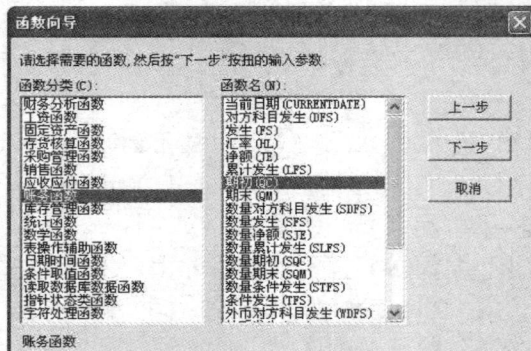

图 8-19 "函数向导"窗口

在该窗口中,点击【下一步】按钮,进入如图 8-20 的"账务函数"窗口,光标定位于"函数录入"栏;点击【参照】按钮,进入如图 8-21 所示的"账务函数"窗口,在"科目"栏,点击【...】按钮,从会计科目表中选择"1405 库存商品",如图 8-22 所示,逐级点击【确定】按钮,依次返回到"定义公式"窗口,如图 8-23 所示,公式"QC("1405",月,,,,,,,,,)"显示在编辑栏内,点击【确认】保存公式,在简表的 B8 单元格中显示"公式单元"字样。参照类似操作依次完成所有公式的设置,如图 8-24 所示。

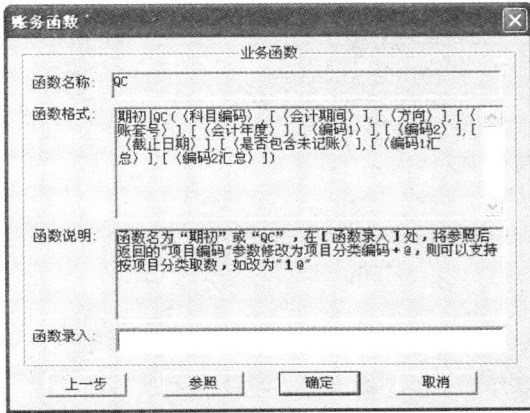

图 8-20　"账务函数"窗口 1

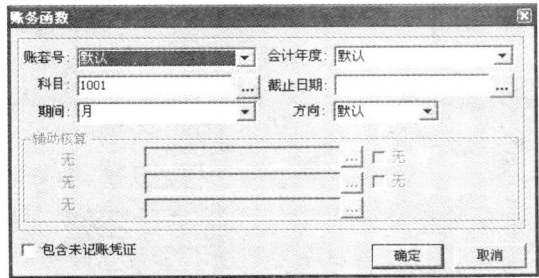

图 8-21　"账务函数"窗口 2

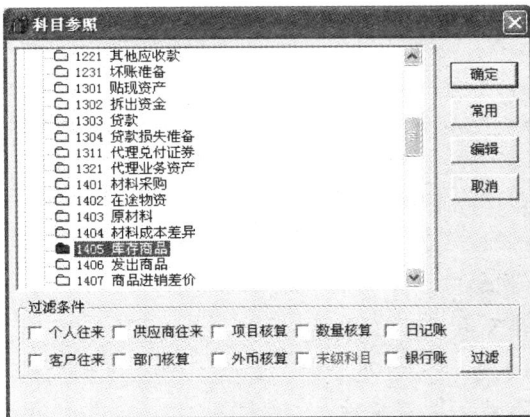

图 8-22　"科目参照"窗口

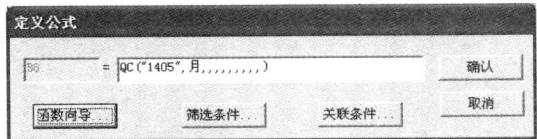

图 8-23　"定义公式"窗口

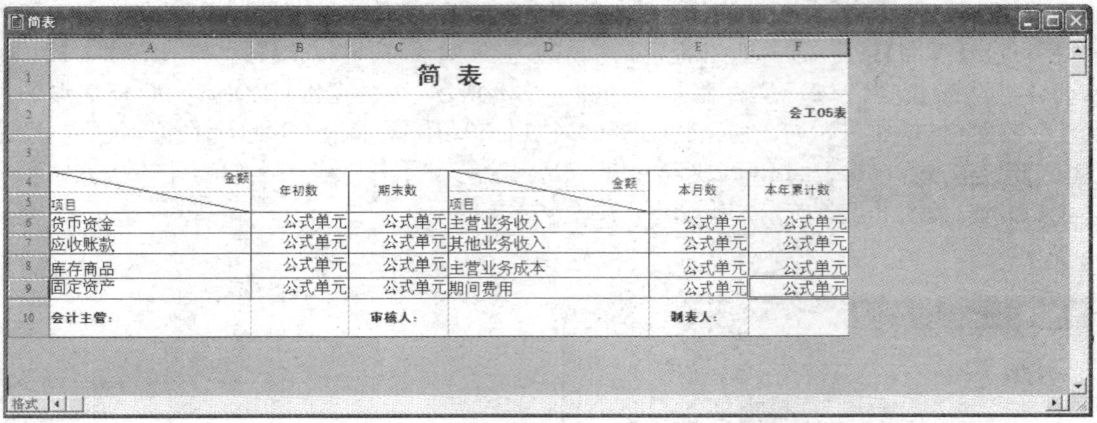

图 8-24 "简表"窗口

🔔 **注意！**

① 账套号默认为当前账套,会计年度默认为当前年度。通过下拉列表,可直接选择账套号、会计年度,而不需要进行账套初始化工作。

② 参照的会计科目下如设有辅助核算项目,可以输入相关的核算项目,缺省表示指定科目下设所有的核算项目。如没有辅助核算项目,则该部分显示灰色,不可输入。

③ 参照功能一次只能选择一个科目,如一个公式需要参照多个科目,诸如"货币资金"项目,在"定义公式"窗口的编辑栏内,可以使用+、-、*、/、()进行多个公式的组合。

④ 会计期间默认为月,涉及资产、负债、所有者权益类项目的年初数,函数选期初(QC),期间选"全年";涉及损益类项目的本月数,函数选发生(FS),方向选"借或者贷";本年累计数,函数选累计发生(LFS),方向选"借或者贷"。

⑤ 类似于"流动资产合计""利润总额"等由表内项目通过计算获得数据的项目,可以手工直接输入公式。此类公式不是在报表单元格内直接输入公式,而是必须在"定义公式"窗口的编辑栏内,在英文半角状态下输入。

⑥ 计算公式中,使用筛选条件确定要参与计算的表页;根据一定对应关系取本报表其他表页数据或其他报表数据的,需要使用关联条件。

在"财务报表-[简表]"窗口中,点击【保存】按钮,系统弹出如图 8-25 所示的"是否确定全表重算?"提示,点击【是】按钮,系统自动按公式重新计算整张报表数据,再切换至数据状态下,公式单元会显示相应数据。

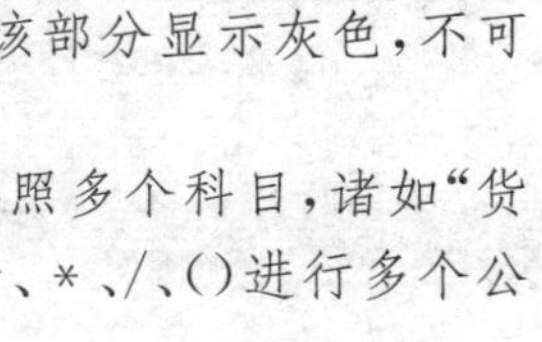

图 8-25 "全表重算"对话框

2. 审核公式

审核公式用于验证报表内部或报表之间某些项目的勾稽关系是否正确。审核公式格式:〈表达式〉〈逻辑运算符〉〈表达式〉[MESS"文字说明"]。

案例 8 - 4

在"资产负债表.rep"中,设置"资产总计的期末数＝权益总计的期末数"的审核公式。

在"财务报表-〔资产负债表〕"窗口中,在格式状态下,首先,查看"资产总计的期末数"所在单元地址(如 C37)、"权益总计的期末数"所在单元地址(如 F37)。然后,执行【数据】菜单下的【编辑公式】\【审核公式…】命令,系统弹出"审核公式"窗口。在"审核关系"编辑框中输入表达式:C37＝F37 MESS"资产总计的期末数<>权益总计的期末数",如图 8 - 26 所示,点击【确定】按钮保存公式。

在该窗口中,系统也提供了以导入文件方式形成审核公式的功能,点击【导入文件】按钮,系统进入如图 8 - 27 所示的"导入文件"窗口,选择相应的文件,点击【采集】按钮。

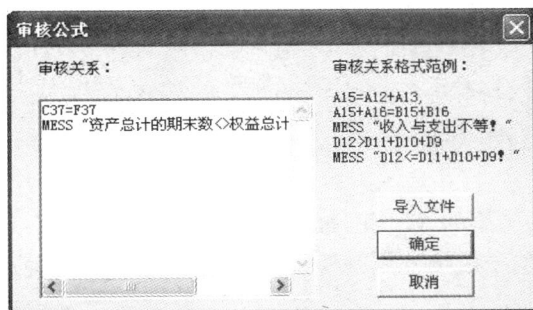

图 8 - 26 "审核公式"窗口   图 8 - 27 "导入文件"窗口

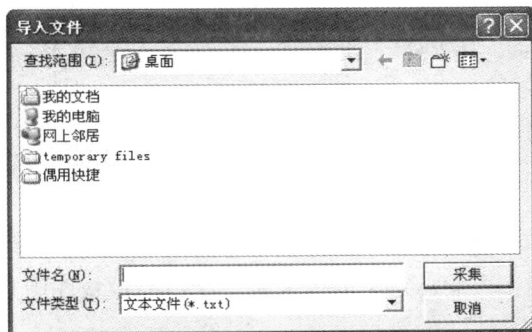

3. 舍位公式

舍位平衡公式用于对报表数据进行进位和进位后重新调整平衡关系。在"财务报表-〔简表〕"窗口中,在格式状态下,执行【数据】菜单下的【编辑公式】\【舍位公式…】命令,系统弹出如图 8 - 28 所示的"舍位平衡公式"窗口。

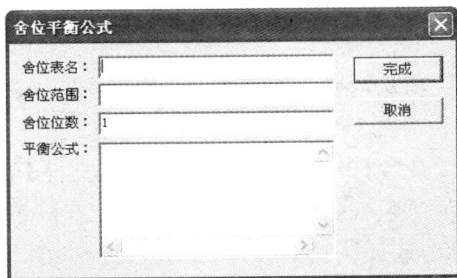

图 8 - 28 "舍位平衡公式"窗口

注意!

① 审核公式必须在英文半角状态下输入。

② 导入审核公式的文件类型只能是文本文件(＊.txt)。

③ 舍位公式中的平衡公式只能使用"＋"和"－",等号左边只允许有一个单元,且该单元不能附带报表名和表页号。

④ 审核公式、舍位公式都是在格式状态中定义,在数据状态中使用。

公式编辑完成后,执行【数据】菜单下的【公式列表】命令,系统弹出如图 8-29 所示的"公式列表"窗口,可查看到所有公式的表达式。如需将公式列表输出形成一个独立的计算机文件,点击【保存】按钮即可。

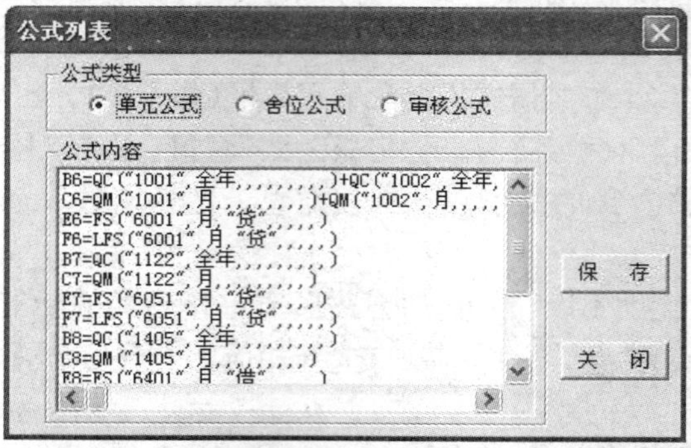

图 8-29 "公式列表"窗口

任务 2 模板报表设计

财务报表系统提供了涉及众多行业或领域的常用的、规范的报表模板供用户参照使用,也能将企业自定义的报表添加到报表模板库中,以便于后续套用其格式及计算公式,快捷地完成各种报表的编报工作。

一、预置模板的调用

案例 8-5

新建一张空白报表,利用报表模板(一般企业,2007 新会计准则)生成新阳光科技 2018 年 12 月份的"利润表",并以"利润表.rep"的文件名保存于电脑桌面上。

在"财务报表"模块中,执行【文件】菜单下的【新建】命令,或者点击工具栏的【新建】按钮,系统产生一张空白表。在格式状态下,执行【格式】菜单下的【报表模板】命令,弹出"报表模板"窗口,选择所在的行业、报表名称,如图 8-30 所示,点击【确认】按钮,系统弹出如图 8-31 所示的"模板格式将覆盖本表格式!是否继续?"的提示,点击【是】按钮,所选模板的格式与公式套用到空白表,如图 8-32 所示,点击【保存】按钮,命名报表并进行全表重算。

图 8-30 "报表模板"窗口

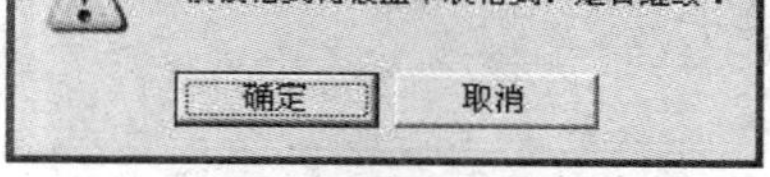

图 8-31 模板覆盖对话框

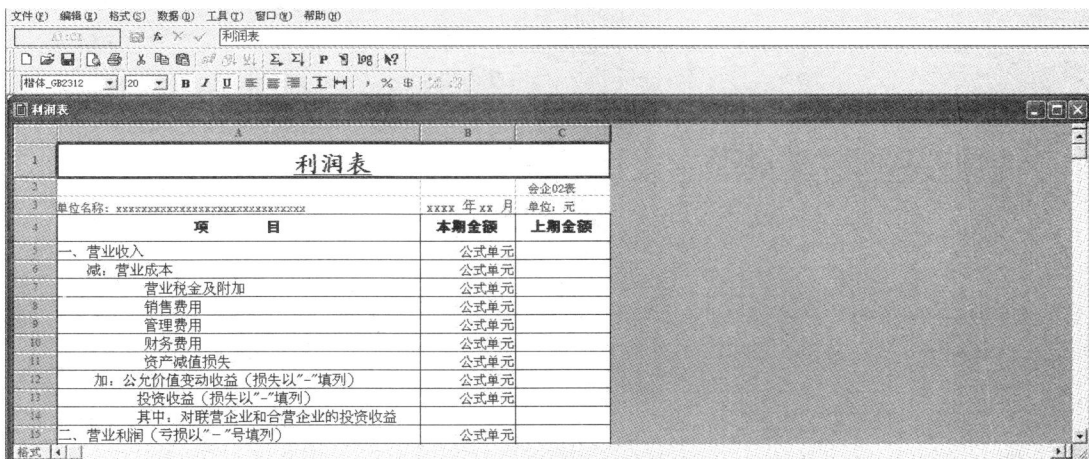

图 8-32　"利润表"模板窗口

二、自定义模板的保存

财务报表系统提供了定制报表模板功能,可将企业设计完成的一些内部管理报表保存为报表模板,供日后长期使用。

案例 8-6

将"简表.rep"加入财务报表系统的模板库,所属行业:内部报表,以备日后调用。

在"财务报表-简表"窗口中,在格式状态下,执行【格式】菜单下的【自定义模板】命令,系统弹出如图 8-33 所示的"自定义模板"窗口。

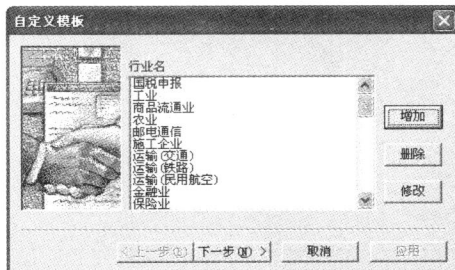

图 8-33　"自定义模板"窗口

在该窗口中,可以直接选择适用的行业名。如无法满足实际需要,点击【增加】按钮,输入模板所属的行业名称,如图 8-34 所示。点击【确定】按钮,新增的行业名称会显示在行业名列表中,选定所属行业,点击【下一步】按钮,系统进入如图 8-35 所示的"自定义模板"窗口。

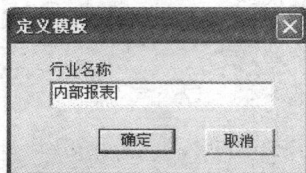

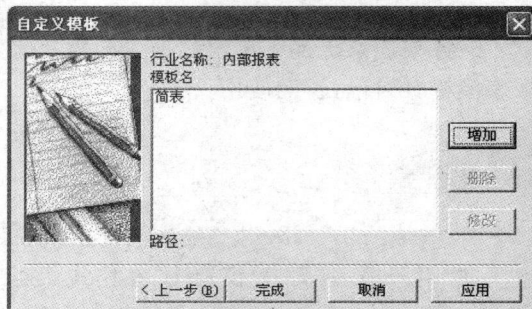

图 8-34 "定义模板"窗口　　　　　　图 8-35 "自定义模板"窗口 1

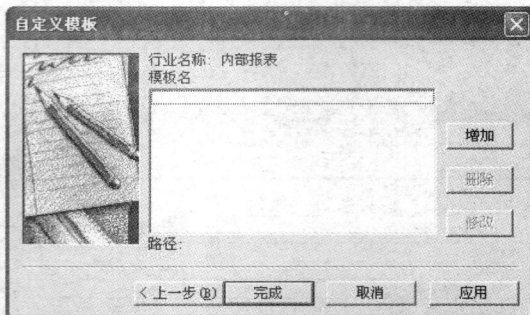

在该窗口中,点击【增加】按钮,系统进入"添加模板"窗口,选择要定义为报表模板的报表路径及报表模板名称(如桌面上的简表.rep),如图 8-36 所示。点击【添加】按钮,新增的模板名称会显示在模板名列表中,如图 8-37 所示。点击【完成】按钮,在内部报表中成功定义了一个名为"简表"的模板。

图 8-36 "添加模板"窗口　　　　　　图 8-37 "自定义模板"窗口 2

> **提示:**
> 在"自定义模板"窗口,点击【删除】按钮、【修改】按钮,可对已保存的行业名、模板名执行删除、修改操作。

三、现金流量表的编制

现金流量表是反映企业在一定期间现金流量的报表,与资产负债表、利润表不同的是,其报表数据往往无法直接取自总账或明细账的期初或期末余额,以及借、贷方发生额。因此,从初始设置开始,用户必须完成系统提供的将现金流量与会计科目建立关联的一系列操作,才能完成现金流量表的编制。

案例 8－7

新建一张空白报表，利用报表模板（一般企业，2007 新会计准则）生成 2018 年 12 月份的"现金流量表"，并以"现金流量表. rep"的文件名保存于电脑桌面上。

1. 检查有无指定现金流量科目

在用友 T3 企业应用平台，执行【基础设置】菜单下的【财务】\【会计科目】命令，在"会计科目"窗口，执行【编辑】菜单\【指定科目】命令，系统弹出如图 8－38 所示的"指定科目"窗口，将"1001 库存现金""1002 银行存款""1012 其他货币资金"指定为现金流量科目。

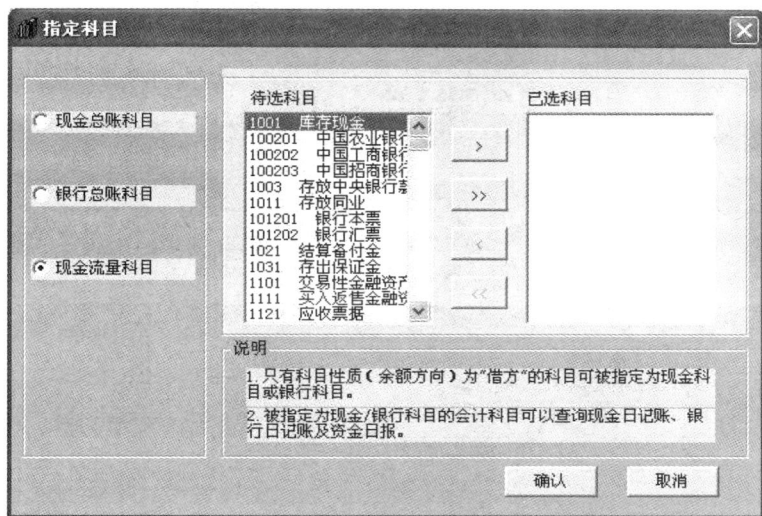

图 8－38　"指定科目"窗口

2. 检查有无设置现金流量项目

在"信息门户"主界面，执行【基础设置】菜单下的【财务】\【项目目录】命令，在"项目档案"窗口中，增加项目大类名称为"现金流量项目"，选择所在的行业［一般企业（新准则）］，如图 8－39 所示。在"现金流量项目"大类中，系统会自动给出项目分类定义和项目目录，如图 8－40、图 8－41 所示。通过点击【维护】按钮，用户可对项目目录进行项目名称、所属分类码、方向的修改，也可进行增加、删除操作，如图 8－42 所示。

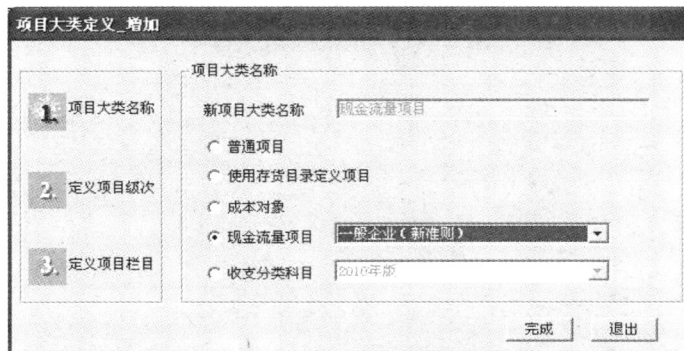

图 8－39　"项目大类定义_增加"窗口

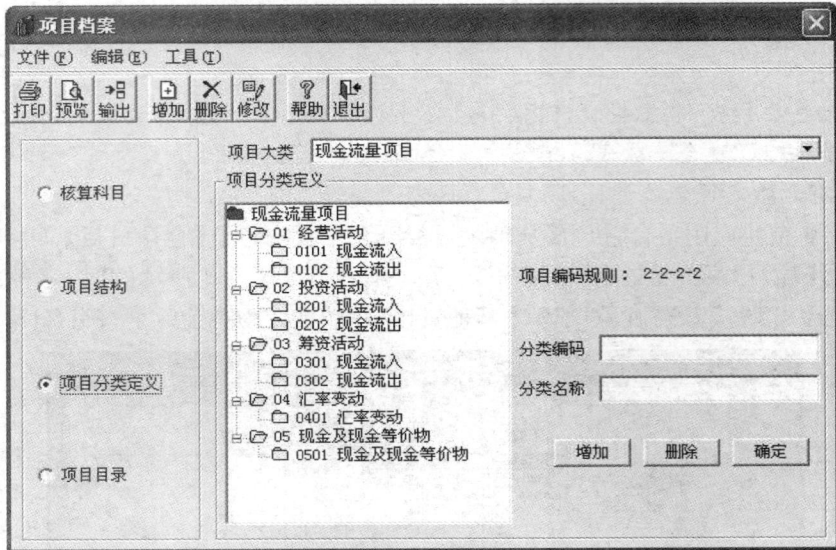

图 8-40　"项目分类定义"窗口

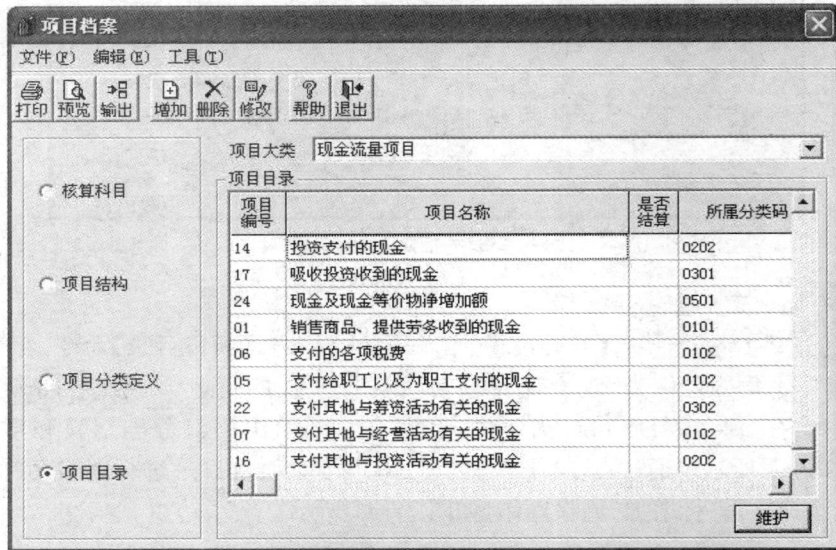

图 8-41　"项目目录"窗口

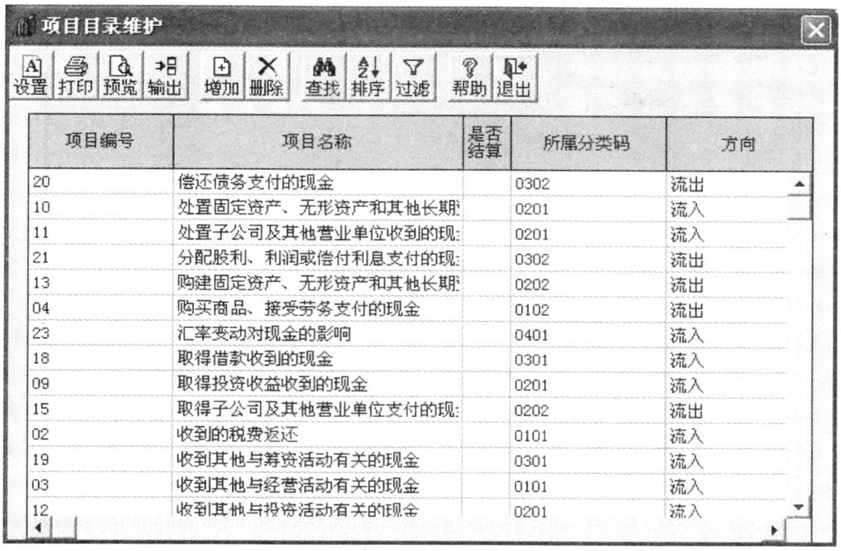

图 8－42　"项目目录维护"窗口

3. 检查现金流量科目是否勾设现金流量项目核算

执行【基础设置】菜单下的【财务】\【会计科目】命令，在"会计科目"窗口，将涉及现金流量科目勾选为"项目核算"，选择现金流量项目大类，如图 8－43 所示。然后，在"项目档案"窗口，在"现金流量项目"大类中，将所设现金流量科目由待选科目区域移至已选科目区域，如图 8－44 所示。

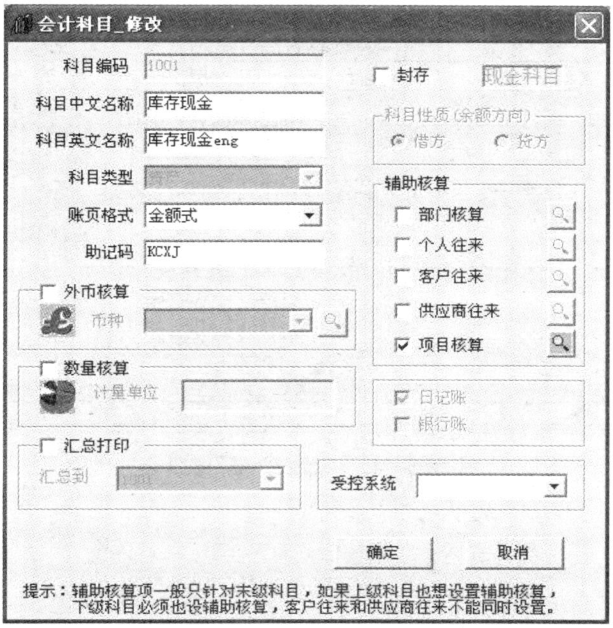

图 8－43　"会计科目_修改"窗口

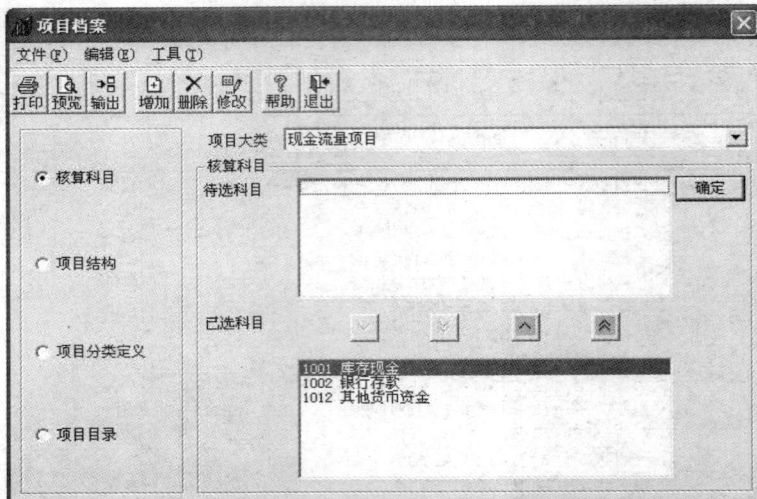

图 8－44 "核算科目"窗口

4. 检查涉及现金流量科目的凭证是否选定具体的现金流量项目

在填制凭证时,凡是分录中引用了前述所设的现金流量科目的,需要填入现金流量项目名称,如图 8－45 所示。通过项目目录参照正确选定具体的现金流量项目,如图 8－46 所示。

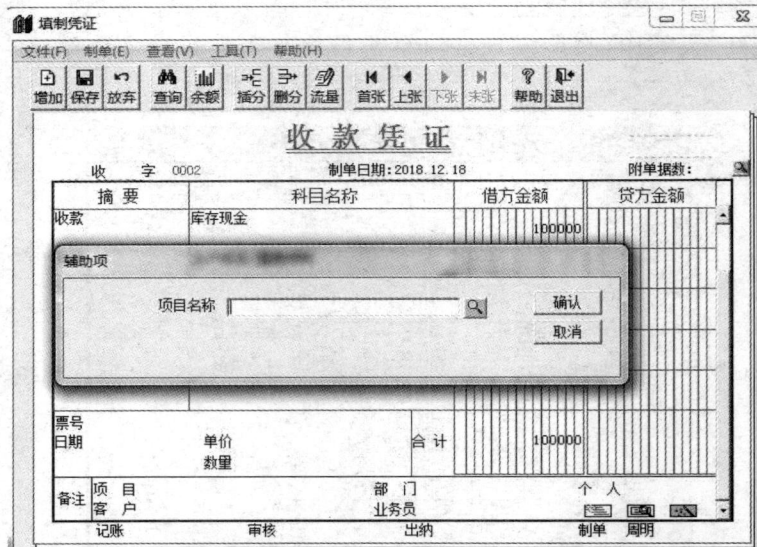

图 8－45 "填制凭证"窗口

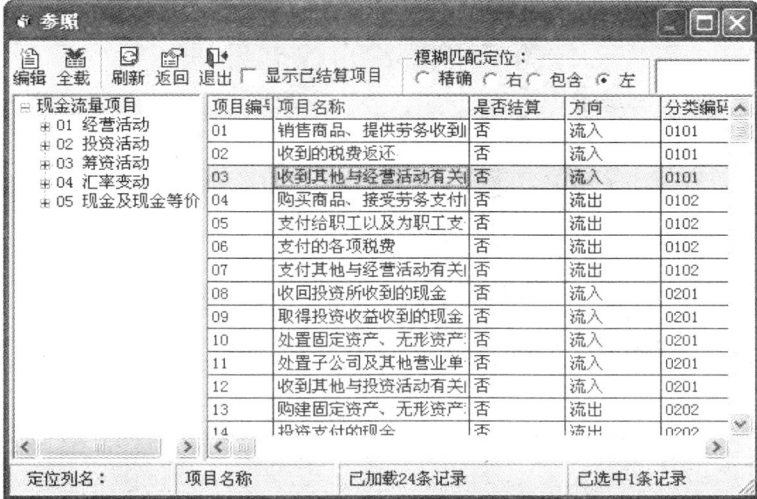

图 8-46　"参照"窗口

5．调用预置现金流量表模板

在"财务报表"模块中，执行【文件】菜单下的【新建】命令，或者点击工具栏的【新建】按钮，系统产生一张空白表。在格式状态下，执行【格式】菜单下的【报表模板…】命令，调用一般企业，2007新会计准则的现金流量表模板。

6．选用现金流量项目金额函数定义公式

在"现金流量表.rep"窗口，在格式状态下，执行【数据】菜单下的【编辑公式】\【单元公式…】命令，利用函数向导引导完成单元公式设置，选择账务函数的现金流量项目金额函数，函数名为"现金流量项目金额"或"XJLL"，函数格式：现金流量项目金额|XJLL（[〈起始日期〉，〈截止日期〉]，〈方向〉，〈项目编码〉，[〈账套号〉]，[〈会计年度〉]，[〈是否包含未记账〉]，[〈会计期间〉]）。公式定义完成后，保存报表，如图 8-47 所示。

图 8-47　"现金流量表"窗口

任务3 报表的数据处理

报表数据处理主要包括关键字操作和数据生成，其中的大部分操作必须在数据状态下进行。

一、关键字操作

关键字是可以唯一标识一张表页的特殊数据单元，也是快速查找表页，建立表页之间有机联系的特定标志。

1. 关键字设置

案例 8-8

在"简表.rep"中，在(A3:F3)单元区域中，将表样的项目内容定义为关键字，关键字偏移范围：年—250，月—200。

在"财务报表-［简表］"窗口中，在格式状态下，选定需定义关键字的单元区域(A3:F3)，执行【数据】菜单下的【关键字】\【设置…】命令，系统提供了 6 个预置关键字和 1 个自定义关键字选项，选择"单位名称"，如图 8-48 所示，点击【确定】按钮，在(A3:F3)中将关键字名称以红字显示。其他关键字的设置方式参照完成。

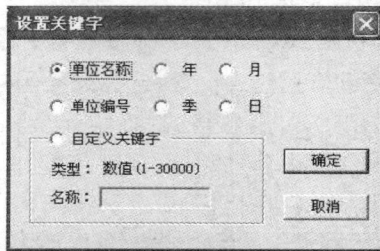

图 8-48 "设置关键字"窗口

2. 关键字调整

关键字设置完成后，可以调整在单元格中的相对位置。在"财务报表-［简表］"窗口中，在格式状态下，选定已设置关键字的单元区域(A3:F3)，执行【数据】菜单下的【关键字】\【偏移…】命令，直接输入或点击【▲▼】按钮确定关键字的偏移量，如图 8-49 所示。所有关键字及其位置设定后，"简表"的样式如图 8-50 所示。

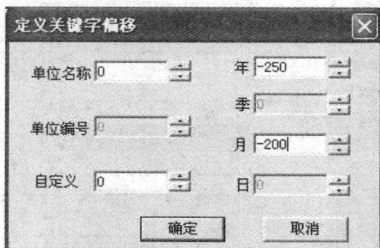

图 8-49 "定义关键字偏移"窗口

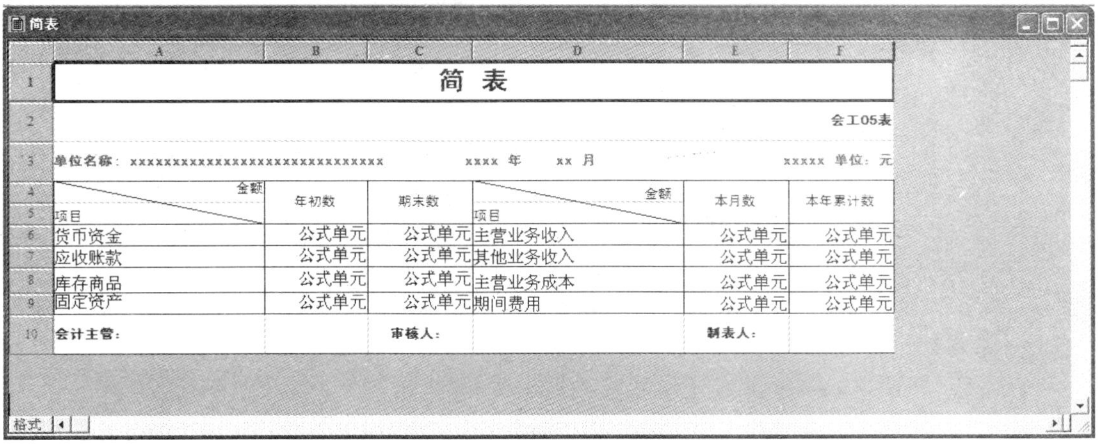

图 8-50　"简表"窗口

提示:

① 关键字的设置、偏移必须在格式状态下操作。

② 每个关键字只能设置一次,重复设置同一个关键字,系统会自动取消前一次的设置。

③ 在格式状态下,执行【数据】菜单下的【关键字】\【取消】命令,可取消所设关键字。

④ 每个单元中可以设置多个不同的关键字,其显示位置通过关键字偏移操作进行调整。

⑤ 关键字偏移量的最大区间为[-300,300],填入的必须是一个整数,负数表示向左偏移,正数表示向右偏移。

二、数据生成

1. 关键字录入

案例 8-9

在"简表.rep"中,输入关键字:单位名称"新阳光科技",年"2018",月"12",生成报表数据,并将报表以原文件名进行保存。

在"财务报表-[简表]"窗口中,在数据状态下,选定需定义关键字的单元区域(A3:F3),执行【数据】菜单下的【关键字】\【录入...】命令,输入相应关键字的内容,如图 8-51 所示。输入完毕,点击【确认】按钮,系统弹出如图 8-52 所示的"是否重算第 1 页?"的提示,点击【是】按钮,系统自动按照设定的关键字计算产生 001 账套 2018 年 12 月份的简表数据。

185

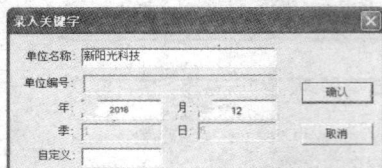

图8-51 "录入关键字"窗口

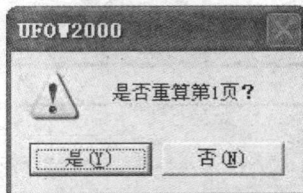

图8-52 "表页重算"对话框

注意!
① 关键字的录入必须在数据状态下才能操作。
② 关键字必须由键盘输入,不能进行剪切、复制、粘贴。
③ 关键字的"单位名称"最多输入30个字符,"单位编号"最多输入10个字符。

2. 表页操作

财务报表系统提供了表页的插入、追加、删除操作功能,通过在表页之间建立联系,实现以固定格式管理大量同类型报表数据的目的。

案例 8-10

在"简表.rep"中追加一张表页,将报表以原文件名进行保存。

在"财务报表-[简表]"窗口中,在数据状态下,执行【编辑】菜单下的【追加】\【表页...】命令,系统弹出如图8-53所示的"追加表页"窗口。直接输入或点击【▲▼】按钮确定需追加的表页数,点击【确认】按钮,在"简表"底部状态栏增加"第2页"的页签。

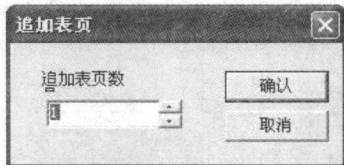

图8-53 "追加表页"窗口

如需减少表页,执行【编辑】菜单下的【删除】\【表页...】命令,系统弹出如图8-54所示的"删除表页"窗口。可直接在"删除表页"栏输入需删除的表页号码,也可点击【条件...】按钮,进入如图8-55所示的"定义条件"窗口,通过设置条件确定需删除的表页。

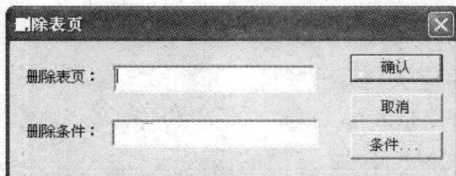

图8-54 "删除表页"窗口

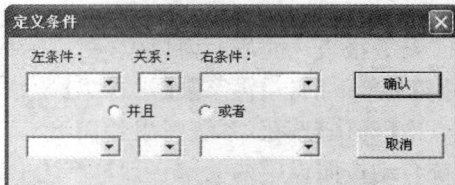

图8-55 "定义条件"窗口

提示：

① 新建报表时，系统默认只包含 1 张表页，页签显示为"第 1 页"。

② 一个报表文件最多能管理 99 999 张表页。

③ 新增表页有两种方法：一是执行【编辑】菜单下的【插入】\【表页…】命令；二是执行【编辑】菜单\【追加】\【表页…】命令，一次操作可插入或追加 1 张表页。两种方法的区别在于插入命令将新增表页作为第 1 页，追加命令将新增表页作为最后 1 页。

④ 除了关键字内容为空外，新表页自动沿用第 1 页所做的其他所有设置，包括格式、项目内容。因此，报表底部状态栏只在数据状态下才会显示表页的页签。

3. 数据计算

报表数据包括了报表单元的数值、字符等，可以由公式生成或者键盘输入。当用户确认完成报表文件格式编辑切换至数据状态，或者公式定义，或者录入关键字等操作后，系统会提示是否进行报表数据计算，如点击【是】按钮，系统自动计算并直接生成报表数据。用户也可使用菜单功能进行计算。

在"财务报表-[简表]"窗口中，在数据状态下，执行【数据】菜单下的【整表重算】命令，点击【是】按钮，系统对全表进行重算。选定某一张表页，执行【数据】菜单下的【表页重算】命令，点击【是】按钮，系统对指定的表页进行重算。数据处理后，系统会根据已定义的审核公式、舍位公式自动进行报表项目数据勾稽关系审核、舍位平衡处理。

三、报表的查询与分析

1. 报表查询

在"财务报表"窗口，在数据状态下，执行【编辑】菜单下的【查找…】命令，系统弹出如图 8 - 56 所示的"查找"窗口。可以在某一个报表文件中查找到满足设定条件的表页或可变区；也可以先执行【数据】菜单下的【排序…】命令，系统弹出如图 8 - 57 所示的"表页排序"窗口，将表页或可变区按照一定标准排序后再行查询。

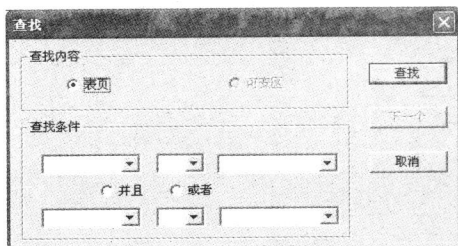

图 8 - 56　"查找"窗口

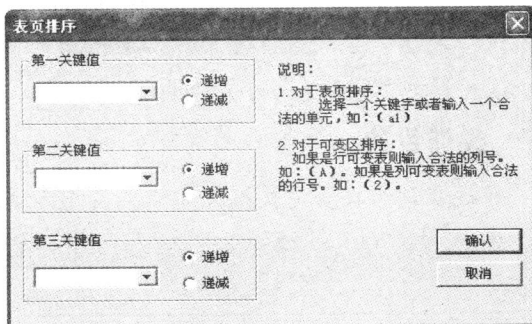

图 8 - 57　"表页排序"窗口

2. 图表分析

在"财务报表"窗口,在数据状态下,执行【工具】菜单下的【插入图表对象…】命令,系统弹出如图8-58所示的"区域作图"窗口。系统提供了四类图表样式,即直方图、折线图、饼图、面积图,可针对行(或列)、当前表页(或整个报表)进行数据直观展示和分析,用户也可自定义图表标识、图表标题、数据轴标题。通过鼠标拖动,图表在报表文件中既可以移动位置,也可以调整图表大小,还可以更换图表样式。

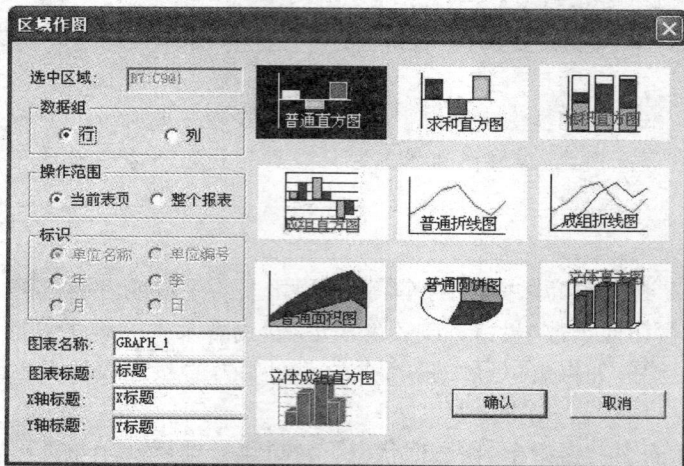

图8-58 "区域作图"窗口

注意!

① 插入图表只能在数据状态下操作。

② 作图区域的列数、行数不应小于2列、2行。

③ 图表只能插入到报表文件中,不能独立于报表文件而保存。

④ 作图区域数据发生变化,图表会随之变化。

模拟实训7

实训目的

通过实训掌握自定义报表的公式设定方法及生成报表数据的方法。

◆ **实训资料**

一、自定义报表

1. 表样(见附表 7-1)

附表 7-1　生产成本与期间费用

2018 年 12 月   会工 05 表

单位名称:江苏益新制衣股份有限公司   元

生产成本			销售费用			管理费用			财务费用		
金额＼项目	期初数	期末数	金额＼项目	本月数	本年累计数	金额＼项目	本月数	本年累计数	金额＼项目	本月数	本年累计数
直接材料			工薪			工薪			借款利息		
直接人工			广告费			差旅费			手续费		
其他直接支出			展销会费			办公费			汇兑损益		
制造费用			折旧费			折旧费			其他		
			运输费			水电费					
			其他			其他					
合　计											

附注:本报表请于次月 5 日前上报。

单位负责人:　　　　　　　　会计主管:　　　　　　制表人:

2. 格式要求

① 表尺寸(含标题、表头、附注、表尾):15 行、12 列。

② 设置表头、附注、表尾。

"生产成本与期间费用":要求居中,字体为黑体、粗体、20 号。

"会工 05 表":要求右对齐,字体为黑体、12 号。

"单位名称、年、月":要求分别左对齐、居中、右对齐,字体为黑体、12 号;设置为关键字。

"附注:本报表请于次月 5 日前上报。":字体为黑体,12 号。

"单位负责人:""会计主管:""制表人:":要求分别左对齐、居中、右对齐,字体为黑体、12 号。

3. 定义行属性

将第 1 至第 3 行、第 14 行、第 15 行行高设置为 8 毫米。

4. 定义列属性

将 A 列、D 列、G 列、J 列宽设置为 30 毫米。

5. 定义单元属性

① 将(A1:L1)按表样设置区域组合。

② 将(A5:A6)、(D5:D6)、(G5:G6)、(J5:J6)按表样定义斜线。

③ 将(B7:C13)、(E7:F13)、(H7:I13)、(K7:L13)数字格式设置为"数值",文本对齐水平"靠右"、垂直"居中",千位分隔。

6. 其他行列及单元格属性可以个性化设置

7. 输入如表样所示的表体项目

8. 编辑报表公式

9. 录入关键字

输入关键词"江苏益新制衣",年月与账务时间对应。

10. 显示报表数据,并以"生产成本与期间费用表"的名称保存此报表

11. 将"生产成本与期间费用表"作为报表模板保存在"内部管理报表"行业属性下

二、资产负债表

① 利用报表模板(一般企业,2007新会计准则)生成资产负债表。

② 检查报表项目及单元公式是否符合最新会计准则要求,如有不符的进行修改。

③ 设置审核公式:资产期末数＝负债期末数＋所有者权益期末数

④ 录入关键字"江苏益新制衣　2018年12月31日",生成报表数据。

⑤ 追加一张表页,在新表页中输入关键字"江苏益新制衣,2019年1月31日"。

⑥ 以"资产负债表"的名称保存此报表。

三、利润表

① 利用报表模板(一般企业,2007新会计准则)生成利润表。

② 检查报表项目及单元公式是否符合最新会计准则要求,如有不符的进行修改。

③ 录入关键字"江苏益新制衣　2018年12月",生成报表数据。

④ 追加一张表页,在新表页中输入关键字"江苏益新制衣,2019年1月"。

⑤ 以"利润表"的名称保存此报表。

附录 1

初级会计电算化(用友畅捷通 T3)技能测试题及答案(2016 年)

测试题 1

以系统管理员"admin"的身份登录系统管理,操作员预置如下:

编　号	姓　名	密　码
011	王阳明	空
012	周军	空
013	钱立新	空

一、账套预置

1. 基本情况

① 账套号:161。

② 账套名称:天津渤海科技股份有限公司。

③ 单位名称:天津渤海科技股份有限公司。

④ 单位简称:渤海科技。

⑤ 账套启用日期:2016 年 1 月 1 日。

⑥ 记账本位币:人民币(RMB)。

⑦ 企业类型:工业,执行"2007 年新会计准则"。

⑧ 账套主管:011 王阳明。

⑨ 基础信息:对客户进行分类,有外币核算。

⑩ 分类编码方案:科目编码级次:4-2-2-2-2;客户分类编码级次:2-2;部门编码级次:2-2;结算方式编码级次:1-2。

⑪ 总账模块启用日期:2016 年 1 月 1 日。

2. 操作员权限

操作员权限分配如下。

① 操作员"012 周军"拥有 161 账套"公用目录设置及总账系统(除出纳签字功能外)所有权限"。

② 操作员"013 钱立新"拥有 161 账套"现金管理所有权限、总账系统中出纳签字功能"。

二、初始化设置(35 分)

以操作员 012 的身份在 2016 年 1 月 1 日登录注册 161 账套。

1. 设置部门档案

部门编码	部门名称	部门属性
01	销售部	市场营销
02	采购部	采购供应
03	生产部	生产管理
04	财务部	财务管理

2. 设置职员档案

职员编码	职员名称	所属部门
01	王阳明	财务部
02	周军	财务部
03	钱立新	财务部
04	王敏	销售部
05	赵霞霞	生产部
06	李小军	采购部

3. 设置供应商档案

供应商编号	供应商名称	供应商简称	税 号	地 址	开户银行	账 号
001	天翔电子配件有限公司	天翔	1111991	海州路 2 号	中行	100001
002	锦华软件服务公司	锦华	1112992	白云路 5 号	工行	200002

4. 设置客户分类

类别编码	类别名称
01	品牌商
02	零售商

5. 设置客户档案

客户编号	客户名称	客户简称	所属客户分类	税　号	地　址	开户银行	账　号
001	北京中关村电脑城	中关村电脑城	02	3333003	江山路 1 号	中行	300003
002	广州东风路电脑城	东风路电脑城	02	4444004	东风路 3 号	工行	400004
003	厦门远大科技股份有限公司	远大科技	01	5555005	夏禾路 10 号	工行	500005

6. 设置凭证类别

类别字	类别名称	限制类型
记	记账凭证	无限制

7. 设置外币

币别代码	类别名称	汇率方式	记账汇率	折算方式
USD	美元	固定汇率	6.5	外币×汇率＝本位币

8. 增加或修改会计科目并录入期初数据

说明:以下斜体的会计科目为新增科目或需修改的科目,其他科目为默认不变。

元

科目编码	科目名称	辅助核算	借贷方向	期初余额
1001	库存现金	日记账	借	96 953.12
1002	银行存款	日记账、银行账	借	163 565.00
100201	工商银行	日记账、银行账	借	163 565.00
10020101	人民币户	日记账、银行账	借	98 565.00
10020102	美元户	美元、日记账、银行账	借	65 000.00（＄10 000）
1121	应收票据		借	60 415.51
1122	应收账款	客户往来无受控系统	借	56 509.84
1221	其他应收款		借	5 500.00
122101	备用金	部门核算	借	
122102	应收个人款	个人往来	借	5 500.00
1402	在途物资		借	18 000.00
1403	原材料		借	9 800.00

193

科目编码	科目名称	辅助核算	借贷方向	期初余额
140301	光盘		借	9 800.00
1405	库存商品		借	78 509.00
1601	固定资产		借	271 285.00
1602	累计折旧		贷	70 138.00
2001	短期借款		贷	365 152.00
2201	应付票据		贷	
2202	应付账款	供应商往来、无受控系统	贷	80 000.00
2203	预收账款		贷	10 020.41
2211	应付职工薪酬		贷	105 322.43
2221	应交税费		贷	17 000.00
222101	应交增值税		贷	17 000.00
22210101	进项税额		贷	
22210105	销项税额		贷	17 000.00
2231	应付利息		贷	1 000.00
2501	长期借款		贷	50 000.00
4001	股本		贷	28 299.12
4104	利润分配		贷	38 900.51
5001	生产成本		借	5 295.00
500101	直接材料		借	1 500.00
500102	直接人工		借	1450.00
500103	制造费用		借	2 345.00
6001	主营业务收入		贷	
6401	主营业务成本		借	
6601	销售费用		借	
6602	管理费用		借	
660201	工资福利费	部门核算	借	
660202	办公费	部门核算	借	
660203	差旅费	部门核算	借	
6603	财务费用		借	

（1）应收账款期初余额

元

日　期	客　户	摘　要	方　向	金　额
2015.11.7	北京中关村电脑城	应收销货款	借	26 509.22
2015.12.1	广州东风路电脑城	应收销货款	借	20 000.62
2015.12.3	厦门远大科技	应收销货款	借	10 000.00
合　计				56 509.84

（2）其他应收款——应收个人款期初余额

元

日　期	部　门	个　人	摘　要	方　向	金　额
2015.9.7	销售部	王敏	应收个人款	借	4 000.00
2015.10.16	财务部	周军	应收个人款	借	1 500.00
合　计					5 500.00

（3）应付账款期初余额

元

日　期	供应商	摘　要	方　向	余　额
2015.10.7	天翔电子配件有限公司	应付购货款	贷	35 000.00
2015.11.1	锦华软件服务公司	应付购货款	贷	45 000.00
合　计				80 000.00

9. 指定会计科目

指定"1001 库存现金"为现金总账科目、"1002 银行存款"为银行总账科目。

10. 设置结算方式

结算方式编号	结算方式名称	是否票据管理
1	支票	否
101	现金支票	是
102	转账支票	是

三、总账日常业务处理（35 分）

以操作员 012 填制凭证；以操作员 013 进行出纳签字；以操作员 011 审核凭证。

① 3 日，计提本月短期借款利息 4 800 元。

② 5 日，采购员李小军向天翔电子公司采购光盘 350 个，单价 120 元/个，增值税税率 13%，收到对方企业开具的增值税专用发票，货款尚未支付，材料已按实际成本验收入库。

③ 16 日，销售部王敏向远大科技公司销售杀毒软件 500 套，单价 150 元/套，增值税税率

13％,已开具增值税专用发票,货款尚未收到。

④ 28 日,收到远大科技公司转来的 1 张转账支票,用来偿还前欠部分销货款,金额 23 400 元,存入工商银行人民币户。支票号 43810。

⑤ 29 日,计提本月销售部人员工资 5 000 元。

⑥ 29 日,接受投资 2 600 000 元,收到 1 张转账支票,存入中国银行美元户。票号 599421。

⑦ 30 日,财务部王阳明报销差旅费 1 200 元,以现金支付。

⑧ 在完成出纳签字、审核凭证后,由操作员 011 完成记账操作。

四、会计报表处理(30 分)

① 编辑报表内空白单元格公式(采用本位币),标有"—"的单元格无须编辑公式,在指定单元格设置关键字"年"和"月",计算报表数据;

② 以"会计报表简表 1"的名称保存到考生文件夹中。

会计报表简表 1
2016 年 1 月

单位名称:天津渤海科技股份有限公司 　　　　　　　　　　　　　　　　　　　　　　　　　　元

资产负债表项目	期初数	期末数	损益表项目	本月数	本年累计数
银行存款——工行(美元户)			主营业务收入		
银行存款——工行(人民币户)	—		销售费用		—
应收账款			管理费用		—
应付账款	—		财务费用		—
应付职工薪酬	—		净利润		—
应付利息					
股本	—				

测试题 2

以系统管理员"admin"的身份登录系统管理,操作员预置如下。

编　号	姓　名	密　码
021	倪青	空
022	袁媛	空
023	王欣怡	空

一、账套预置

1. 基本情况

① 账套号:162。

② 账套名称:成都美洁涂料股份有限公司。

③ 单位名称:成都美洁涂料股份有限公司。

④ 单位简称:成都美洁。

⑤ 账套启用日期:2016 年 1 月 1 日。

⑥ 记账本位币:人民币(RMB)。

⑦ 企业类型:工业,执行"2007 年新会计准则"。

⑧ 账套主管:021 倪青。

⑨ 基础信息:对客户进行分类,有外币核算。

⑩ 分类编码方案:科目编码级次:4-2-2-2-2;客户分类编码级次 2-2;部门编码级次:2-2;结算方式编码级次 1-2。

⑪ 总账模块启用日期:2016 年 1 月 1 日

2. 操作员权限

操作员权限分配如下。

① 操作员"022 袁媛"拥有 162 账套"公用目录设置及总账系统(除出纳签字功能外)所有权限"。

② 操作员"023 王欣怡"拥有 162 账套"现金管理所有权限、总账系统中出纳签字功能"。

二、初始化设置(35 分)

以操作员 022 的身份在 2016 年 1 月 1 日登录注册 162 账套。

1. 设置部门档案

部门编码	部门名称	部门属性
01	市场部	市场营销
02	供应部	采购供应
03	生产部	生产管理
04	财务部	财务管理

2. 设置职员档案

职员编码	职员名称	所属部门
021	倪青	财务部
022	袁媛	财务部
023	王欣怡	财务部
024	胡军丽	市场部
025	马丽	生产部
026	储江英	供应部

3. 设置供应商档案

供应商编号	供应商名称	供应商简称	税 号	地 址	开户银行	银行账号
001	景怡化工股份有限公司	景怡	2111	古田路 18 号	中国银行	600001
002	辉铭颜料化工有限公司	辉铭	3111	古泉路 5 号	中国银行	700001

4. 设置客户分类

类别编码	类别名称
01	墙面漆组
02	木器漆组

5. 设置客户档案

客户编号	客户名称	客户简称	所属客户分类	税 号	地 址	开户银行	银行账号
001	山东利生家具有限公司	利生家具	02	1112	嵩山路 111 号	中国银行	80 0001
002	苏州德赛里家具有限公司	德赛里家具	02	2222	东兴路 38 号	中国银行	90 0001
003	南京五环建筑有限公司	五环建筑	01	3332	大光路 109 号	中国银行	10 0001

6. 设置凭证类别

类别字	类别名称	限制类型
记	记账凭证	无限制

7. 设置外币

币别代码	类别名称	汇率方式	记账汇率	折算方式
GBP	英镑	固定汇率	9.22	外币×汇率＝本位币

8. 增加或修改会计科目并录入期初数据

说明：以下斜体的会计科目为新增科目或需修改的科目,其他科目为默认不变。

元

科目编码	科目名称	辅助核算	借贷方向	期初余额
1001	库存现金	日记账	借	7 103.27
1002	银行存款	日记账、银行账	借	182 768.69
100201	中国银行	日记账、银行账	借	182 768.69
10020101	人民币户	日记账、银行账	借	90 568.69
10020102	英镑户	英镑、日记账、银行账	借	92 200.00 (10 000 英镑)
1121	应收票据		借	23 000.56
1122	应收账款	客户往来 无受控系统	借	95 562.05
1221	其他应收款		借	6 800.00
122101	备用金	部门核算	借	
122102	应收个人款	个人往来	借	6 800.00
1402	在途物资		借	33 400.00
1403	原材料		借	15 600.00
140301	颜料		借	15 600.00
1405	库存商品		借	66 795.44
1601	固定资产		借	107 706.48
1602	累计折旧		贷	6 912.78
2001	短期借款		贷	34 150.88
2201	应付票据		贷	
2202	应付账款	供应商往来 无受控系统	贷	8 000.00
2203	预收账款		贷	12 567.41
2211	应付职工薪酬		贷	8 967.64
2221	应交税费		贷	1 300.00
222101	应交增值税		贷	1 300.00
22210101	进项税额		贷	
22210105	销项税额		贷	1 300.00
2501	长期借款		贷	20 700.00
4001	股本		贷	406 209.27

（续表）

科目编码	科目名称	辅助核算	借贷方向	期初余额
4104	利润分配		贷	47 800.51
5001	生产成本		借	7 872.00
500101	直接材料		借	3 800.00
500102	直接人工		借	2 000.00
500103	制造费用		借	2 072.00
6001	主营业务收入		贷	
6401	主营业务成本		借	
6601	销售费用		借	
6602	管理费用		借	
660201	工资福利费	部门核算	借	
660203	办公费	部门核算	借	
660202	其他	部门核算	借	
6603	财务费用		借	

（1）应收账款期初余额

元

日　期	客　户	摘　要	方　向	金　额
2015.10.7	山东利生家具有限公司	应收销货款	借	52 263.58
2015.11.1	苏州德赛里家具有限公司	应收销货款	借	30 518.25
2015.12.15	南京五环建筑有限公司	应收销货款	借	12 780.22
合　计				95 562.05

（2）其他应收款——应收个人款期初余额

元

日　期	部　门	个　人	摘　要	方　向	金　额
2015.12.7	财务部	王欣怡	应收个人款	借	2 000.00
2015.12.16	市场部	胡军丽	应收个人款	借	4 800.00
合　计					6 800.00

（3）应付账款期初余额

元

日　期	供应商	摘　要	方　向	金　额
2015.11.18	景怡化工股份有限公司	应付购货款	贷	3 500.00
2015.12.9	辉铭颜料化工有限公司	应付购货款	贷	4 500.00
合　计				8 000.00

9. 指定会计科目

指定"1001 库存现金"为现金总账科目、"1002 银行存款"为银行总账科目。

10. 设置结算方式

结算方式编号	结算方式名称	是否票据管理
1	支票	否
101	现金支票	是
102	转账支票	是

三、总账日常业务处理（35 分）

以操作员 022 填制凭证；以操作员 023 进行出纳签字；以操作员 021 审核凭证。

① 2 日，用现金支付银行手续费 200 元。

② 5 日，供应部储江英向景怡化工股份有限公司采购颜料 200 袋，单价 135 元/袋，增值税税率 13%，已开具增值税专用发票，货款尚未支付，材料已按实际成本验收入库。

③ 10 日，开出银行转账支票 1 张（中国银行人民币户）支付上期财务部人员工资 1 000 元。支票号 335672。

④ 16 日，接受投资 27 600 元，收到 1 张转账支票，存入中国银行英镑户。支票号 208509。

⑤ 16 日，市场部胡军丽向苏州德赛里家具有限公司销售木器漆 600 桶，单价 150 元/桶，增值税税率 13%，收到对方企业开具的增值税专用发票，货款尚未收到。

⑥ 28 日，开出 1 张银行承兑汇票，用来偿还辉铭颜料化工有限公司材料款，金额 4 500 元。

⑦ 31 日，用现金 500 元分别支付产品展销费 300 元，以及供应部办公费 200 元。

⑧ 在完成出纳签字、审核凭证后，由操作员 021 完成记账操作。

四、会计报表处理（30 分）

① 编辑报表内空白单元格公式（采用本位币），标有"—"的单元格无须编辑公式，在指定单元格设置关键字"年"和"月"，计算报表数据；

② 以"会计报表简表 2"的名称保存到考生文件夹中。

会计报表简表 2
2016 年 1 月

单位名称：成都美洁涂料股份有限公司 元

资产负债表项目	期初数	期末数	损益表项目	本月数	本年累计数
银行存款——中国行（英镑户）			主营业务收入		—
银行存款——中国银行（人民币户）	—		销售费用		—
应收账款			管理费用		—
应付票据	—		财务费用		—
应付账款			净利润		—
应付职工薪酬	—				
股本					

测试题 3

以系统管理员"admin"的身份登录系统管理,操作员预置如下。

编　号	姓　名	密　码
031	董明	空
032	朱小平	空
033	师青玉	空

一、账套预置

1. 基本情况

① 账套号:163。

② 账套名称:江苏易美制衣股份有限公司。

③ 单位名称:江苏易美制衣股份有限公司。

④ 单位简称:易美制衣。

⑤ 账套启用日期:2016 年 1 月 1 日。

⑥ 记账本位币:人民币(RMB)。

⑦ 企业类型:工业,执行"2007 年新会计准则"。

⑧ 账套主管:031 董明。

⑨ 基础信息:对供应商进行分类,有外币核算。

⑩ 分类编码方案:科目编码级次:4-2-2-2-2-2;供应商分类编码级次 2-2;部门编码级次:2-2;结算方式编码级次 1-2。

⑪ 总账模块启用日期:2016 年 1 月 1 日。

2. 操作员权限

操作员权限分配如下。

① 操作员"032 朱小平"拥有 163 账套"公用目录设置及总账系统(除出纳签字功能外)所有权限"。

② 操作员"033 师青玉"拥有 163 账套"现金管理所有权限、总账系统中出纳签字功能"。

二、初始化设置(35 分)

以操作员 032 的身份在 2016 年 1 月 1 日登录注册 163 账套。

1. 设置部门档案

部门编码	部门名称	部门属性
01	行政科	行政管理
02	生产科	生产管理
03	销售科	销售管理
04	财务科	财务管理

2. 设置职员档案

职员编码	职员名称	所属部门
031	董明	财务科
032	朱小平	财务科
033	师青玉	财务科
034	郑文化	行政科
035	王琴香	生产科
036	李勇	销售科

3. 设置供应商分类

类别编码	类别名称
01	主料供应商
02	辅料供应商
03	成品供应商

4. 设置供应商档案

供应商编号	供应商名称	供应商简称	所属供应商分类	税号	地址	开户银行	银行账号
001	江苏新华棉布厂	新华棉布	01	1001001	新龙路 98 号	建行	900001
002	淮安扎花厂	淮安扎花	02	1002002	新芳路 101 号	工行	900002
003	苏州伊美丽服饰公司	伊美丽服饰	03	1003003	盘门路 80 号	工行	900003

5. 设置客户档案

客户编号	客户名称	客户简称	税号	地址	开户银行	银行账号
01	淮阴佳美服装公司	淮阴佳美	2000100	淮海路 60 号	中行	800008
02	苏州天慧服饰公司	苏州天慧	2000200	西环路 66 号	工行	800007

6. 设置凭证类别

类别字	类别名称	限制类型
记	记账凭证	无限制

7. 设置外币

币别代码	币别名称	汇率方式	记账汇率	折算方式
EUR	欧元	固定汇率	7.11	外币×汇率＝本位币

8. 增加或修改会计科目并录入期初数据

说明:以下斜体的会计科目为新增科目或需修改的科目,其他科目为默认不变。

元

科目编码	科目名称	辅助核算	借贷方向	期初余额
1001	库存现金	日记账	借	19 670.83
1002	银行存款	日记账、银行账	借	170 200.24
100201	工商银行	日记账、银行账	借	28 000.24
100202	招商银行	欧元、日记账、银行账	借	142 200.00 (20 000 欧元)
1121	应收票据		借	25 350.00
1122	应收账款	客户往来 无受控系统	借	56 509.66
1221	其他应收款		借	5 500.00
122101	备用金	部门核算	借	
122102	应收个人款	个人往来	借	5 500.00
1402	在途物资		借	18 000.00
1403	原材料		借	9 800.00
1405	库存商品		借	78 509.53
140501	衬衣		借	26 003.31
140502	棉衣		借	52 506.22
1601	固定资产		借	651 000.00
1602	累计折旧		贷	12 878.00
2001	短期借款		贷	65 152.00
2201	应付票据		贷	320 220.00
2202	应付账款	供应商往来 无受控系统	贷	65 548.00
2203	预收账款		贷	88 020.12
2211	应付职工薪酬		贷	45 533.12
2221	应交税费		贷	34 591.32
222101	应交增值税		贷	34 591.32
22210101	进项税额		贷	
22210105	销项税额		贷	34 591.32
2501	长期借款		贷	168 900.00
4001	股本		贷	80 290.83

科目编码	科目名称	辅助核算	借贷方向	期初余额
4104	利润分配		贷	158 702.53
5001	生产成本		借	5 295.66
500101	直接材料		借	1 500.21
500102	直接人工		借	2 450.34
500103	制造费用		借	1 345.11
6001	主营业务收入	客户往来 无受控系统	贷	
6401	主营业务成本	客户往来 无受控系统	借	
6601	销售费用		借	
6602	管理费用		借	
660201	工资福利费	部门核算	借	
660202	办公费	部门核算	借	
660203	其他	部门核算	借	
6603	财务费用		借	

（1）应收账款期初余额

元

日 期	客 户	摘 要	方 向	金 额
2015.11.7	淮阴佳美	应收销货款	借	20 344.15
2015.12.1	苏州天慧	应收销货款	借	36 165.51
合 计				56 509.66

（2）其他应收款——应收个人款期初余额

元

日 期	部 门	个 人	摘 要	方 向	金 额
2015.11.7	销售科	李勇	应收个人款	借	1 500.00
2015.12.16	财务科	师青玉	应收个人款	借	4 000.00
合 计					5 500.00

（3）应付账款期初余额

元

日　期	供应商	摘　要	方　向	金　额
2015.11.7	新华棉布	应付购货款	贷	35 000.00
2015.12.1	淮安扎花	应付购货款	贷	15 548.00
2015.12.15	伊美丽服饰	应付购货款	贷	15 000.00
合　计				65 548.00

9. 指定会计科目

指定"1001 库存现金"为现金总账科目、"1002 银行存款"为银行总账科目。

10. 设置结算方式

结算方式编号	结算方式名称	是否票据管理
1	支票	否
101	现金支票	是
102	转账支票	是

三、总账日常业务处理（35 分）

以操作员 032 填制凭证；以操作员 033 进行出纳签字；以操作员 031 审核凭证。

① 3 日，财务科董明报销出差差旅费 2 000 元，以现金支付。

② 5 日，生产科王琴香向新华棉布厂采购生产用原料，价值 20 000 元，增值税税率 13%，货款尚未支付，收到对方企业开具的增值税专用发票，原料已按实际成本验收入库。

③ 16 日，销售科李勇向苏州天慧公司销售棉衣 100 件，单价 650 元/件，衬衣 100 件，单价 150 元/件。增值税税率 13%，已开具增值税专用发票，并收到对方企业的商业承兑汇票。

④ 28 日，企业开出 1 张工商银行转账支票，支付前欠新华棉布厂的货款 22 600 元。支票号 43810。

⑤ 29 日，结转已销售给苏州天慧公司棉衣的销售成本 25 000 元，衬衣的销售成本 7 000 元。

⑥ 29 日，接受投资 284 400 元，收到 1 张转账支票，存入招行。支票号 599421。

⑦ 30 日，支付销售科广告费 3 000 元，开出 1 张工商银行转账支票，票号 22007。

⑧ 在完成出纳签字、审核凭证后，由操作员 031 完成记账操作。

四、会计报表处理

① 编辑报表内空白单元格公式（采用本位币），标有"—"的单元格无须编辑公式，在指定单元格设置关键字"年"和"月"，计算报表数据；

② 以"会计报表简表 3"的名称保存到考生文件夹中。

会计报表简表 3

2016 年 1 月

单位名称:江苏易美制衣股份有限公司　　　　　　　　　　　　　　　　　　　元

资产负债表项目	期初数	期末数	损益表项目	本月数	本年累计数
银行存款——招商银行			主营业务收入		—
银行存款——工商银行	—		主营业务成本		—
应收票据			销售费用		—
应收账款			管理费用		—
应付账款	—		净利润		—
应付职工薪酬		—			
股本					

测试题 4

以系统管理员"admin"的身份登录系统管理,操作员预置如下。

编　号	姓　名	密　码
041	周大海	空
042	王晓川	空
043	郑文杰	空

一、账套预置

1. 基本情况

① 账套号:164。

② 账套名称:南京百味居食品股份有限公司。

③ 单位名称:南京百味居食品股份有限公司。

④ 单位简称:百味居食品。

⑤ 账套启用日期:2016 年 1 月 1 日。

⑥ 记账本位币:人民币(RMB)。

⑦ 企业类型:工业,执行"2007 年新会计准则"。

⑧ 账套主管:041 周大海。

⑨ 基础信息:对客户进行分类,有外币核算。

⑩ 分类编码方案:科目编码级次:4-2-2-2-2;客户分类编码级次 2-2;部门编码级次:2-2;结算方式编码级次 1-2。

⑪ 总账模块启用日期:2016 年 1 月 1 日。

2. 操作员权限

操作员权限分配如下。

① 操作员"042 王晓川"拥有 164 账套　公用目录设置及总账系统(除出纳签字功能外)所有权限"。

② 操作员"043 郑文杰"拥有 164 账套　"现金管理所有权限、总账系统中出纳签字功能"。

二、初始化设置(35 分)

以操作员 042 的身份在 2016 年 1 月 1 日登录注册 164 账套。

1. 设置部门档案

部门编码	部门名称	部门属性
01	财务科	财务管理
02	采购科	采购供应
03	后勤科	后勤管理
04	销售科	销售管理

2. 设置职员档案

职员编码	职员名称	所属部门
01	周大海	财务科
02	王晓川	财务科
03	郑文杰	财务科
04	毛晓晓	销售科
05	任德利	后勤科
06	师裕华	采购科

3. 设置供应商档案

供应商编号	供应商名称	供应商简称	税号	地址	开户银行	银行账号
001	南农蔬菜批发公司	南农蔬菜	9009001	中山路 999 号	中行	400001
002	绿色家园果品公司	绿色家园	9009002	秣陵路 88 号	工行	400002

4. 设置客户分类

类别编码	类别名称
01	零售商
02	品牌代理商

5. 设置客户档案

客户编号	客户名称	客户简称	所属客户分类	税号	地址	开户银行	银行账号
001	华润超市股份有限公司	华润超市	01	567890	湖山路 41 号	中行	800001
002	华美食品商店	华美商店	01	123456	四条巷 3 号	工行	900002
003	卫康食品专营店	卫康食品	02	654321	庐山路 10 号	工行	100003

6. 设置凭证类别

类别字	类别名称	限制类型
记	记账凭证	无限制

7. 设置外币

币别代码	币别名称	汇率方式	记账汇率	折算方式
HKD	港币	固定汇率	0.84	外币×汇率＝本位币

8. 增加或修改会计科目并录入期初数据

说明:以下斜体的会计科目为新增科目或需修改的科目,其他科目为默认不变。

元

科目编码	科目名称	辅助核算	借贷方向	期初余额
1001	库存现金	日记账	借	15 953.21
1002	银行存款	日记账、银行账	借	70 565.42
100201	中国银行	日记账、银行账	借	53 765.42
100202	建设银行	港币、日记账、银行账	借	16 800.00 (20 000 港币)
1121	应收票据		借	7 600.21
1122	应收账款	客户往来 无受控系统	借	36 505.83
1221	其他应收款		借	4 800.00
122101	应收单位款	部门核算	借	
122102	应收个人款	个人往来	借	4 800.00
1402	在途物资		借	28 000.00
1403	原材料		借	3 400.00
1405	库存商品		借	5 298.44
140501	蔬菜汁		借	2 000.00
140502	鲜果汁		借	3 298.44
1601	固定资产		借	150 000.00
1602	累计折旧		贷	40 000.00
2001	短期借款		贷	33 890.88
2201	应付票据		贷	
2202	应付账款	供应商往来 无受控系统	贷	50 000.00
2203	预收账款		贷	1 002.41
2211	应付职工薪酬		贷	10 532.43
2221	应交税费		贷	40 000.00
222101	应交增值税		贷	40 000.00
22210101	进项税额		贷	
22210103	未交增值税		贷	23 000.00
22210105	销项税额		贷	17 000.00
2501	长期借款		贷	70 000.00

科目编码	科目名称	辅助核算	借贷方向	期初余额
4001	股本		贷	38 299.52
4104	利润分配		贷	43 397.87
5001	生产成本		借	5 000.00
500101	直接材料		借	1 500.00
500102	直接人工		借	1 450.00
500103	制造费用		借	2 050.00
6001	主营业务收入		贷	
6401	主营业务成本		借	
6601	销售费用		借	
6602	管理费用		借	
660201	工资福利费	部门核算	借	
660202	差旅费	部门核算	借	
660203	其他	部门核算	借	
6603	财务费用		借	

（1）应收账款期初余额

元

日 期	客 户	摘 要	方 向	金 额
2015.11.7	华润超市股份有限公司	应收销货款	借	16 505.21
2015.11.16	华美食品商店	应收销货款	借	10 000.62
2015.12.3	卫康食品专营店	应收销货款	借	10 000.00
合 计				36 505.83

（2）其他应收款——应收个人款期初余额

元

日 期	部 门	个 人	摘 要	方 向	金 额
2015.9.7	销售科	毛晓晓	应收个人款	借	3 300.00
2015.10.16	财务科	周大海	应收个人款	借	1 500.00
合 计					4 800.00

（3）应付账款期初余额

元

日 期	供应商	摘 要	方 向	金 额
2015.10.7	南农蔬菜批发公司	应付购货款	贷	15 000.00
2015.12.1	绿色家园果品公司	应付购货款	贷	35 000.00
合 计				50 000.00

9. 指定会计科目

指定"1001 库存现金"为现金总账科目、"1002 银行存款"为银行总账科目。

10. 设置结算方式

结算方式编号	结算方式名称	是否票据管理
1	支票	否
101	现金支票	是
102	转账支票	是

三、总账日常业务处理（35 分）

以操作员 042 填制凭证；以操作员 043 进行出纳签字；以操作员 041 审核凭证。

① 3 日，支付上期未交增值税 4 500 元，开出 1 张中国银行转账支票，票号 30087。

② 5 日，采购科师裕华向绿色家园果品公司采购水果，价值 5 000 元，增值税税率 13%，收到对方企业开具的增值税专用发票，货款尚未支付，水果已验收入库。

③ 16 日，销售科毛晓晓向华美食品商店销售果蔬汁，价值 20 000 元，增值税税率 13%，已开具增值税专用发票，货款尚未收到。

④ 28 日，归还本期短期借款，其中本金 30 000 元，利息 125 元，以中国银行转账支票支付。支票号 43810。

⑤ 29 日，以现金支付销售科广告费 1 000 元。

⑥ 29 日，接受投资 336 000 元，收到 1 张转账支票，存入建设银行。票号 599421。

⑦ 30 日，财务科周大海报销差旅费 1 500 元，以现金支付。

⑧ 在完成出纳签字、审核凭证后，由操作员 041 完成记账操作。

四、会计报表处理（30 分）

① 编辑报表内空白单元格公式（采用本位币），标有"—"的单元格无须编辑公式，在指定单元格设置关键字"年"和"月"，计算报表数据；

② 以"会计报表简表 4"的名称保存到考生文件夹中。

会计报表简表 4

2016 年 1 月

单位名称:南京百味居食品股份有限公司 元

资产负债表项目	期初数	期末数	损益表项目	本月数	本年累计数
库存现金			主营业务收入		—
银行存款——建设银行	—		销售费用		—
应收账款			管理费用		—
短期借款			财务费用		—
应付账款	—		净利润		—
应交税费	—				
股本					

测试题1答案

二、初始化设置(略)

三、总账日常业务处理

① 借:财务费用   4 800
     贷:应付利息   4 800

② 借:原材料——光盘   42 000
     应交税费——应交增值税(进项税额)   5 460
     贷:应付账款   47 460

供应商:天翔电子   业务员:李小军

③ 借:应收账款   84 750
     贷:主营业务收入   75 000
      应交税费——应交增值税(销项税额)   9 750

客户:远大科技   业务员:王敏

④ 借:银行存款——工商银行——人民币户   23 400
     贷:应收账款   23 400

票号:102 - 43810

客户:远大科技

⑤ 借:销售费用   5 000
     贷:应付职工薪酬   5 000

⑥ 借:银行存款——工商银行——美元户   2 600 000($ 400 000)
     贷:股本   2 600 000

票号:102 - 599421

⑦ 借:管理费用——差旅费   1 200
     贷:库存现金   1 200

部门:财务部

⑧ (略)

四、会计报表处理

会计报表简表1

2016 年 1 月

单位名称:天津渤海科技股份有限公司   元

资产负债表项目	期初数	期末数	损益表项目	本月数	本年累计数
银行存款——工行（美元户）	65 000	2 665 000	主营业务收入	75 000	75 000
	=QC(10020102,月)	=QM(10020102,月)		=FS(6001,月,贷)	=LFS(6001,月,贷)
银行存款——工行（人民币户）	—	121 965	销售费用	5 000	—
		=QM(10020101,月)		=FS(6601,月,借)	

214

资产负债表项目	期初数	期末数	损益表项目	本月数	本年累计数
应收账款	56 509.84	117 859.84	管理费用	1 200	—
	=QC (1122,月)	=QM (1122,月)		=FS(6602, 月,借)	
应付账款	—	127 460	财务费用	4 800	—
		=QM (2202,月)		=FS(6603, 月,借)	
应付职工薪酬	—	110 322.43	净利润	64 000	—
		=QM (2211,月)		表上取数	
应付利息	1 000	5 800			
	=QC (2231,月)	=QM (2231,月)			
股本	—	2 628 299.12			
		=QM (4001,月)			

测试题 2 答案

二、初始化设置（略）

三、总账日常业务处理

① 借：财务费用   200
     贷：库存现金   200

② 借：原材料——颜料   27 000
     应交税费——应交增值税（进项税额）   3 510
     贷：应付账款   30 510

供应商：景怡化工   业务员：储江英

③ 借：应付职工薪酬   1 000
     贷：银行存款——中国银行——人民币户   1 000

票号：102-335672

④ 借：银行存款——中国银行——英镑户   27 600(€2 993.49)
     贷：股本   27 600

票号：102-208509

⑤ 借：应收账款   101 700
     贷：主营业务收入   90 000
     应交税费——应交增值税（销项税额）   11 700

客户：德赛里家具   业务员：胡军丽

⑥ 借：应付账款   4 500
     贷：应付票据   4 500

供应商：辉铭

⑦ 借：销售费用   300
     管理费用——办公费   200
     贷：库存现金   500

部门：销售部、供应部

⑧（略）

四、会计报表处理

会计报表简表 2
2016 年 1 月

单位名称：成都美洁涂料股份有限公司   元

资产负债表项目	期初数	期末数	损益表项目	本月数	本年累计数
银行存款——中国银行（英镑户）	92 200	119 800	主营业务收入	90 000	—
	=QC (10020102,月)	=QM (10020102,月)		=FS (6001,月,贷)	
银行存款——中国银行（人民币户）	—	89 568.69	销售费用	300	—
		=QM (10020101,月)		=FS (6601,月,借)	

资产负债表项目	期初数	期末数	损益表项目	本月数	本年累计数
应收账款	95 562.05	197 262.05	管理费用	200	—
	＝QC （1122,月）	＝QM （1122,月）		＝FS （6602,月,借）	
应付票据	—	4 500	财务费用	200	—
		＝QM （2201,月）		＝FS （6603,月,借）	
应付账款	8 000	34 010	净利润	89 300	—
	＝QC （2202,月）	＝QM （2202,月）		表上取数	
应付 职工薪酬	—	7 969.64			
		＝QM （2211,月）			
股本	406 209.27	433 809.27			
	＝QC （4001,月）	＝QM （4001,月）			

测试题 3 答案

二、初始化设置(略)

三、总账日常业务处理

① 借:管理费用—其他　　　　　　　　　　　　　　　　　　　　2 000
　　　贷:库存现金　　　　　　　　　　　　　　　　　　　　　　　　　2 000
部门:财务科

② 借:原材料　　　　　　　　　　　　　　　　　　　　　　　　20 000
　　　应交税费——应交增值税(进项税额)　　　　　　　　　　　2 600
　　　贷:应付账款　　　　　　　　　　　　　　　　　　　　　　　　22 600
供应商:新华棉布　　　业务员:王琴香

③ 借:应收票据　　　　　　　　　　　　　　　　　　　　　　　90 400
　　　贷:主营业务收入　　　　　　　　　　　　　　　　　　　　　　80 000
　　　　　应交税费——应交增值税(销项税额)　　　　　　　　　　10 400
客户:苏州天慧　　　业务员:李勇

④ 借:应付账款　　　　　　　　　　　　　　　　　　　　　　　22 600
　　　贷:银行存款——工商银行　　　　　　　　　　　　　　　　　22 600
票号:102 - 43810
供应商:新华棉布

⑤ 借:主营业务成本　　　　　　　　　　　　　　　　　　　　　32 000
　　　贷:库存商品——棉衣　　　　　　　　　　　　　　　　　　　25 000
　　　　　　　　　——衬衣　　　　　　　　　　　　　　　　　　　7 000
客户:苏州天慧

⑥ 借:银行存款——招商银行　　　　　　　　　　　284 400(€40 000)
　　　贷:股本　　　　　　　　　　　　　　　　　　　　　　　　284 400
票号:102 - 599421

⑦ 借:销售费用　　　　　　　　　　　　　　　　　　　　　　　3 000
　　　贷:银行存款——工商银行　　　　　　　　　　　　　　　　　3 000
票号:102 - 22007
部门:销售科

⑧ (略)

四、会计报表处理

会计报表简表 3

2016 年 1 月

单位名称:江苏易美制衣股份有限公司　　　　　　　　　　　　　　　　　　　　　　　元

资产负债表项目	期初数	期末数	损益表项目	本月数	本年累计数
银行存款—— 招商银行	142 200 =QC (100202,月)	426 600 =QM (100202,月)	主营业务 收入	80 000 =FS (6001,月,贷)	—

（续表）

资产负债表项目	期初数	期末数	损益表项目	本月数	本年累计数
银行存款—— 工商银行	27 200.24	2 400.24	主营业务 成本	32 000	—
		=QM （100201,月）		=FS （6401,月,借）	
应收票据	25 350	115 750	销售费用	3 000	—
	=QC （1121,月）	=QM （1121,月）		=FS （6601,月,借）	
应收账款	56 509.66	56 509.66	管理费用	2 000	—
	=QC （1122,月）	=QM （1122,月）		=FS （6602,月,借）	
应付账款	—	65 548	净利润	43 000	—
		=QM （2202,月）		表上取数	
应付职工 薪酬	45 533.12	—			
	=QC （2211,月）				
股本	80 290.83	364 690.83			
	=QC （4001,月）	=QM （4001,月）			

测试题 4 答案

二、初始化设置(略)

三、总账日常业务处理

① 借:应交税费——应交增值税(未交增值税)   4 500
    贷:银行存款——中国银行   4 500
票号:102 - 30087

② 借:原材料   5 000
      应交税费——应交增值税(进项税额)   650
    贷:应付账款   5 650
供应商:绿色家园   业务员:师裕华

③ 借:应收账款   22 600
    贷:主营业务收入   20 000
        应交税费——应交增值税(销项税额)   2 600
客户:华美商店   业务员:毛晓晓

④ 借:短期借款   30 000
      财务费用   125
    贷:银行存款——中国银行   30 125
票号:102 - 43810

⑤ 借:销售费用   1 000
    贷:库存现金   1 000

⑥ 借:银行存款——建设银行   336 000(HKD400 000)
    贷:股本   336 000
票号:102 - 599421

⑦ 借:管理费用——差旅费   1 500
    贷:库存现金   1 500
部门:财务科

⑧(略)

四、会计报表处理

会计报表简表 4
2016 年 1 月

单位名称:南京百味居食品股份有限公司   元

资产负债表项目	期初数	期末数	损益表项目	本月数	本年累计数
库存现金	15 953.21	13 453.21	主营业务收入	20 000	—
	=QC (1001,月)	=QM (1001,月)		=FS6001, 月,贷)	
银行存款—— 建设银行	—	352 800	销售费用	1 000	—
		=QM (100202,月)		=FS(6601, 月,借)	

资产负债表项目	期初数	期末数	损益表项目	本月数	本年累计数
应收账款	36 505.83	59 105.83	管理费用	1 500	—
	=QC(1122,月)	=QM(1122,月)		=FS(6602,月,借)	
短期借款	33 890.88	3 890.88	财务费用	125	—
	=QC(2001,月)	=QM(2001,月)		=FS(6603,月,借)	
应付账款	—	55 650	净利润	17 375	—
		=QM(2202,月)		表上取数	
应交税费	—	37 450			
		=QM(2221,月)			
股本	38 299.52	374 299.52			
	=QC(4001,月)	=QM(4001,月)			

附录2

初级会计电算化(用友畅捷通 T3)
技能测试题及答案(2017 年)

测试题 1

启动系统管理,以系统管理员"admin"的身份登录系统管理,操作员预置如下。

编　号	姓　名	密　码
101	文小军	空
102	赵星星	空
103	葛红庆	空

一、账套预置

1. 基本情况

① 账套号:171。

② 账套名称:广州伊美服装股份有限公司。

③ 单位名称:广州伊美服装股份有限公司。

④ 单位简称:广州伊美。

⑤ 账套启用日期:2016 年 12 月 1 日。

⑥ 记账本位币:人民币(RMB)。

⑦ 企业类型:工业,执行"2007 年新会计准则"。

⑧ 账套主管:101 文小军。

⑨ 基础信息:对客户进行分类,无外币核算。

⑩ 分类编码方案:科目编码级次:4-2-2-2-2;客户分类编码级次:2-2;部门编码级次:2-2;结算方式编码级次:1-2。

⑪ 创建账套后启用总账模块,启用日期:2016 年 12 月 1 日。

2. 操作员权限

操作员权限分配如下。

① 操作员"102 赵星星"拥有 171 账套"公用目录设置及总账系统(除出纳签字功能外)所有权限"。

② 操作员"103 葛红庆"拥有 171 账套"现金管理所有权限、总账系统中出纳签字功能"。

二、初始化设置（30 分）

以操作员 102 的身份在 2016 年 12 月 1 日登录注册 171 账套。

1. 设置部门档案（以下销售科为专设的销售机构）

部门编码	部门名称	部门属性
01	购销中心	
0101	销售科	市场营销
0102	采购科	采购供应
02	生产部	
0201	裁剪车间	生产管理
0202	缝纫车间	生产管理
03	后勤部	
0301	财务科	财务管理
0302	行政科	行政管理

2. 设置职员档案

职员编码	职员名称	所属部门
01	文小军	财务科
02	赵星星	财务科
03	葛红庆	财务科
04	王国美	行政科
05	王敏	销售科
06	周峰	采购科

3. 设置地区分类

类别编码	类别名称
01	华南区
02	华东区

4. 设置供应商档案

供应商编号	供应商名称	供应商简称	所属地区分类	税号	地址	开户银行	账号
001	广东华彩织布厂	华彩厂	01	171199	阳江市白云路 12 号	中行	888889
002	浙江兰花针织印染厂	兰花厂	02	671299	宁波市大庆路 115 号	工行	999998

5. 设置客户分类

类别编码	类别名称
01	实体店
02	网店

6. 设置客户档案

客户编号	客户名称	客户简称	所属客户分类	税　号	地　址	开户银行	账　号
001	北京燕莎商贸集团	燕莎商贸	01	66663	北京市朝阳东路311号	中行	123456
002	馨儿姿专卖店	馨儿姿	02	77773	天津市和平路222号	招行	165432

7. 设置凭证类别

类别字	类别名称	限制类型
记	记账凭证	无限制

8. 项目目录(结合第9题会计科目操作)

项目设置步骤	设置内容	
项目大类	生产成本	
核算科目	生产成本(5001)	
	直接材料(500101)	
	直接人工(500102)	
	制造费用(500103)	
项目分类		
1	自制项目	
2	代加工项目	
项目目录		
01	衬衫	自制项目
02	棉服	自制项目

9. 会计科目及其期初数据

说明:以下斜体标记的会计科目为新增科目或需修改的科目,其他科目默认不变。

元

科目编码	科目名称	辅助核算	借贷方向	期初余额
1001	库存现金	日记账	借	19 875.00
1002	银行存款	日记账、银行账	借	116 000.00
100201	工行	日记账、银行账	借	56 000.00
100202	建行	日记账、银行账	借	60 000.00
1121	应收票据		借	10 000.00
1122	应收账款	客户往来 无受控系统	借	66 509.00
1221	其他应收款		借	9 500.00
1403	原材料		借	6 500.00
140301	棉布料		借	3 600.00
140302	麻布料		借	2 750.00
140303	包装袋		借	150.00
1405	库存商品		借	78 509.00
140501	衬衫		借	22 400.00
140502	棉服		借	56 109.00
1601	固定资产		借	160 000.00
1602	累计折旧		贷	35 000.00
2001	短期借款		贷	55 510.00
2201	应付票据		贷	53 000.00
2202	应付账款	供应商往来 无受控系统	贷	50 000.00
2203	预收账款		贷	30 288.00
2211	应付职工薪酬		贷	8 800.00
2221	应交税费		贷	57 000.00
222101	应交增值税		贷	57 000.00
22210101	进项税额		贷	
22210105	销项税额		贷	57 000.00
2231	应付利息		贷	14 000.00
2501	长期借款		贷	58 000.00
4001	股本		贷	26 590.00
4104	利润分配		贷	83 000.00
5001	生产成本	项目核算	借	4 295.00

（续表）

科目编码	科目名称	辅助核算	借贷方向	期初余额
500101	直接材料	项目核算	借	1 500.00
500102	直接人工	项目核算	借	1 450.00
500103	制造费用	项目核算	借	1 345.00
5101	制造费用	部门核算	借	
6001	主营业务收入		贷	
600101	衬衫		贷	
600102	棉服		贷	
6051	其他业务收入		贷	
605101	包装袋		贷	
6301	营业外收入		贷	
6401	主营业务成本		借	
640101	衬衫		借	
640102	棉服		借	
6601	销售费用		借	
660101	差旅费		借	
660102	广告费		借	
660103	其他		借	
6602	管理费用		借	
660201	差旅费	部门核算	借	
660202	办公费	部门核算	借	
660203	其他	部门核算	借	
6603	财务费用		借	
660301	借款利息		借	
660302	手续费		借	
660303	其他		借	

（1）应收账款明细

元

日　期	客　户	摘　要	方　向	金　额
2016.11.7	燕莎商贸	应收销货款	借	36 509.00
2016.11.21	馨儿姿	应收销货款	借	30 000.00
合　计				66 509.00

（2）应付账款明细

元

日　期	供应商	摘　要	方　向	金　额
2016.10.7	华彩厂	应付购货款	贷	35 000.00
2016.11.1	兰花厂	应付购货款	贷	15 000.00
合　计				50 000.00

（3）生产成本明细

元

明细科目	项　目	方　向	期初余额
直接材料	衬衫	借	800.00
	棉服	借	700.00
直接人工	衬衫	借	850.00
	棉服	借	600.00
制造费用	衬衫	借	550.00
	棉服	借	795.00
合　计			4 295.00

10. 指定会计科目

指定"1001 库存现金"为现金总账科目、"1002 银行存款"为银行总账科目。

11. 设置结算方式

结算方式编号	结算方式名称	是否票据管理
1	转账支票	是
2	银行承兑汇票	否
3	商业承兑汇票	否

三、总账日常业务处理（40 分）

以业务发生日为制单日期，以操作员 102 填制凭证，以操作员 103 进行出纳签字，以操作员 101 审核凭证、记账。

① 3 日，收到合同违约金 5 500 元，以转账支票方式存入工行账户，票号 99972。

② 5 日，采购员周峰向广东华彩织布厂采购棉布料 1 000 码，单价 17.5 元/码，麻布料 1 000 码，单价 22.5 元/码，增值税税率 13%，支付采购运费 800 元，运费增值税税率 9%，企业开出 1 张商业承兑汇票，材料已按实际成本验收入库（注：运费按照材料的买价在两种材料间进行分配）。

③ 8 日，车间因工作需要购入劳保用品，于当日交付使用。其中，裁剪车间购入 1 500 元，缝纫车间购入 2 250 元，增值税税率为 13%，开出建行转账支票 1 张，票号 22940。

④ 16 日，销售科王敏向北京燕莎商贸集团销售衬衫 650 套，单价 150 元/套，增值税税率

13％,公司以现金代垫运费 500 元。先以上月的预收款项 10 000 元进行结算,其余款项尚未收到。

⑤ 18 日,财务科文小军出差报销差旅费 675 元,行政科王国美报销差旅费 570 元销售科王敏报销差旅费 500 元,以现金支付。

⑥ 20 日,以工行转账支票归还向工行借入的短期借款本金 45 000 元及利息 78.75 元,其中利息已预提 52.5 元,票号 99973。

⑦ 23 日,销售包装服装的包装袋 10 000 只,单价 1.5 元/只,增值税税率 13％,收到对方开出的 1 张银行承兑汇票。

⑧ 23 日,以现金支付本月水费,其中销售科 850 元,财务科 600 元,行政科 1 000 元,裁剪车间 660 元,缝纫车间 880 元,增值税税率 9％。

⑨ 26 日,将本公司生产的棉服发给职工作为福利,数量 150 件,市场价格每件 320 元,增值税税率 13％。

⑩ 执行出纳签字、审核凭证、记账操作。

⑪ 31 日,发现 3 日收到的合同违约金金额应为 5 000 元,请采用红字冲销法将多记的金额冲销,并由相关人员进行审核、出纳签字、记账。

四、会计报表处理(30 分)

在"新建报表"窗口下,点击 2007 新会计准则文件夹,打开"报表 1",对表内的期间费用明细表及简表空格处编辑报表公式,并自动计算出报表数字,以"月度报表 1"的名称保存到考生文件夹中。

注意:

① 大写字母编辑公式;

② 合计数包含横线单元格。

期间费用明细表 1

单位名称　　　　　　　　　　　　　　年　　月　　　　　　　　　　　　　　　元

销售费用		管理费用			财务费用	
项　目	本月数	项　目	财务科本月数	行政科本月数	项　目	本月数
差旅费		差旅费			借款利息	
广告费		办公费		—	手续费	—
其他		其他			其他	
合　计		合　计		—	合　计	

简表 1					
项　目	期初数	期末数	项　目	明细项目	本月数	本年累计数
货币资金	—		主营业务收入	衬衫		—
原材料	—		主营业务收入	棉服		
应收票据			其他业务收入	包装袋		
应交税费	—		营业外收入			—

测试题 2

启动系统管理,以系统管理员"admin"的身份登录系统管理,操作员预置如下。

编　号	姓　名	密　码
201	张丽丽	空
202	韩中原	空
203	夏娟	空

一、账套预置

1. 基本情况

① 账套号:172。

② 账套名称:苏州古田家具股份有限公司。

③ 单位名称:苏州古田家具股份有限公司。

④ 单位简称:苏州古田。

⑤ 账套启用日期:2016年12月1日。

⑥ 记账本位币:人民币(RMB)。

⑦ 企业类型:工业,执行"2007年新会计准则"。

⑧ 账套主管:201 张丽丽。

⑨ 基础信息:对客户进行分类,无外币核算。

⑩ 分类编码方案:科目编码级次:4-2-2-2-2;客户分类编码级次:2-2;部门编码级次:2-2;结算方式编码级次:1-2。

⑪ 创建账套后启用总账模块,启用日期:2016年12月1日。

2. 操作员权限

操作员权限分配如下。

① 操作员"202 韩中原"拥有172账套"公用目录设置及总账系统(除出纳签字功能外)所有权限"。

② 操作员"203 夏娟"拥有172账套"现金管理所有权限、总账系统中出纳签字功能"。

二、初始化设置(30分)

以操作员202的身份在2016年12月1日登录注册172账套。

1. 设置部门档案（以下销售科为专设的销售机构）

部门编码	部门名称	部门属性
01	购销中心	
0101	销售科	市场营销
0102	供应科	采购供应
02	生产部	
0201	木器加工车间	生产管理
0202	喷漆车间	生产管理
03	后勤部	
0301	财务科	财务管理
0302	行政科	行政管理

2. 设置职员档案

职员编码	职员名称	所属部门
01	张丽丽	财务科
02	韩中原	财务科
03	夏娟	财务科
04	朱婷	行政科
05	刘军	销售科
06	王丽荣	供应科

3. 设置地区分类

类别编码	类别名称
01	华南区
02	华北区

4. 设置供应商档案

供应商编号	供应商名称	供应商简称	所属地区分类	税号	地址	开户银行	账号
001	厦门青竹木材厂	青竹木材厂	01	171199	厦门市白云路 12 号	中行	888889
002	河北古城漆业公司	古城漆业公司	02	671299	衡水市红旗路 115 号	招行	999998

5. 设置客户分类

类别编码	类别名称
01	同城客户
02	异地客户

6. 设置客户档案

客户编号	客户名称	客户简称	所属客户分类	税 号	地 址	开户银行	账 号
001	南京红星家居公司	红星家居	02	56663	南京市卡子门大街 11 号	中行	423456
002	苏州美凯龙商城	美凯龙	01	67773	苏州市和平路 90 号	招行	365432

7. 设置凭证类别

类别字	类别名称	限制类型
记	记账凭证	无限制

8. 项目目录(结合第 9 题会计科目操作)

项目设置步骤	设置内容	
项目大类	生产成本	
核算科目	生产成本(5001)	
	直接材料(500101)	
	直接人工(500102)	
	制造费用(500103)	
项目分类		
1	自制项目	
2	代加工项目	
项目目录		
01	书桌	自制项目
02	茶几	自制项目

9. 会计科目及其期初数据

说明:以下斜体标记的会计科目为新增科目或需修改的科目,其他科目为默认不变。

元

科目编码	科目名称	辅助核算	借贷方向	期初余额
1001	库存现金	日记账	借	39 875.00
1002	银行存款	日记账、银行账	借	136 000.00
100201	招行	日记账、银行账	借	76 000.00
100202	建行	日记账、银行账	借	60 000.00
1121	应收票据		借	130 000.00
1122	应收账款	客户往来 无受控系统	借	66 509.00
1221	其他应收款		借	9 500.00

（续表）

科目编码	科目名称	辅助核算	借贷方向	期初余额
1403	原材料		借	16 500.00
140301	松木料		借	9 600.00
140302	杉木料		借	6 750.00
140303	打包带		借	150.00
1405	库存商品		借	78 509.00
140501	书桌		借	22 400.00
140502	茶几		借	56 109.00
1511	长期股权投资		借	
1601	固定资产		借	160 000.00
1602	累计折旧		贷	55 000.00
2001	短期借款		贷	155 510.00
2201	应付票据		贷	73 000.00
2202	应付账款	供应商往来 无受控系统	贷	50 000.00
2203	预收账款		贷	30 288.00
2211	应付职工薪酬		贷	14 800.00
2221	应交税费		贷	77 000.00
222101	应交增值税		贷	77 000.00
22210101	进项税额		贷	
22210105	销项税额		贷	77 000.00
2231	应付利息		贷	24 000.00
2501	长期借款		贷	58 000.00
4001	股本		贷	26 590.00
4104	利润分配		贷	83 000.00
5001	生产成本	项目核算	借	10 295.00
500101	直接材料	项目核算	借	3 500.00
500102	直接人工	项目核算	借	3 450.00
500103	制造费用	项目核算	借	3 345.00
5101	制造费用	部门核算	借	
6001	主营业务收入		贷	
600101	书桌		贷	
600102	茶几		贷	

科目编码	科目名称	辅助核算	借贷方向	期初余额
6051	其他业务收入		贷	
605101	打包带		贷	
6301	营业外收入		贷	
6401	主营业务成本		借	
640101	书桌		借	
640102	茶几		借	
6601	销售费用		借	
660101	差旅费		借	
660102	广告费		借	
660103	其他		借	
6602	管理费用		借	
660201	差旅费	部门核算	借	
660202	办公费	部门核算	借	
660203	其他	部门核算	借	
6603	财务费用		借	
660301	借款利息		借	
660302	手续费		借	
660303	其他		借	

（1）应收账款明细

元

日　期	客　户	摘　要	方　向	金额
2016.11.7	红星家居	应收销货款	借	36 509.00
2016.11.21	美凯龙	应收销货款	借	30 000.00
合　计				66 509.00

（2）应付账款明细

元

日　期	供应商	摘　要	方　向	金　额
2016.10.7	青竹木材厂	应付购货款	贷	35 000.00
2016.11.1	古城漆业公司	应付购货款	贷	15 000.00
合　计				50 000.00

（3）生产成本明细

元

明细科目	项目	方向	期初余额
直接材料	书桌	借	1 800.00
	茶几	借	1 700.00
直接人工	书桌	借	1 850.00
	茶几	借	1 600.00
制造费用	书桌	借	1 550.00
	茶几	借	1 795.00
合　计			10 295.00

10. 指定会计科目

指定"1001 库存现金"为现金总账科目、"1002 银行存款"为银行总账科目。

11. 设置结算方式

结算方式编号	结算方式名称	是否票据管理
1	转账支票	是
2	银行承兑汇票	否
3	商业承兑汇票	否

三、总账日常业务处理（40 分）

以业务发生日为制单日期，以操作员 202 填制凭证，以操作员 203 进行出纳签字，以操作员 201 审核凭证、记账。

① 5 日，采购员王丽荣向厦门青竹木材厂采购松木料 100 立方米，单价 1 100 元，杉木料 100 立方米，单价 1 300 元，增值税率 13％，支付采购运费 1 200 元，运费增值税率 9％，企业开出 1 张商业承兑汇票，材料已按实际成本验收入库。（注：运费按照材料的买价在两种材料间进行分配）

② 6 日，收到一笔罚款收入 7 600 元，以转账支票方式存入招行账户，票号 19972。

③ 8 日，车间因工作需要购入劳保用品，于当日交付使用。其中，木器加工车间购入 3 000 元，喷漆车间购入 3 250 元，增值税税率 13％，开出建行转账支票 1 张，票号 22940。

④ 18 日，财务科张丽丽出差报销差旅费 675 元，行政科朱婷报销差旅费 570 元销售科刘军报销差旅费 500 元，以现金支付。

⑤ 19 日，销售科刘军向南京红星家居公司销售书桌 100 张，单价 1 250 元/张，增值税税率 13％，公司以现金代垫运费 900 元。先以上月的预收款项 20 000 元进行结算，其余款项尚未收到。

⑥ 20 日，以招行转账支票归还向招行借入的短期借款本金 98 000 元及利息 183.75 元，其中利息已预提 122.5 元，票号 19973。

⑦ 23 日，销售包装木材的打包带 10 000 条，单价 1.5 元/条，增值税税率 13％，收到对方

开出的 1 张银行承兑汇票。

⑧ 23 日，以现金支付本月水费，其中，销售科 950 元，财务科 700 元，行政科 900 元，木器加工车间 650 元，喷漆车间 800 元，增值税税率 9%。

⑨ 26 日，将本公司生产的茶几对外进行长期投资，数量 150 件，市场价格每件 520 元，增值税税率 13%。

⑩ 执行出纳签字、审核凭证、记账操作。

⑪ 31 日，发现 6 日收到的罚款金额应为 7 000 元，请采用红字冲销法将多记的金额冲销，并由相关人员进行审核、出纳签字、记账。

四、会计报表处理（30 分）

在"新建报表"窗口下，点击 2007 新会计准则文件夹，打开"报表 2"，对表内的期间费用明细表及简表空格处编辑报表公式，并自动计算出报表数字，以"月度报表 2"的名称保存到考生文件夹中。

注意：

① 大写字母编辑公式；

② 合计数包含横线部分。

期间费用明细表 2

单位名称　　　　　　　　　　　年　月　　　　　　　　　　　　　元

销售费用		管理费用			财务费用	
项　目	本月数	项　目	财务科本月数	行政科本月数	项　目	本月数
差旅费		差旅费			借款利息	
广告费		办公费		—	手续费	—
其他		其他			其他	
合　计		合　计		—	合　计	

简表 2					
项　目	期初数	期末数	项　目	明细项目	本月数	本年累计数
货币资金	—		主营业务收入	书桌		—
短期借款	—		主营业务收入	茶几		—
应付票据	—		其他业务收入	打包带		—
应交税费	—		营业外收入			

测试题 3

启动系统管理,以系统管理员"admin"的身份登录系统管理,操作员预置如下。

编 号	姓 名	密 码
301	王红伟	空
302	刘莉	空
303	蔡平	空

一、账套预置

1. 基本情况

① 账套号:173。

② 账套名称:江苏华海机械制造股份有限公司。

③ 单位名称:江苏华海机械制造股份有限公司。

④ 单位简称:江苏华海。

⑤ 账套启用日期:2016 年 12 月 1 日。

⑥ 记账本位币:人民币(RMB)。

⑦ 企业类型:工业,执行"2007 年新会计准则"。

⑧ 账套主管:301 王红伟。

⑨ 基础信息:对客户进行分类,无外币核算。

⑩ 分类编码方案:科目编码级次:4-2-2-2-2;客户分类编码级次:2-2;部门编码级次:2-2;结算方式编码级次:1-2。

⑪ 创建账套后启用总账模块,启用日期:2016 年 12 月 1 日。

2. 操作员权限

操作员权限分配如下。

① 操作员"302 刘莉"拥有 173 账套"公用目录设置及总账系统(除出纳签字功能外)所有权限"。

② 操作员"303 蔡平"拥有 173 账套"现金管理所有权限、总账系统中出纳签字功能"。

二、初始化设置(30 分)

以操作员 302 的身份在 2016 年 12 月 1 日登录注册 173 账套。

1. 设置部门档案(以下销售科为专设的销售机构)

部门编码	部门名称	部门属性
01	购销中心	
0101	销售科	市场营销
0102	采购科	采购供应
02	生产部	
0201	金工车间	生产管理
0202	总装车间	生产管理
03	后勤部	
0301	财务科	财务管理
0302	行政科	行政管理

2. 设置职员档案

职员编码	职员名称	所属部门
01	王红伟	财务科
02	刘莉	财务科
03	蔡平	财务科
04	赵芳	行政科
05	吴小海	销售科
06	陈飞飞	采购科

3. 设置地区分类

类别编码	类别名称
01	华南区
02	华东区

4. 设置供应商档案

供应商编号	供应商名称	供应商简称	所属地区分类	税号	地址	开户银行	账号
001	江淮动力集团	江淮动力	02	571199	淮安市白云路12号	中行	448889
002	海南马力公司	海南马力	01	371299	海南市腾飞路15号	中行	339998

5. 设置客户分类

类别编码	类别名称
01	实体批发
02	实体零售

6. 设置客户档案

客户编号	客户名称	客户简称	所属客户分类	税号	地址	开户银行	账号
001	北京富力公司	富力公司	01	66663	北京市朝阳路 31 号	中行	123456
002	天津轴承厂	天津轴承	02	77773	天津市中山路 22 号	招行	165432

7. 设置凭证类别

类别字	类别名称	限制类型
记	记账凭证	无限制

8. 项目目录（结合第 9 题会计科目操作）

项目设置步骤	设置内容	
项目大类	生产成本	
核算科目	生产成本(5001)	
	直接材料(500101)	
	直接人工(500102)	
	制造费用(500103)	
项目分类		
1	自制项目	
2	代加工项目	
项目目录		
01	6201 号轴承	自制项目
02	6301 号轴承	自制项目

9. 会计科目及其期初数据

说明：以下斜体标记的会计科目为新增科目或需修改的科目，其他科目为默认不变。

元

科目编码	科目名称	辅助核算	借贷方向	期初余额
1001	库存现金	日记账	借	29 875.00
1002	银行存款	日记账、银行账	借	116 000.00
100201	中行	日记账、银行账	借	56 000.00
100202	农行	日记账、银行账	借	60 000.00
1121	应收票据		借	10 000.00
1122	应收账款	客户往来 无受控系统	借	56 509.00
1123	预付账款			30 000.00

科目编码	科目名称	辅助核算	借贷方向	期初余额
1221	其他应收款		借	9 500.00
1403	原材料		借	16 500.00
140301	101 号钢材		借	13 600.00
140302	102 号钢材		借	2 750.00
140303	标准件		借	150.00
1405	库存商品		借	78 509.00
140501	6201 号轴承		借	22 400.00
140502	6301 号轴承		借	56 109.00
1511	长期股权投资		借	
1601	固定资产		借	130 000.00
1602	累计折旧		贷	35 000.00
2001	短期借款		贷	55 510.00
2201	应付票据		贷	53 000.00
2202	应付账款	供应商往来 无受控系统	贷	60 000.00
2203	预收账款		贷	30 288.00
2211	应付职工薪酬		贷	8 800.00
2221	应交税费		贷	87 000.00
222101	应交增值税		贷	87 000.00
22210101	进项税额		贷	
22210105	销项税额		贷	87 000.00
2231	应付利息		贷	14 000.00
2501	长期借款		贷	58 000.00
4001	股本		贷	26 590.00
4104	利润分配		贷	53 000.00
5001	生产成本	项目核算	借	4 295.00
500101	直接材料	项目核算	借	1 500.00
500102	直接人工	项目核算	借	1 450.00
500103	制造费用	项目核算	借	1 345.00
5101	制造费用	部门核算	借	
6001	主营业务收入		贷	
600101	6201 号轴承		贷	

(续表)

科目编码	科目名称	辅助核算	借贷方向	期初余额
600102	6301 号轴承		贷	
6051	其他业务收入		贷	
6301	营业外收入		贷	
6401	主营业务成本		借	
640101	6201 号轴承		借	
640102	6301 号轴承		借	
6601	销售费用		借	
660101	差旅费		借	
660102	广告费		借	
660103	其他		借	
6602	管理费用		借	
660201	差旅费	部门核算	借	
660202	办公费	部门核算	借	
660203	其他	部门核算	借	
6603	财务费用		借	
660301	借款利息		借	
660302	手续费		借	
660303	其他		借	

（1）应收账款明细

元

日 期	客 户	摘 要	方 向	金 额
2016.11.7	富力公司	应收销货款	借	26 509.00
2016.11.21	天津轴承	应收销货款	借	30 000.00
合 计				56 509.00

（2）应付账款明细

元

日 期	供应商	摘 要	方 向	金 额
2016.10.7	江淮动力	应付购货款	贷	35 000.00
2016.11.1	海南马力	应付购货款	贷	25 000.00
合 计				60 000.00

（3）生产成本明细

元

明细科目	项　　目	方　　向	期初余额
直接材料	6201 号轴承	借	800.00
	6301 号轴承	借	700.00
直接人工	6201 号轴承	借	850.00
	6301 号轴承	借	600.00
制造费用	6201 号轴承	借	550.00
	6301 号轴承	借	795.00
合　　计			4 295.00

10. 指定会计科目

指定"1001 库存现金"为现金总账科目、"1002 银行存款"为银行总账科目。

11. 设置结算方式

结算方式编号	结算方式名称	是否票据管理
1	转账支票	是
2	银行承兑汇票	否
3	商业承兑汇票	否

三、总账日常业务处理（40 分）

以业务发生日为制单日期，以操作员 102 填制凭证，以操作员 103 进行出纳签字，以操作员 101 审核凭证、记账。

① 3 日，收到一笔罚款收入 8 500 元，以转账支票方式存入中行账户，票号 29972。

② 5 日，采购员陈飞飞向江淮动力集团采购 101 号钢材 90 吨，单价 3 000 元，102 号钢材 60 吨，单价 2 500 元，增值税税率 13%，支付采购运费 3 000 元，运费增值税税率 9%，先以上月的预付款 5 000 元结算，其余款项尚未支付，材料已按实际成本验收入库（注：运费按照钢材的重量在两种材料间进行分配）。

③ 8 日，车间因工作需要购入办公用品，于当日交付使用。其中，金工车间购入 2 500 元，总装车间购入 3 250 元，增值税税率 13%，开出农行转账支票 1 张，票号 22940。

④ 16 日，销售科吴小海向北京富力公司销售 6201 号轴承 20 000 个，单价 20 元/个，增值税税率 13%，公司以现金代垫运费 1 500 元。先以上月的预收款项 10 000 元进行结算，其余款项尚未收到。

⑤ 18 日，财务科王红伟出差报销差旅费 950 元，行政科赵芳报销差旅费 800 元销售科吴小海报销差旅费 780 元，以现金支付。

⑥ 19 日，以现金支付本月水费，其中，销售科 800 元，财务科 900 元，行政科 960 元，金工车间 860 元，总装车间 770 元，增值税税率 9%。

⑦ 20 日，以银行存款归还向中行借入的短期借款本金 50 000 元及利息 93.75 元，其中利

息已预提 62.5 元,票号 29973。

⑧ 21 日,将本公司生产的 6301 号轴承对外进行长期投资,数量 1 500 件,市场价格每件 15 元,增值税税率 13%。

⑨ 23 日,企业对外销售标准件 1 000 套,单价 50 元/套,增值税税率 13%,收到对方开出的 1 张银行承兑汇票。

⑩ 执行出签字、审核凭证、记账操作。

⑪ 31 日,发现 3 日收到的罚款收入应为 8 000 元,请采用红字冲销法将多记的金额冲销,并由相关人员进行审核、出纳签字、记账。

四、会计报表处理(30 分)

在"新建报表"窗口下,点击 2007 新会计准则文件夹,打开"报表 3",对表内的期间费用明细表及简表空格处编辑报表公式,并自动计算出报表数字,以"月度报表 3"的名称保存到考生文件夹中。

注意:

① 大写字母编辑公式;

② 合计数包含横线部分。

期间费用明细表 3

单位名称　　　　　　　　　　　　　　　　　　年　月　　　　　　　　　　　　　　　　　　　　元

销售费用		管理费用			财务费用	
项　目	本月数	项　目	财务科本月数	行政科本月数	项　目	本月数
差旅费		差旅费			借款利息	
广告费		办公费		—	手续费	—
其他		其他			其他	
合　计		合　计		—	合　计	
简表 3						
项　目	期初数	期末数	项　目	明细项目	本月数	本年累计数
货币资金	—		主营业务收入	6201 号轴承		
原材料	—		主营业务收入	6301 号轴承		—
应付账款	—		其他业务收入			
应交税费	—		营业外收入			

测试题 4

启动系统管理,以系统管理员"admin"的身份登录系统管理,操作员预置如下。

编　号	姓　名	密　码
401	肖晓红	空
402	钱珊珊	空
403	王艳	空

一、账套预置

1. 基本情况

① 账套号:174。

② 账套名称:南京好美味果蔬食品有限公司。

③ 单位名称:南京好美味果蔬食品有限公司。

④ 单位简称:好美味果蔬食品。

⑤ 账套启用日期:2016 年 12 月 1 日。

⑥ 记账本位币:人民币(RMB)。

⑦ 企业类型:工业,执行"2007 年新会计准则"。

⑧ 账套主管:401 肖晓红。

⑨ 基础信息:对客户进行分类,无外币核算。

⑩ 分类编码方案:科目编码级次:4-2-2-2-2;客户分类编码级次:2-2;部门编码级次:2-2;结算方式编码级次:1-2。

⑪ 创建账套后启用总账模块,启用日期:2016 年 12 月 1 日。

2. 操作员权限

操作员权限分配如下。

① 操作员"402 钱珊珊"拥有 174 账套"公用目录设置及总账系统(除出纳签字功能外)所有权限"。

② 操作员"403 王艳"拥有 174 账套"现金管理所有权限、总账系统中出纳签字功能"。

二、初始化设置(30 分)

以操作员 402 的身份在 2016 年 12 月 1 日登录注册 174 账套。

1. 设置部门档案（以下销售科为专设的销售机构）

部门编码	部门名称	部门属性
01	购销中心	
0101	销售科	市场营销
0102	采购科	采购供应
02	生产部	
0201	备料车间	生产管理
0202	精加工车间	生产管理
03	后勤部	
0301	财务科	财务管理
0302	行政科	行政管理

2. 设置职员档案

职员编码	职员名称	所属部门
01	肖晓红	财务科
02	钱珊珊	财务科
03	王艳	财务科
04	朱丽叶	行政科
05	刘华	销售科
06	叶枫	采购科

3. 设置地区分类

类别编码	类别名称
01	华东区
02	华南区

4. 设置供应商档案

供应商编号	供应商名称	供应商简称	所属地区分类	税号	地址	开户银行	账号
001	杭州绿色果品有限公司	绿色果品	01	171199	杭州市白堤路5号	中行	888889
002	广东阿香蔬菜公司	阿香蔬菜公司	02	671299	广州市中山路15号	工行	999998

5. 设置客户分类

类别编码	类别名称
01	经销商
02	代理商

6. 设置客户档案

客户编号	客户名称	客户简称	所属客户分类	税号	地址	开户银行	账号
001	沃尔玛超市	沃尔玛	01	66663	南京市江东路 11 号	中行	123456
002	江苏华业食品公司	江苏华业	02	77773	苏州市白鹤路 2 号	招行	165432

7. 设置凭证类别

类别字	类别名称	限制类型
记	记账凭证	无限制

8. 项目目录(结合第 9 题会计科目操作)

项目设置步骤	设置内容	
项目大类	生产成本	
核算科目	生产成本(5001)	
	直接材料(500101)	
	直接人工(500102)	
	制造费用(500103)	
项目分类		
1	自制项目	
2	代加工项目	
项目目录		
01	果蔬冲饮	自制项目
02	果蔬纤维素粉	自制项目

9. 会计科目及其期初数据

说明:以下斜体标记的会计科目为新增科目或需修改的科目,其他科目为默认不变。

元

科目编码	科目名称	辅助核算	借贷方向	期初余额
1001	库存现金	日记账	借	29875.00
1002	银行存款	日记账、银行账	借	116 000.00
100201	工行	日记账、银行账	借	66 000.00
100202	建行	日记账、银行账	借	50 000.00
1121	应收票据		借	10 000.00
1122	应收账款	客户往来 无受控系统	借	67 509.00
1221	其他应收款		借	7 500.00

（续表）

科目编码	科目名称	辅助核算	借贷方向	期初余额
1403	原材料		借	6 500.00
140301	水果		借	3 600.00
140302	蔬菜		借	2 750.00
140303	包装盒		借	150.00
1405	库存商品		借	78 509.00
140501	果蔬冲饮		借	22 400.00
140502	果蔬纤维素粉		借	56 109.00
1601	固定资产		借	162 000.00
1602	累计折旧		贷	45 000.00
2001	短期借款		贷	55 510.00
2201	应付票据		贷	53 000.00
2202	应付账款	供应商往来 无受控系统	贷	51 000.00
2203	预收账款		贷	30 288.00
2211	应付职工薪酬		贷	8 800.00
2221	应交税费		贷	59 000.00
222101	应交增值税		贷	59 000.00
22210101	进项税额		贷	
22210105	销项税额		贷	59 000.00
2231	应付利息		贷	14 000.00
2501	长期借款		贷	58 000.00
4001	股本		贷	26 590.00
4104	利润分配		贷	83 000.00
5001	生产成本	项目核算	借	6 295.00
500101	直接材料	项目核算	借	2 500.00
500102	直接人工	项目核算	借	2 450.00
500103	制造费用	项目核算	借	1 345.00
5101	制造费用	部门核算	借	
6001	主营业务收入		贷	
600101	果蔬冲饮		贷	
600102	果蔬纤维素粉		贷	
6051	其他业务收入		贷	

科目编码	科目名称	辅助核算	借贷方向	期初余额
605101	包装盒		贷	
6301	营业外收入		贷	
6401	主营业务成本		借	
640101	果蔬冲饮		借	
640102	果蔬纤维素粉		借	
6601	销售费用		借	
660101	差旅费		借	
660102	广告费		借	
660103	其他		借	
6602	管理费用		借	
660201	差旅费	部门核算	借	
660202	办公费	部门核算	借	
660203	其他	部门核算	借	
6603	财务费用		借	
660301	借款利息		借	
660302	手续费		借	
660303	其他		借	

（1）应收账款明细

元

日　期	客　户	摘　要	方　向	金　额
2016.11.7	沃尔玛	应收销货款	借	36 509.00
2016.11.21	江苏华业	应收销货款	借	31 000.00
合　计				67 509.00

（2）应付账款明细

元

日　期	供应商	摘　要	方　向	金　额
2016.10.7	绿色果品	应付购货款	贷	35 000.00
2016.11.1	阿香蔬菜公司	应付购货款	贷	16 000.00
合　计				51 000.00

（3）生产成本明细

元

明细科目	项　目	方　向	期初余额
直接材料	果蔬冲饮	借	1 800.00
	果蔬纤维素粉	借	700.00
直接人工	果蔬冲饮	借	850.00
	果蔬纤维素粉	借	1 600.00
制造费用	果蔬冲饮	借	550.00
	果蔬纤维素粉	借	795.00
合　计			6 295.00

10. 指定会计科目

指定"1001 库存现金"为现金总账科目、"1002 银行存款"为银行总账科目。

11. 设置结算方式

结算方式编号	结算方式名称	是否票据管理
1	转账支票	是
2	银行承兑汇票	否
3	商业承兑汇票	否

三、总账日常业务处理（40 分）

以业务发生日为制单日期，以操作员 402 填制凭证，以操作员 403 进行出纳签字，以操作员 401 审核凭证、记账。

① 5 日，采购员叶枫向杭州绿色果品有限公司采购水果 800 千克，单价 9.5 元/千克，蔬菜 1 000 千克，单价 6.5 元/千克，增值税税率 13%，支付采购运费 900 元，运费增值税税率 9%，企业开出 1 张商业承兑汇票，材料已按实际成本验收入库（注：运费按照重量在两种材料间进行分配）。

② 8 日，车间因工作需要购入劳保用品，于当日交付使用。其中，备料车间购入 1 000 元，精加工车间购入 2 250 元，增值税税率 13%，开出建行转账支票 1 张，票号 42940。

③ 9 日，收到合同违约金 8 600 元，以转账支票方式存入工行账户，票号 99972。

④ 16 日，销售科刘华向沃尔玛超市销售果蔬冲饮 250 箱，单价 350 元/箱，增值税税率 13%，公司以现金代垫运费 800 元。先以上月的预收款项 6 000 元进行结算，其余款项尚未收到。

⑤ 20 日，以工行转账支票归还向工行借入的短期借款本金 50 000 元及利息 93.75 元，其中利息已预提 62.5 元，票号 99973。

⑥ 22 日，财务科肖晓红出差报销差旅费 900 元，行政科朱丽叶报销差旅费 870 元销售科刘华报销差旅费 800 元，以现金支付。

⑦ 23 日，销售包装食品的包装盒 1 000 只，单价 2 元/只，增值税税率 13%，收到对方开出

的1张银行承兑汇票。

⑧ 24日,以现金支付本月水费,其中,销售科950元,财务科800元,行政科900元,备料车间760元,精加工车间980元,增值税税率9%。

⑨ 26日,将本公司生产的果蔬纤维素粉发给职工作为福利,数量150箱,市场价格每箱300元,增值税税率13%。

⑩ 执行出纳签字、审核凭证、记账操作。

⑪ 31日,发现9日收到的合同违约金金额应为8 000元,请采用红字冲销法将多记的金额冲销,并由相关人员进行审核、出纳签字、记账。

四、会计报表处理(30分)

在"新建报表"窗口下,点击2007新会计准则文件夹,打开"报表4",对表内的期间费用明细表及简表空格处编辑报表公式,并自动计算出报表数字,以"月度报表4"的名称保存到考生文件夹中。

注意:

① 大写字母编辑公式;

② 合计数包含横线部分。

期间费用明细表4

单位名称　　　　　　　　　　　　　　　年　　月　　　　　　　　　　　　　　　元

销售费用		管理费用			财务费用	
项　目	本月数	项　目	财务科本月数	行政科本月数	项　目	本月数
差旅费		差旅费			借款利息	
广告费		办公费		—	手续费	—
其他		其他			其他	
合　计		合　计		—	合　计	
简表4						
项　目	期初数	期末数	项目	明细项目	本月数	本年累计数
货币资金	—		主营业务收入	果蔬冲饮		—
原材料	—		主营业务收入	果蔬纤维素粉		—
应收票据			其他业务收入	包装盒		—
应交税费	—		营业外收入			—

测试题 1 答案

二、初始化设置（略）

三、总账日常业务处理

① 借：银行存款——工行   5 500
　　　贷：营业外收入   5 500
票号：1-99972

② 借：原材料——棉布料   17 850
　　　　　——麻布料   22 950
　　　应交税费——应交增值税（进项税额）   5 272
　　　贷：应付票据   46 072
供应商：广东华彩   业务员：周峰

③ 借：制造费用   1 500
　　　制造费用   2 250
　　　应交税费——应交增值税（进项税额）   487.5
　　　贷：银行存款——建行   4 237.5
部门：裁剪车间、缝纫车间   票号：22940

④ 借：应收账款   100 675
　　　预收账款   10 000
　　　贷：主营业务收入——衬衫   97 500
　　　　　应交税费——应交增值税（销项税额）   12 675
　　　　　库存现金   500
客户：燕莎商贸   业务员：王敏

⑤ 借：管理费用——差旅费   675
　　　　　　　——差旅费   570
　　　销售费用——差旅费   500
　　　贷：库存现金   1 745
部门：财务科、行政科、销售科

⑥ 借：短期借款   45 000.00
　　　财务费用——借款利息   26.25
　　　应付利息   52.50
　　　贷：银行存款——工行   45 078.75
票号：1-99973

⑦ 借：应收票据   16 950
　　　贷：其他业务收入——包装袋   15 000
　　　　　应交税费——应交增值税（销项税额）   1 950

⑧ 借：销售费用——其他   850
　　　管理费用——其他   600
　　　　　　　——其他   1 000
　　　制造费用   660
　　　制造费用   880

	应交税费——应交增值税（进项税额）	359.1

| | 贷:库存现金 | 4 349.1 |

部门:销售科、财务科、行政科、裁剪车间、缝纫车间

⑨ 借:应付职工薪酬	54 240
贷:主营业务收入——棉服	48 000
应交税费——应交增值税（销项税额）	6 240

⑩（略）

⑪ 借:银行存款——工行	－500
贷:营业外收入	－500

四、会计报表处理

期间费用明细表 1

单位名称　　　　　　　　　　年　月　　　　　　　　　　　　元

销售费用		管理费用			财务费用	
项　目	本月数	项　目	财务科本月数	行政科本月数	项　目	本月数
差旅费	500 =FS (660101,月,借)	差旅费	675 =FS(660201, 月,借,0301)	570 =FS(660201, 月,借,0302)	借款利息	26.25 =FS(660301, 月,借)
广告费	0 =FS (660102,月,借)	办公费	0 =FS(660202, 月,借,0301)	—	手续费	—
其他	850 =FS (660103,月,借)	其他	600 =FS(660203, 月,借,0301)	1 000 =FS(660203, 月,借,0302)	其他	0 =FS (660303,月,借)
合计	1 350 =B4＋B5＋B6	合计	1 275 =D4＋D5＋D6	—	合计	26.25 =G4＋G5＋G6

简表 1

项　目	期初数	期末数	项　目	明细项目	本月数	本年累计数
货币资金	—	84 964.65 =QM(1001,月)＋QM(1002,月)＋QM(1012,月)	主营业务收入	衬衫	97 500 =FS(600101,月,贷)	—
原材料	—	47 300 =QM(1403,月)	主营业务收入	棉服	48 000 =FS(600102,月,贷)	—
应收票据	—	26 950 =QM(1121,月)	其他业务收入	包装袋	15 000 =FS(605101,月,贷)	—
应交税费	—	71 746.4 =QM(2221,月)	营业外收入		5 000 =FS(6301,月,贷)	—

测试题 2 答案

二、初始化设置(略)

三、总账日常业务处理

① 借:原材料——松木料   110 550

           ——杉木料   130 650

      应交税费——应交增值税(进项税额)   31 308

      贷:应付票据   272 508

供应商:厦门青竹   业务员:王丽荣

② 借:银行存款——招行   7 600

      贷:营业外收入   7 600

票号:1 - 19972

③ 借:制造费用   3 000

      制造费用   3 250

      应交税费——应交增值税(进项税额)   812.5

      贷:银行存款——建行   7 062.5

票号:1 - 22940

部门:木器加工车间、喷漆车间

④ 借:管理费用——差旅费   675

           ——差旅费   570

      销售费用——差旅费   500

      贷:库存现金   1 745

部门:财务科、行政科、销售科

⑤ 借:应收账款   122 150

      预收账款   20 000

      贷:主营业务收入——书桌   125 000

        应交税费——应交增值税(销项税额)   16 250

        库存现金   900

⑥ 借:短期借款   98 000.00

      财务费用——借款利息   61.25

应付利息	122.50
贷：银行存款——招行	98 183.75

票号：1 - 19973

⑦ 借：应收票据　16 950

　　贷：其他业务收入——打包带　15 000

　　　　应交税费——应交增值税（销项税额）　1 950

⑧ 借：销售费用——其他　950

　　管理费用——其他　700

　　　　　——其他　900

　　制造费用　650

　　制造费用　800

　　应交税费——应交增值税（进项税额）　360

　　贷：库存现金　4 360

部门：销售科、财务科、行政科、木器加工车间、喷漆车间

⑨ 借：长期股权投资　88 140

　　贷：主营业务收入——茶几　78 000

　　　　应交税费——应交增值税（销项税额）　10 140

⑩（略）

⑪ 借：银行存款——招行　－600

　　贷：营业外收入　－600

四、会计报表处理

期间费用明细表 2

单位名称　　　　　　　　年　月　　　　　　　　元

销售费用		管理费用			财务费用	
项　目	本月数	项　目	财务科本月数	行政科本月数	项　目	本月数
差旅费	500 =FS(660101, 月,借)	差旅费	675 =FS(660201, 月,借,0301)	570 =FS(660201, 月,借,0302)	借款利息	61.25 =FS(660301, 月,借)
广告费	0 =FS(660102, 月,借)	办公费	0 =FS(660202, 月,借,0301)	—	手续费	—

（续表）

销售费用		管理费用			财务费用	
项　目	本月数	项　目	财务科本月数	行政科本月数	项　目	本月数
其他	950 =FS(660103, 月,借)	其他	700 =FS(660203, 月,借,0301)	900 =FS(660203, 月,借,0302)	其他	0 =FS(660303, 月,借)
合计	1 450 =B4+B5+B6	合计	1 375 =D4+D5+D6	—	合计	61.25 =G4+G5+G6

简表2

项　目	期初数	期末数	项　目	明细项目	本月数	本年累计数
货币资金	—	70 623.75 =QM(1001,月)+QM(1002,月)+QM(1012,月)	主营业务收入	书桌	125 000 =FS(600101,月,贷)	—
短期借款	—	57 510 =QM(2001,月)	主营业务收入	茶几	78 000 =FS(600102,月,贷)	—
应付票据	—	345 508 =QM(2201,月)	其他业务收入	打包带	15 000 =FS(605101,月,贷)	—
应交税费	—	72 895.5 =QM(2221,月)	营业外收入		7 000 =FS(6301,月,贷)	—

测试题 3 答案

二、初始化设置(略)

三、总账日常业务处理

① 借:银行存款——中行   8 500
     贷:营业外收入   8 500

票号:1 - 29972

② 借:原材料——101 号钢材   27 1800
         ——102 号钢材   151 200
     应交税费——应交增值税(进项税额)   54 870
     贷:预付账款   5 000
         应付账款   472 870

供应商:江淮动力   业务员:陈飞飞

③ 借:制造费用   2 500
     制造费用   3 250
     应交税费——应交增值税(进项税额)   747.5
     贷:银行存款——农行   6 497.5

票号:1 - 22940

部门:金工车间、总装车间

④ 借:应收账款   443 500
     预收账款   10 000
     贷:主营业务收入——6201 号轴承   400 000
         应交税费——应交增值税(销项税额)   52 000
         库存现金   1 500

客户:北京富力   业务员:吴小海

⑤ 借:管理费用——差旅费   950
         ——差旅费   800
     销售费用——差旅费   780
     贷:库存现金   2 530

部门:财务科、行政科、销售科

⑥ 借:销售费用——其他   800
     管理费用——其他   900
         ——其他   960
     制造费用   860
     制造费用   770
     应交税费——应交增值税(进项税额)   386.1
     贷:库存现金   4 676.1

部门:销售科、财务科、行政科、金工车间、总装车间

⑦ 借:短期借款   50 000.00
     财务费用——借款利息   31.25
     应付利息   62.50

贷:银行存款——中行　　　　　　　　　　　　　　　　50 093.75

票号:1-29973

⑧ 借:长期股权投资　　　　　　　　　　　　　　　　　　25 425

　　贷:主营业务收入——6301号轴承　　　　　　　　　22 500

　　　应交税费——应交增值税(销项税额)　　　　　　 2 925

⑨ 借:应收票据　　　　　　　　　　　　　　　　　　　　56 500

　　贷:其他业务收入　　　　　　　　　　　　　　　　　50 000

　　　应交税费——应交增值税(销项税额)　　　　　　 6 500

⑩ (略)

⑪ 借:银行存款——中行　　　　　　　　　　　　　　　　 -500

　　贷:营业外收入　　　　　　　　　　　　　　　　　　 -500

四、会计报表处理

期间费用明细表3

单位名称　　　　　　　　　　　　　年　　月　　　　　　　　　　　　　　元

销售费用		管理费用			财务费用	
项　目	本月数	项　目	财务科本月数	行政科本月数	项　目	本月数
差旅费	780 =FS(660101,月,借)	差旅费	950 =FS(660201,月,借,0301)	800 =FS(660201,月,借,0302)	借款利息	31.25 =FS(660301,月,借)
广告费	0 =FS(660102,月,借)	办公费	0 =FS(660202,月,借,0301)	—	手续费	—
其他	800 =FS(660103,月,借)	其他	900 =FS(660203,月,借,0301)	960 =FS(660203,月,借,0302)	其他	0 =FS(660303,月,借)
合计	1 580 =B4+B5+B6	合计	1 850 =D4+D5+D6	—	合计	31.25 =G4+G5+G6

简表3

项　目	期初数	期末数	项　目	明细项目	本月数	本年累计数
货币资金	—	88 577.65 =QM(1001,月)+QM(1002,月)+QM(1012,月)	主营业务收入	6201号轴承	400 000 =FS(600101,月,贷)	
原材料	—	439 500 =QM(1403,月)	主营业务收入	6301号轴承	22 500 =FS(600102,月,贷)	—
应付账款	—	532 870 =QM(2202,月)	其他业务收入		50 000 =FS(6051,月,贷)	
应交税费	—	73 571.4 =QM(2221,月)	营业外收入		8 000 =FS(6301,月,贷)	

测试题4答案

二、初始化设置(略)

三、总账日常业务处理

① 借:原材料——水果　　　　　　　　　　　　　　　　8 000
　　　　　　——蔬菜　　　　　　　　　　　　　　　　7 000
　　　应交税费——应交增值税(进项税额)　　　　　　1 914
　　贷:应付票据　　　　　　　　　　　　　　　　　　　　16 914
供应商:杭州绿色果品　　　业务员:叶枫

② 借:制造费用　　　　　　　　　　　　　　　　　　　1 000
　　　制造费用　　　　　　　　　　　　　　　　　　　2 250
　　　应交税费——应交增值税(进项税额)　　　　　　422.5
　　贷:银行存款——建行　　　　　　　　　　　　　　　　3 672.5
票号:1-42940
部门:备料车间、精加工车间

③ 借:银行存款——工行　　　　　　　　　　　　　　　8 600
　　贷:营业外收入　　　　　　　　　　　　　　　　　　　8 600
票号:1-99972

④ 借:应收账款　　　　　　　　　　　　　　　　　　　93 675
　　　预收账款　　　　　　　　　　　　　　　　　　　6 000
　　贷:主营业务收入——果蔬冲饮　　　　　　　　　　　　87 500
　　　　应交税费——应交增值税(销项税额)　　　　　　11 375
　　　　库存现金　　　　　　　　　　　　　　　　　　　800
客户:沃尔玛　　　业务员:刘华

⑤ 借:短期借款　　　　　　　　　　　　　　　　　　　50 000.00
　　　财务费用——借款利息　　　　　　　　　　　　　31.25
　　　应付利息　　　　　　　　　　　　　　　　　　　62.50
　　贷:银行存款——工行　　　　　　　　　　　　　　　　50 093.75
票号:1-99973

⑥ 借:管理费用——差旅费　　　　　　　　　　　　　　900
　　　　　　——差旅费　　　　　　　　　　　　　　　870
　　　销售费用——差旅费　　　　　　　　　　　　　　800
　　贷:库存现金　　　　　　　　　　　　　　　　　　　2 570
部门:财务科、行政科、销售科

⑦ 借:应收票据　　　　　　　　　　　　　　　　　　　2 260
　　贷:其他业务收入——包装盒　　　　　　　　　　　　　2 000
　　　　应交税费——应交增值税(销项税额)　　　　　　260

⑧ 借:销售费用——其他　　　　　　　　　　　　　　　950
　　　管理费用——其他　　　　　　　　　　　　　　　800
　　　　　　——其他　　　　　　　　　　　　　　　　900
　　　制造费用　　　　　　　　　　　　　　　　　　　760
　　　制造费用　　　　　　　　　　　　　　　　　　　980
　　　应交税费——应交增值税(进项税额)　　　　　　395.1

贷：库存现金　　　　　　　　　　　　　　　　　　4 785.1
部门：销售科、财务科、行政科、备料车间、精加工车间
⑨借：应付职工薪酬　　　　　　　　　　　　　　　　50 850
　　贷：主营业务收入——果蔬纤维素粉　　　　　　　　45 000
　　　　应交税费——应交增值税（销项税额）　　　　　5 850
⑩略
⑪借：银行存款——工行　　　　　　　　　　　　　　 −600
　　贷：营业外收入　　　　　　　　　　　　　　　　 −600

四、会计报表处理

期间费用明细表4

单位名称　　　　　　　　　　　年　月　　　　　　　　　　　　　　　　元

销售费用		管理费用			财务费用	
项　目	本月数	项　目	财务科本月数	行政科本月数	项　目	本月数
差旅费	800 =FS(660101, 月,借)	差旅费	900 =FS(660201, 月,借,0301)	870 =FS(660201, 月,借,0302)	借款利息	31.25 =FS(660301, 月,借)
广告费	0 =FS(660102, 月,借)	办公费	0 =FS(660202, 月,借,0301)	—	手续费	—
其他	950 =FS(660103, 月,借)	其他	800 =FS(660203, 月,借,0301)	900 =FS(660203, 月,借,0302)	其他	0 =FS(660303, 月,借)
合计	1 750 =B4+B5+B6	合计	1 700 =D4+D5+D6	—	合计	31.25 =G4+G5+G6

简表4

项　目	期初数	期末数	项　目	明细项目	本月数	本年累计数
货币资金	—	91 953.65 =QM(1001, 月)+QM (1002,月) + QM(1012, 月)	主营业务收入	果蔬冲饮	87 500 =FS (600101, 月,贷)	—
原材料	—	21 500 =QM (1403,月)	主营业务收入	果蔬纤维素粉	45 000 =FS (600102, 月,贷)	—
应收票据	—	12 260 =QM (1121,月)	其他业务收入	包装盒	2 000 =FS (605101, 月,贷)	—
应交税费	—	73 753.4 =QM (2221,月)	营业外收入		8 000 =FS (6301, 月,贷)	

附录3

初级会计电算化(用友畅捷通T3)技能测试题及答案(2018年)

测试题1

启动系统管理,以系统管理员"admin"的身份登录系统管理,操作员预置如下。

编 号	姓 名	密 码
101	董长兴	空
102	黄凯云	空
103	张斌	空

三、账套预置

1. 基本情况

① 账套号:181。

② 账套名称:深圳市芭乐兔服饰有限公司。

③ 单位名称:深圳市芭乐兔服饰有限公司。

④ 单位简称:深圳芭乐兔。

⑤ 账套启用日期:2017年12月1日。

⑥ 记账本位币:人民币(RMB)。

⑦ 企业类型:工业,执行"2007年新会计准则"。

⑧ 账套主管:101 董长兴。

⑨ 基础信息:对客户进行分类,无外币核算。

⑩ 分类编码方案:科目编码级次:4-2-2-2-2;客户分类编码级次:2-2;部门编码级次:2-2;结算方式编码级次:1-2。

⑪ 创建账套后启用总账模块,启用日期:2017年12月1日。

2. 操作员权限

操作员权限分配如下。

① 操作员"102 黄凯云"拥有181账套"公用目录设置及总账系统(除出纳签字功能外)所有权限"。

② 操作员"103 张斌"拥有181账套"现金管理所有权限、总账系统中出纳签字功能"。

二、初始化设置(30 分)

提示:请在英文状态下录入数字。

以操作员 102 的身份在 2017 年 12 月 1 日登录注册 181 账套。

1. 设置部门档案(以下销售科为专设的销售机构)

部门编码	部门名称	部门属性
01	购销中心	
0101	销售科	市场营销
0102	采购科	采购供应
02	生产部	
0201	生产车间	生产管理
0202	后整车间	生产管理
03	后勤部	
0301	财务科	财务管理
0302	行政科	行政管理

2. 设置职员档案

职员编码	职员名称	所属部门
01	董长兴	财务科
02	黄凯云	财务科
03	张斌	财务科
04	严金平	行政科
05	刘利	销售科
06	何美丽	采购科

3. 设置地区分类

类别编码	类别名称
01	华南区
02	华东区

4. 设置供应商档案

供应商编号	供应商名称	供应商简称	所属地区分类	税 号	地 址	开户银行	账 号
001	阳江市彩云布艺厂	彩云厂	01	354199	阳江市东风路 112 号	中行	666545
002	杭州市光达纺织印染厂	光达厂	02	821299	杭州市西溪路 110 号	工行	333347

5. 设置客户分类

类别编码	类别名称
01	直营店
02	网店

6. 设置客户档案

客户编号	客户名称	客户简称	所属客户分类	税号	地址	开户银行	账号
001	北京王府井友谊商店	友谊商店	01	66663	北京市朝阳东路116号	中行	678456
002	宝姿丽专卖店	宝姿丽	02	77773	天津市和平路111号	招行	456432

7. 设置凭证类别

类别字	类别名称	限制类型
记	记账凭证	无限制

8. 项目目录

项目设置步骤	设置内容	
项目大类	生产成本	
核算科目	生产成本(5001)	
	直接材料(500101)	
	直接人工(500102)	
	制造费用(500103)	
项目分类		
1	自制项目	
2	代加工项目	
项目目录		
01	衬衫	自制项目
02	棉服	自制项目

9. 会计科目及其期初数据

说明:以下斜体标记的会计科目为新增科目或需修改的科目,其他科目为默认不变。

元

科目编码	科目名称	辅助核算	借贷方向	期初余额
1001	库存现金	日记账	借	129 877.00
1002	银行存款	日记账、银行账	借	116 000.00

（续表）

科目编码	科目名称	辅助核算	借贷方向	期初余额
100201	工行	日记账、银行账	借	56 000.00
100202	建行	日记账、银行账	借	60 000.00
1121	应收票据		借	40 000.00
1122	应收账款	客户往来 无受控系统	借	66 509.00
1221	其他应收款		借	9 500.00
1403	原材料		借	6 500.00
140301	棉布料		借	3 600.00
140302	麻布料		借	2 750.00
140303	包装袋		借	150.00
1405	库存商品		借	78 509.00
140501	衬衫		借	22 400.00
140502	棉服		借	56 109.00
1601	固定资产		借	160 000.00
1602	累计折旧		贷	35 000.00
2001	短期借款		贷	85 512.00
2201	应付票据		贷	63 000.00
2202	应付账款	供应商往来 无受控系统	贷	50 000.00
2203	预收账款		贷	30 288.00
2211	应付职工薪酬		贷	8 800.00
2221	应交税费		贷	57 000.00
222101	应交增值税		贷	57 000.00
22210101	进项税额		贷	
22210105	销项税额		贷	57 000.00
222108	应交城建税		贷	
222109	应交教育费附加		贷	
2231	应付利息		贷	24 000.00
2501	长期借款		贷	58 000.00
4001	股本		贷	26 590.00
4103	本年利润		贷	100 000.00
4104	利润分配		贷	83 000.00

科目编码	科目名称	辅助核算	借贷方向	期初余额
5001	生产成本	项目核算	借	14 295.00
500101	直接材料	项目核算	借	6 500.00
500102	直接人工	项目核算	借	5 450.00
500103	制造费用	项目核算	借	2 345.00
5101	制造费用	部门核算	借	
6001	主营业务收入		贷	
600101	衬衫		贷	
600102	棉服		贷	
6051	其他业务收入		贷	
605101	包装袋		贷	
6301	营业外收入		贷	
6401	主营业务成本		借	
640101	衬衫		借	
640102	棉服		借	
6402	其他业务成本		借	
640201	包装袋		借	
6403	税金及附加		借	
6601	销售费用		借	
660101	工资		借	
660102	广告费		借	
660103	其他		借	
6602	管理费用		借	
660201	工资	部门核算	借	
660202	办公费	部门核算	借	
660203	其他	部门核算	借	
6603	财务费用		借	
660301	借款利息		借	
660302	手续费		借	
660303	其他		借	

（1）应收账款明细

日　期	客　户	摘　要	方　向	金　额
2017.11.7	友谊商店	应收销货款	借	36 509.00
2017.11.21	宝姿丽	应收销货款	借	30 000.00
合　计				66 509.00

（2）应付账款明细

日　期	供应商	摘　要	方　向	金　额
2017.10.7	彩云厂	应付购货款	贷	35 000.00
2017.11.1	光达厂	应付购货款	贷	15 000.00
合　计				50 000.00

（3）生产成本明细

明细科目	项　目	方　向	期初余额
直接材料	衬衫	借	4 800.00
	棉服	借	1 700.00
直接人工	衬衫	借	2 850.00
	棉服	借	2 600.00
制造费用	衬衫	借	1 550.00
	棉服	借	795.00
合　计			14 295.00

10. 指定会计科目

指定"1001 库存现金"为现金总账科目、"1002 银行存款"为银行总账科目。

11. 设置结算方式

结算方式编号	结算方式名称	是否票据管理
1	转账支票	是
2	银行承兑汇票	否
3	商业承兑汇票	否

三、总账日常业务处理（45 分）

以业务发生日为制单日期，以操作员 102 填制凭证，以操作员 103 进行出纳签字，以操作员 101 审核凭证并记账。

① 2 日，销售科刘利向宝姿丽专卖店销售棉服 2 000 件，并开具增值税专用发票，无税单价为 1 050 元/件，增值税税率 13％，每件棉服的实际成本为 650 元，由于是成批销售，公司给予购货方 10％的商业折扣，并在销售中规定现金折扣条件为"2/10,1/20,n/30"（假定计算现

264

金折扣时不考虑增值税)。商品于当日发出,款项尚未收到。同时结转商品销售成本。(请编制 2 张会计凭证)

② 9 日,收到 2 日销售给宝姿丽专卖店棉服的货款 2 092 986 元,存入工行账户。(无须录入结算方式、票号)

③ 11 日,销售科刘利向北京王府井友谊商店销售衬衫 1 000 件,无税单价为 650 元/件,增值税税率 13%,每件衬衫的实际成本为 300 元。公司收到友谊商店的货款 734 500 元存入工行账户。同时结转该批商品销售成本。(请编制 2 张会计凭证;无须录入结算方式、票号)

④ 16 日,销售包装服装的一次性包装袋 10 000 个,无税单价为 1.5 元/个,增值税税率 13%,收到商业承兑汇票 1 张。同时结转该批包装袋的实际成本 8 000 元。(请编制 2 张会计凭证;无须录入结算方式、票号)

⑤ 18 日,将固定资产报废清理的净收益 15 200 元转作营业外收入。

⑥ 20 日,开出工行转账支票 1 张,票号 77762,支付税款滞纳金 4 000 元。

⑦ 25 日,计算城建税、教育费附加、地方教育费附加,编制相关的会计凭证。本公司当月应交增值税 450 000 元,应交消费税 150 000 元,城建税税率为 7%,教育费附加 3%,地方教育费附加 2%。

⑧ 26 日,根据"工资费用分配汇总表"结算本月应付职工工资,其中,财务科人员工资为 11 000 元,行政科人员工资为 10 500 元,采购科人员工资为 9 060 元,销售科人员工资为 11 400 元,生产车间管理人员工资为 20 000 元,后整车间管理人员工资为 10 000 元.

⑨ 27 日,销售科刘利于本月 11 日销售给北京王府井友谊商店的衬衫有部分出现了严重质量问题,购货方将该批商品中的 200 件退回,公司同意退货,当日按规定向购货方开具了红字增值税专用发票。据此填制会计凭证,相应冲减该批退回商品的实际成本。(请编制 2 张会计凭证;无须录入结算方式、票号)

⑩ 31 日,公司对宝姿丽专卖店账款进行减值测试,应收账款余额合计为 500 000 元,公司确定应计提的坏账准备的金额为 50 000 元。(假定公司以前尚未提取过坏账准备,采用备抵法)。

⑪ 执行出纳签字、审核凭证、记账操作。

四、会计报表处理(25 分)

在"新建报表"窗口下,点击 2007 新会计准则文件夹,打开"报表 1",对表内的本月数编辑报表公式,并自动计算出报表数字,以"月度报表 1"的名称保存到考生文件夹中。

注意:
① 大写字母编辑公式;
② 合计数按照逐个单元格依次计算。

利润表 1

2017 年 12 月

单位名称:深圳市芭乐兔服饰有限公司   元

项　目	本月数	本年累计数
一、营业收入		
减:营业成本		
税金及附加		
销售费用		
管理费用		
财务费用		
资产减值损失		
加:投资收益(损失以"一"填列)		
二、营业利润		
加:营业外收入		
减:营业外支出		
三、利润总额		
减:所得税费用		
四、净利润		

测试题 2

启动系统管理,以系统管理员"admin"的身份登录系统管理,操作员预置如下。

编　号	姓　名	密　码
201	王涛	空
202	潘朝阳	空
203	姜华	空

一、账套预置

1. 基本情况

① 账套号:182。

② 账套名称:苏州永艺家具股份有限公司。

③ 单位名称:苏州永艺家具股份有限公司。

④ 单位简称:苏州永艺。

⑤ 账套启用日期:2017 年 12 月 1 日。

⑥ 记账本位币:人民币(RMB)。

⑦ 企业类型:工业,执行"2007 年新会计准则"。

⑧ 账套主管:201 王涛。

⑨ 基础信息:对客户进行分类,无外币核算。

⑩ 分类编码方案:科目编码级次:4-2-2-2-2;客户分类编码级次:2-2;部门编码级次:2-2;结算方式编码级次:1-2。

⑪ 创建账套后启用总账模块,启用日期:2017 年 12 月 1 日。

2. 操作员权限

操作员权限分配如下。

① 操作员"202 潘朝阳"拥有 182 账套"公用目录设置及总账系统(除出纳签字功能外)所有权限"。

② 操作员"203 姜华"拥有 182 账套"现金管理所有权限、总账系统中出纳签字功能"。

二、初始化设置(30 分)

提示:请在英文状态下录入数字。

以操作员 202 的身份在 2017 年 12 月 1 日登录注册 182 账套。

1. 设置部门档案（以下销售科为专设的销售机构）

部门编码	部门名称	部门属性
01	购销中心	
0101	销售科	市场营销
0102	供应科	采购供应
02	生产部	
0201	木器加工车间	生产管理
0202	喷漆车间	生产管理
03	后勤部	
0301	财务科	财务管理
0302	行政科	行政管理

2. 设置职员档案

职员编码	职员名称	所属部门
01	王涛	财务科
02	潘朝阳	财务科
03	姜华	财务科
04	姚佩佩	行政科
05	王庆	销售科
06	周斌	供应科

3. 设置地区分类

类别编码	类别名称
01	华南区
02	华北区

4. 设置供应商档案

供应商编号	供应商名称	供应商简称	所属地区分类	税号	地址	开户银行	账号
001	厦门开源木材厂	开源木材厂	01	171199	厦门市太子宫路98号	中行	888889
002	石家庄建业漆制品公司	建业漆制品公司	02	671299	石家庄市红旗大街75号	招行	999998

268

5. 设置客户分类

类别编码	类别名称
01	同城客户
02	异地客户

6. 设置客户档案

客户编号	客户名称	客户简称	所属客户分类	税 号	地 址	开户银行	账号
001	南京顾家家居公司	顾家家居	02	56663	南京市卡子门大街 11 号	中行	423456
002	无锡美凯龙商城	美凯龙	02	67773	无锡市和平路 90 号	招行	365432

7. 设置凭证类别

类别字	类别名称	限制类型
记	记账凭证	无限制

8. 项目目录

项目设置步骤	设置内容	
项目大类	生产成本	
核算科目	生产成本(5001)	
	直接材料(500101)	
	直接人工(500102)	
	制造费用(500103)	
项目分类		
1	自制项目	
2	代加工项目	
项目目录		
01	餐桌	自制项目
02	电视柜	自制项目

9. 会计科目及其期初数据

说明:以下斜体标记的会计科目为新增科目或需修改的科目,其他科目为默认不变。

元

科目编码	科目名称	辅助核算	借贷方向	期初余额
1001	库存现金	日记账	借	149 877.00
1002	银行存款	日记账、银行账	借	136 000.00
100201	招行	日记账、银行账	借	76 000.00
100202	建行	日记账、银行账	借	60 000.00
1121	应收票据		借	146 000.00
1122	应收账款	客户往来 无受控系统	借	56 509.00
1221	其他应收款		借	9 500.00
1403	原材料		借	16 500.00
140301	橡木料		借	9 600.00
140302	榆木料		借	6 750.00
140303	打包带		借	150.00
1405	库存商品		借	78 509.00
140501	餐桌		借	22 400.00
140502	电视柜		借	56 109.00
1511	长期股权投资		借	
1601	固定资产		借	275 600.00
1602	累计折旧		贷	75 000.00
2001	短期借款		贷	166 512.00
2201	应付票据		贷	73 000.00
2202	应付账款	供应商往来 无受控系统	贷	40 000.00
2203	预收账款		贷	30 288.00
2211	应付职工薪酬		贷	14 800.00
2221	应交税费		贷	77 000.00
222101	应交增值税		贷	77 000.00
22210101	进项税额		贷	
22210105	销项税额		贷	77 000.00
222108	应交城建税		贷	
222109	应交教育费附加		贷	
2231	应付利息		贷	35 600.00
2501	长期借款		贷	167 000.00

科目编码	科目名称	辅助核算	借贷方向	期初余额
4001	股本		贷	26 590.00
4103	本年利润		贷	100 000.00
4104	利润分配		贷	83 000.00
5001	生产成本	项目核算	借	20295.00
500101	直接材料	项目核算	借	6 500.00
500102	直接人工	项目核算	借	8 450.00
500103	制造费用	项目核算	借	5 345.00
5101	制造费用	部门核算	借	
6001	主营业务收入		贷	
600101	餐桌		贷	
600102	电视柜		贷	
6051	其他业务收入		贷	
605101	打包带		贷	
6301	营业外收入		贷	
6401	主营业务成本		借	
640101	餐桌		借	
640102	电视柜		借	
6402	其他业务成本		借	
640201	打包带		借	
6403	税金及附加		借	
6601	销售费用		借	
660101	工资		借	
660102	广告费		借	
660103	其他		借	
6602	管理费用		借	
660201	工资	部门核算	借	
660202	办公费	部门核算	借	
660203	其他	部门核算	借	
6603	财务费用		借	
660301	借款利息		借	
660302	手续费		借	
660303	其他		借	

（1）应收账款明细

元

日 期	客 户	摘 要	方 向	金 额
2017.11.7	顾家家居	应收销货款	借	26 509.00
2017.11.21	美凯龙	应收销货款	借	30 000.00
合 计				56 509.00

（2）应付账款明细

元

日 期	供应商	摘 要	方 向	金 额
2017.10.7	开源木材厂	应付购货款	贷	25 000.00
2017.11.1	建业漆制品公司	应付购货款	贷	15 000.00
合 计				40 000.00

（3）生产成本明细

元

明细科目	项 目	方 向	期初余额
直接材料	餐桌	借	4 800.00
	电视柜	借	1 700.00
直接人工	餐桌	借	5 850.00
	电视柜	借	2 600.00
制造费用	餐桌	借	3 550.00
	电视柜	借	1 795.00
合 计			20 295.00

10. 指定会计科目

指定"1001 库存现金"为现金总账科目、"1002 银行存款"为银行总账科目。

11. 设置结算方式

结算方式编号	结算方式名称	是否票据管理
1	转账支票	是
2	银行承兑汇票	否
3	商业承兑汇票	否

三、总账日常业务处理（45 分）

以业务发生日为制单日期，以操作员 202 填制凭证，以操作员 203 进行出纳签字，以操作员 201 审核凭证并记账。

① 2 日,销售科王庆向南京顾家家居销售餐桌 300 套,并开具增值税专用发票,无税单价为 4 200 元/套,增值税税率 13%,每套餐桌的实际成本为 1 500 元,商品于当日发出,款项尚未收到。同时结转商品销售成本。(请编制 2 张会计凭证)

② 3 日,收到某机构捐赠收入 50 000 元,存入招行账户。(无须录入结算方式、票号)

③ 5 日,顾家家居收到当月 2 日本公司销售发出的餐桌 300 套,到货后发现商品质量不符合合同要求,要求在价格上给予 10% 的折让。公司同意并办妥了相关手续,开具了红字增值税专用发票。

④ 15 日,计算城建税、教育费附加、地方教育费附加,编制相关的会计凭证。本公司当月应交增值税 600 000 元,应交消费税 100 000 元,城建税税率为 7%,教育费附加 3%,地方教育费附加 2%。

⑤ 18 日,以招行存款归还短期借款利息 1 500 元,其中利息已预提 1 000 元。(无须录入结算方式、票号)

⑥ 19 日,将固定资产报废清理的净损失 30 000 元转作营业外支出。

⑦ 23 日,销售一次性打包带 10 000 条,无税单价为 2 元/条,增值税税率 13%,收到 1 张商业承兑汇票。同时结转该批打包带的实际成本 8 000 元。(请编制 2 张会计凭证)

⑧ 25 日,公司为宣传新产品发生广告费,取得的增值税专用发票上注明的价款为 10 000元,增值税税额为 600 元,开出 1 张招行转账支票支付费用,票号 22229。

⑨ 30 日,计提固定资产折旧,其中,木器加工车间为 3 000 元,喷漆车间为 2 000 元,销售科为 2 000 元,供应科为 1 000 元,财务科为 1 200 元,行政科为 1 500 元。

⑩ 30 日,公司用一批打包带对外进行长期股权投资,该批材料的实际成本为 30 000 元,双方协商不含税价格为 75 000 元,开具的增值税专用发票上注明的增值税税额为 9 750 元。同时结转该批原材料成本。(请编制 2 张会计凭证)

⑪ 31 日,公司电视柜的账面余额(成本)为 100 000 元。由于市场价格下跌,预计可变现净值为 80 000 元,由此计提的存货跌价准备为 20 000 元。

⑫ 执行出纳签字、审核凭证、记账操作。

四、会计报表处理(25 分)

在"新建报表"窗口下,点击 2007 新会计准则文件夹,打开"报表 2",对表内的本月数编辑报表公式,并自动计算出报表数字,以"月度报表 2"的名称保存到考生文件夹中。

注意:

① 大写字母编辑公式;

② 合计数按照逐个单元格依次计算。

利润表 2

2017 年 12 月

单位名称:苏州永艺家具股份有限公司 元

项　目	本月数	本年累计数
一、营业收入		
减:营业成本		
税金及附加		
销售费用		
管理费用		
财务费用		
资产减值损失		
加:投资收益(损失以"－"填列)		
二、营业利润		
加:营业外收入		
减:营业外支出		
三、利润总额		
减:所得税费用		
四、净利润		

测试题 3

启动系统管理,以系统管理员"admin"的身份登录系统管理,操作员预置如下。

编 号	姓 名	密 码
301	吴克丽	空
302	贾彩霞	空
303	吴军	空

一、账套预置

1. 基本情况

① 账套号:183。

② 账套名称:山东红海船舶备件有限公司。

③ 单位名称:山东红海船舶备件有限公司。

④ 单位简称:红海船舶。

⑤ 账套启用日期:2017 年 12 月 1 日。

⑥ 记账本位币:人民币(RMB)。

⑦ 企业类型:工业,执行"2007 年新会计准则"。

⑧ 账套主管:301 吴克丽。

⑨ 基础信息:对客户进行分类,无外币核算。

⑩ 分类编码方案:科目编码级次:4-2-2-2-2;客户分类编码级次:2-2;部门编码级次:2-2;结算方式编码级次:1-2。

⑪ 创建账套后启用总账模块,启用日期:2017 年 12 月 1 日。

2. 操作员权限

操作员权限分配如下。

① 操作员"302 贾彩霞"拥有 183 账套"公用目录设置及总账系统(除出纳签字功能外)所有权限"。

② 操作员"303 吴军"拥有 183 账套"现金管理所有权限、总账系统中出纳签字功能"。

二、初始化设置(30 分)

提示:请在英文状态下录入数字。

以操作员 302 的身份在 2017 年 12 月 1 日登录注册 183 账套。

1. 设置部门档案（以下销售科为专设的销售机构）

部门编码	部门名称	部门属性
01	购销中心	
0101	销售科	市场营销
0102	采购科	采购供应
02	生产部	
0201	生产车间	生产管理
0202	装配车间	生产管理
03	后勤部	
0301	财务科	财务管理
0302	行政科	行政管理

2. 设置职员档案

职员编码	职员名称	所属部门
01	吴克丽	财务科
02	贾彩霞	财务科
03	吴军	财务科
04	汪琴	行政科
05	赵汉生	销售科
06	刘小迪	采购科

3. 设置地区分类

类别编码	类别名称
01	华南区
02	华东区

4. 设置供应商档案

供应商编号	供应商名称	供应商简称	所属地区分类	税号	地址	开户银行	账号
001	华东动力集团	华东动力	02	571199	淮安市白云路122号	中行	228889
002	广东建昌机械公司	建昌机械	01	371299	广州市中山路115号	中行	444998

5. 设置客户分类

类别编码	类别名称
01	批发商
02	零售商

6. 设置客户档案

客户编号	客户名称	客户简称	所属客户分类	税 号	地 址	开户银行	账 号
001	北京常新贸易	常新贸易	01	66663	北京市凤阳路131号	中行	433456
002	天津淮河船运公司	淮河船运	02	77773	天津市淮海路122号	招行	655432

7. 设置凭证类别

类别字	类别名称	限制类型
记	记账凭证	无限制

8. 项目目录

项目设置步骤	设置内容	
项目大类	生产成本	
核算科目	生产成本(5001)	
	直接材料(500101)	
	直接人工(500102)	
	制造费用(500103)	
项目分类		
1	自制项目	
2	代加工项目	
项目目录		
01	四冲程气阀	自制项目
02	阀座	代加工项目

9. 会计科目及其期初数据

说明:以下斜体标记的会计科目为新增科目或需修改的科目,其他科目为默认不变。

元

科目编码	科目名称	辅助核算	借贷方向	期初余额
1001	库存现金	日记账	借	89 875.00
1002	银行存款	日记账、银行账	借	116 000.00
100201	中行	日记账、银行账	借	56 000.00
100202	农行	日记账、银行账	借	60 000.00
1121	应收票据		借	50 000.00
1122	应收账款	客户往来 无受控系统	借	46 509.00
1123	预付账款			30 000.00
1221	其他应收款		借	9 500.00
1403	原材料		借	16 500.00
140301	101 号钢材		借	13 600.00
140302	102 号钢材		借	2 750.00
140303	标准件		借	150.00
1405	库存商品		借	78 509.00
140501	四冲程气阀		借	22 400.00
140502	阀座		借	56 109.00
1511	长期股权投资		借	
1601	固定资产		借	150 000.00
1602	累计折旧		贷	35 000.00
2001	短期借款		贷	55 510.00
2201	应付票据		贷	73 000.00
2202	应付账款	供应商往来 无受控系统	贷	70 000.00
2203	预收账款		贷	30 288.00
2211	应付职工薪酬		贷	8 800.00
2221	应交税费		贷	87 000.00
222101	应交增值税		贷	87 000.00
22210101	进项税额		贷	
22210105	销项税额		贷	87 000.00
222108	应交城建税		贷	
222109	应交教育费附加		贷	
2231	应付利息		贷	14 000.00

科目编码	科目名称	辅助核算	借贷方向	期初余额
2501	长期借款		贷	58 000.00
4001	股本		贷	28 590.00
4103	本年利润		贷	80 000.00
4104	利润分配		贷	53 000.00
5001	生产成本	项目核算	借	6 295.00
500101	直接材料	项目核算	借	2 500.00
500102	直接人工	项目核算	借	2 450.00
500103	制造费用	项目核算	借	1 345.00
5101	制造费用	部门核算	借	
6001	主营业务收入		贷	
600101	四冲程气阀		贷	
600102	阀座		贷	
6051	其他业务收入		贷	
605101	标准件		贷	
6301	营业外收入		贷	
6401	主营业务成本		借	
640101	四冲程气阀		借	
640102	阀座		借	
6402	其他业务成本		借	
640201	标准件		借	
6403	税金及附加		借	
6601	销售费用		借	
660101	工资		借	
660102	广告费		借	
660103	其他		借	
6602	管理费用		借	
660201	工资	部门核算	借	
660202	办公费	部门核算	借	
660203	其他	部门核算	借	
6603	财务费用		借	
660301	借款利息		借	
660302	手续费		借	
660303	其他		借	

（1）应收账款明细

元

日 期	客 户	摘 要	方 向	金 额
2017.11.7	常新贸易	应收销货款	借	26 509.00
2017.11.21	淮河船运	应收销货款	借	20 000.00
合 计				46 509.00

（2）应付账款明细

元

日 期	客 户	摘 要	方 向	金 额
2017.10.7	华东动力	应付购货款	贷	35 000.00
2017.11.1	建昌机械	应付购货款	贷	35 000.00
合 计				70 000.00

（3）生产成本明细

元

明细科目	项 目	方 向	期初余额
直接材料	四冲程气阀	借	1 800.00
	阀座	借	700.00
直接人工	四冲程气阀	借	850.00
	阀座	借	600.00
制造费用	四冲程气阀	借	1 550.00
	阀座	借	795.00
合 计			6 295.00

10. 指定会计科目

指定"1001 库存现金"为现金总账科目、"1002 银行存款"为银行总账科目。

11. 设置结算方式

结算方式编号	结算方式名称	是否票据管理
1	转账支票	是
2	银行承兑汇票	否
3	商业承兑汇票	否

三、总账日常业务处理（45 分）

以业务发生日为制单日期，以操作员 302 填制凭证，以操作员 303 进行出纳签字，以操作员 301 审核凭证并记账。

① 3 日,公司确认一笔应付华东动力集团的货款 8 500 元为无法支付的款项,对此予以转销。

② 7 日,为外单位代加工阀座 2 000 个(属于企业主营业务),每个收取加工费 20 元,已加工完成,开具的增值税专用发票上注明的价款为 40 000 元,增值税税额为 5 200 元,款项已收到并存入中行账户。(无须录入结算方式、票号;外单位提供材料)

③ 10 日,公司用一批四冲程气阀对外进行长期股权投资,该批产品的实际成本为 20 000元,双方协商不含税价格为 75 000 元,开具的增值税专用发票上注明的增值税税额为 9 750元。同时结转该批产品实际成本。(请编制 2 张会计凭证)

④ 19 日,将固定资产报废清理的净损失 30 000 元转作营业外支出。

⑤ 20 日,销售标准件 2 000 个,无税单价为 10 元/个,增值税税率 13%,收到 1 张商业承兑汇票。同时结转该批标准件的实际成本 11 000 元。(请编制 2 张会计凭证)

⑥ 22 日,上月 7 日销售科赵汉生向北京常新贸易公司销售的四冲程气阀出现了严重质量问题,该批货物尚未收款。购货方将该批商品中的 300 个退回,公司同意退货,当日按规定向购货方开具了红字增值税专用发票。该商品无税单价为 20 元/个,增值税税率 13%。每个成本价为 10 元。据此填制会计凭证,相应冲减该批退回商品的实际成本。(请编制 2 张会计凭证)

⑦ 25 日,计算城建税、教育费附加、地方教育费附加,编制相关的会计凭证。本公司当月应交增值税 30 000 元,应交消费税 10 000 元,城建税税率为 7%,教育费附加 3%,地方教育费附加 2%。

⑧ 25 日,公司为宣传新产品发生广告费,取得的增值税专用发票上注明的价款为 10 000元,增值税税额为 600 元,开出 1 张中行转账支票支付费用,票号 22229。

⑨ 26 日,根据“工资费用分配汇总表”结算本月应付职工工资。其中,财务科人员工资为4 800 元,行政科人员工资为 1 050 元,供应科人员工资为 906 元,销售科人员工资为 1 740 元,生产车间管理人员工资为 2 100 元,装配车间管理人员工资为 2 000 元。

⑩ 31 日,公司对天津淮河船运公司账款进行减值测试,应收账款余额合计为 10 000 元,公司确定本期应计提的坏账准备的金额为 1 000 元。(假设公司未提取过坏账准备,采用备抵法)

⑪ 31 日,以中行存款支付本季度短期借款利息 3 000 元,已预提 2 000 元。(无须录入结算方式、票号)

⑫ 执行出纳签字、审核凭证、记账操作。

四、会计报表处理(25 分)

在“新建报表”窗口下,点击 2007 新会计准则文件夹,打开“报表 3”,对表内的本月数编辑报表公式,并自动计算出报表数字,以“月度报表 3”的名称保存到考生文件夹中。

注意:

① 大写字母编辑公式;

② 合计数按照逐个单元格依次计算。

利润表 3

2017 年 12 月

单位名称:山东红海船舶备件有限公司   元

项　目	本月数	本年累计数
一、营业收入		
减:营业成本		
税金及附加		
销售费用		
管理费用		
财务费用		
资产减值损失		
加:投资收益(损失以"一"填列)		
二、营业利润		
加:营业外收入		
减:营业外支出		
三、利润总额		
减:所得税费用		
四、净利润		

测试题 4

启动系统管理,以系统管理员"admin"的身份登录系统管理,操作员预置如下。

编 号	姓 名	密 码
401	黄琴琴	空
402	黄丽兰	空
403	周修岚	空

一、账套预置

1. 基本情况

① 账套号:184。

② 账套名称:上海宏业电器股份有限公司。

③ 单位名称:上海宏业电器股份有限公司。

④ 单位简称:上海宏业电器。

⑤ 账套启用日期:2017 年 12 月 1 日。

⑥ 记账本位币:人民币(RMB)。

⑦ 企业类型:工业,执行"2007 年新会计准则"。

⑧ 账套主管:401 黄琴琴。

⑨ 基础信息:对客户进行分类,无外币核算。

⑩ 分类编码方案:科目编码级次:4 - 2 - 2 - 2 - 2;客户分类编码级次:2 - 2;部门编码级次:2 - 2;结算方式编码级次:1 - 2。

⑪ 创建账套后启用总账模块,启用日期:2017 年 12 月 1 日。

2. 操作员权限

操作员权限分配如下。

① 操作员"402 黄丽兰"拥有 184 账套"公用目录设置及总账系统(除出纳签字功能外)所有权限"。

② 操作员"403 周修岚"拥有 184 账套"现金管理所有权限、总账系统中出纳签字功能"。

二、初始化设置(30 分)

提示:请在英文状态下录入数字。

以操作员 402 的身份在 2017 年 12 月 1 日登录注册 184 账套。

1. 设置部门档案(以下销售科为专设的销售机构)

部门编码	部门名称	部门属性
01	购销中心	
0101	销售科	市场营销
0102	采购科	采购供应
02	生产部	
0201	生产车间	生产管理
0202	装配车间	生产管理
03	后勤部	
0301	财务科	财务管理
0302	行政科	行政管理

2. 设置职员档案

职员编码	职员名称	所属部门
01	黄琴琴	财务科
02	黄丽兰	财务科
03	周修岚	财务科
04	王晔	行政科
05	付冰冰	销售科
06	王根路	采购科

3. 设置地区分类

类别编码	类别名称
01	华东区
02	华南区

4. 设置供应商档案

供应商编号	供应商名称	供应商简称	所属地区分类	税号	地址	开户银行	账号
001	杭州电子配件厂	杭州电子	01	341199	杭州市云台路215号	中行	448889
002	广东万高达钢材公司	万高达钢材公司	02	645299	广州市潮州路135号	工行	119998

5. 设置客户分类

类别编码	类别名称
01	经销商
02	代理商

6. 设置客户档案

客户编号	客户名称	客户简称	所属客户分类	税 号	地 址	开户银行	账 号
001	华联超市	华联	01	66663	南京市江南131号	中行	123456
002	苏州新华电器商城	新华电器	02	77773	苏州市北桥路2号	招行	165432

7. 设置凭证类别

类别字	类别名称	限制类型
记	记账凭证	无限制

8. 项目目录

项目设置步骤	设置内容	
项目大类	生产成本	
核算科目	生产成本(5001)	
	直接材料(500101)	
	直接人工(500102)	
	制造费用(500103)	
项目分类		
1	自制项目	
2	代加工项目	
项目目录		
01	热水器	自制项目
02	洗衣机	自制项目

9. 会计科目及其期初数据

说明:以下斜体标记的会计科目为新增科目或需修改的科目,其他科目为默认不变。

元

科目编码	科目名称	辅助核算	借贷方向	期初余额
1001	库存现金	日记账	借	169 877.00
1002	银行存款	日记账、银行账	借	156 000.00
100201	工行	日记账、银行账	借	66 000.00
100202	建行	日记账、银行账	借	90 000.00
1121	应收票据		借	50 000.00
1122	应收账款	客户往来 无受控系统	借	47 509.00
1221	其他应收款		借	17 500.00
1403	原材料		借	6 500.00
140301	101 号钢材		借	3 600.00
140302	102 号钢材		借	2 750.00
140303	电子元件		借	150.00
1405	库存商品		借	78 509.00
140501	热水器		借	22 400.00
140502	洗衣机		借	56 109.00
1601	固定资产		借	162 000.00
1602	累计折旧		贷	85 000.00
2001	短期借款		贷	55 512.00
2201	应付票据		贷	53 000.00
2202	应付账款	供应商往来 无受控系统	贷	31 000.00
2203	预收账款		贷	60 288.00
2211	应付职工薪酬		贷	18 800.00
2221	应交税费		贷	59 000.00
222101	应交增值税		贷	59 000.00
22210101	进项税额		贷	
22210105	销项税额		贷	59 000.00
222108	应交城建税		贷	
222109	应交教育费附加		贷	
2231	应付利息		贷	14 000.00
2501	长期借款		贷	58 500.00
4001	股本		贷	26 590.00

科目编码	科目名称	辅助核算	借贷方向	期初余额
4103	本年利润		贷	150 000.00
4104	利润分配		贷	83 000.00
5001	生产成本	项目核算	借	6 795.00
500101	直接材料	项目核算	借	3 000.00
500102	直接人工	项目核算	借	2 450.00
500103	制造费用	项目核算	借	1 345.00
5101	制造费用	部门核算	借	
6001	主营业务收入		贷	
600101	热水器		贷	
600102	洗衣机		贷	
6051	其他业务收入		贷	
605101	电子元件		贷	
6301	营业外收入		贷	
6401	主营业务成本		借	
640101	热水器		借	
640102	洗衣机		借	
6402	其他业务成本		借	
640201	电子元件		借	
6403	税金及附加		借	
6601	销售费用		借	
660101	工资		借	
660102	广告费		借	
660103	其他		借	
6602	管理费用		借	
660201	工资	部门核算	借	
660202	办公费	部门核算	借	
660203	其他	部门核算	借	
6603	财务费用		借	
660301	借款利息		借	
660302	手续费		借	
660303	其他		借	

（1）应收账款明细

元

日 期	客 户	摘 要	方 向	金 额
2017.11.7	华联	应收销货款	借	16 509.00
2017.11.21	新华电器	应收销货款	借	31 000.00
合 计				47 509.00

（2）应付账款明细

元

日 期	客 户	摘 要	方 向	金 额
2017.10.7	杭州电子	应付购货款	贷	15 000.00
2017.11.1	万高达钢材公司	应付购货款	贷	16 000.00
合 计				31 000.00

（3）生产成本明细

元

明细科目	项 目	方 向	期初余额
直接材料	热水器	借	1 800.00
	洗衣机	借	1 200.00
直接人工	热水器	借	850.00
	洗衣机	借	1 600.00
制造费用	热水器	借	555.00
	洗衣机	借	790.00
合 计			6 795.00

10. 指定会计科目

指定"1001 库存现金"为现金总账科目、"1002 银行存款"为银行总账科目。

11. 设置结算方式

结算方式编号	结算方式名称	是否票据管理
1	转账支票	是
2	银行汇票	否
3	商业承兑汇票	否

三、总账日常业务处理(45 分)

以业务发生日为制单日期,以操作员 402 填制凭证,以操作员 403 进行出纳签字,以操作员 401 审核凭证并记账。

① 3 日,以公司生产的洗衣机对外捐赠,该批产品的实际成本为 20 000 元,无税售价为 25 000 元,开具的增值税专用发票上注明的增值税税额为 3 250 元。

② 5 日,采购员王根路向万高达钢材公司采购 101 号钢材 1 000 千克,已验收入库,无税单价为 65 元/千克,增值税税率 13%。按照购货协议,如在 10 日内付清货款,将获得 2% 的现金折扣(假定计算现金折扣时不考虑增值税),货款尚未支付。

③ 8 日,开出银行汇票 1 张,支付 5 日向万高达钢材公司采购的货款 73 450 元。

④ 9 日,收到合同违约金 28 600 元,存入工行账户。(无须录入结算方式、票号)

⑤ 18 日,以工行存款归还本季度短期借款利息 4 500 元,其中利息已预提 3 000 元。(无须录入结算方式、票号)

⑥ 20 日,销售科付冰冰向华联超市销售热水器 300 台,并开具增值税专用发票,无税单价为 2 500 元/台,增值税税率 13%,每台热水器的实际成本为 1 500 元,由于是成批销售,公司给予购货方 5% 的商业折扣,并在销售中规定现金折扣条件为"2/10,1/20,n/30"。(假定计算现金折扣时不考虑增值税)。商品于当日发出,款项尚未收到。同时结转商品销售成本。(请编制 2 张会计凭证)

⑦ 23 日,销售一次性的电子元件 1 000 个,无税单价为 5 元/个,增值税税率 13%,收到 1 张商业承兑汇票。同时结转该批电子元件的实际成本 2 000 元。(请编制 2 张会计凭证)

⑧ 24 日,收到 20 日销售给华联超市的热水器货款 819 375 元,货款存入工行账户。(无须录入结算方式、票号)

⑨ 30 日,计提固定资产折旧,其中,生产车间为 3 000 元,装配车间为 2 000 元,销售科为 2 000 元,供应科为 1 000 元,财务科为 1 200 元,行政科为 1 500 元。

⑩ 30 日,计算城建税、教育费附加、地方教育费附加,编制相关的会计凭证。本公司当月应交增值税 15 000 元,应交消费税 5 000 元,城建税税率为 7%,教育费附加 3%、地方教育费附加 2%。

⑪ 30 日,公司对新华电器账款进行减值测试,应收账款余额合计为 31 000 元,公司确定本期应本期应计提的坏账准备的金额为 3 100 元。(假设公司未提取过坏账准备,采用备抵法)

⑫ 31 日,财务科购买办公用品 10 000 元,取得的增值税专用发票上注明的增值税税额为 1 300 元,开出 1 张银行汇票,支付价款和税款。

⑬ 执行出纳签字、审核凭证、记账操作。

四、会计报表处理(25 分)

在"新建报表"窗口下,点击 2007 新会计准则文件夹,打开"报表 4",对表内的本月数编辑报表公式,并自动计算出报表数字,以"月度报表 4"的名称保存到考生文件夹中。

注意:

① 大写字母编辑公式;

② 合计数按照逐个单元格依次计算。

利润表 4

2017 年 12 月

单位名称:上海宏业电器股份有限公司   元

项　目	本月数	本年累计数
一、营业收入		
减:营业成本		
税金及附加		
销售费用		
管理费用		
财务费用		
资产减值损失		
加:投资收益(损失以"一"填列)		
二、营业利润		
加:营业外收入		
减:营业外支出		
三、利润总额		
减:所得税费用		
四、净利润		

测试题 1 答案

二、初始化设置(略)

三、总账日常业务处理

① 借:应收账款		2 135 700
贷:主营业务收入——棉服		1 890 000
应交税费——应交增值税(销项税额)		245 700

客户:宝姿丽　　　业务员:刘利

借:主营业务成本——棉服		1 300 000
贷:库存商品——棉服		1 300 000
② 借:银行存款——工行		2 097 900
财务费用——其他		37 800
贷:应收账款		2 135 700
③ 借:银行存款——工行		734 500
贷:主营业务收入——衬衫		650 000
应交税费——应交增值税(销项税额)		84 500

客户:北京王府井友谊　　　业务员:刘利

借:主营业务成本——衬衫		300 000
贷:库存商品——衬衫		300 000
④ 借:应收票据		16 950
贷:其他业务收入——包装袋		15 000
应交税费——应交增值税(销项税额)		1 950
借:其他业务成本——包装袋		8 000
贷:原材料——包装袋		8000
⑤ 借:固定资产清理		15 200
贷:营业外收入		15 200
⑥ 借:营业外支出		4 000
贷:银行存款——工行		4000

票号:1 - 77762

⑦ 借:税金及附加		72 000
贷:应交税费——应交城建税		42 000
——应交教育费附加		18 000
——应交地方教育费附加		12 000
⑧ 借:管理费用——工资		11 000
——工资		10 500
——工资		9 060
销售费用——工资		11 400
制造费用		20 000
制造费用		10 000
贷:应付职工薪酬		71 960

部门:财务科、行政科、采购科、销售科、生产车间、后整车间

⑨ 借:主营业务收入——衬衫　　　　　　　　　　　　　130 000
　　　应交税费——应交增值税(销项税额)　　　　　　16 900
　　　　贷:银行存款——工行　　　　　　　　　　　　　　　　146 900
　　借:库存商品——衬衫　　　　　　　　　　　　　　60 000
　　　　贷:主营业务成本——衬衫　　　　　　　　　　　　　　60 000
⑩ 借:资产减值损失　　　　　　　　　　　　　　　50 000
　　　贷:坏账准备　　　　　　　　　　　　　　　　　　　50 000
⑪(略)

四、会计报表处理

利润表1
年　　　月

单位名称:
元

项　目	本月数	本年累计数
一、营业收入	2 425 000	
	FS(6001,月,贷)－FS(6001,月,借)＋FS(6051,月,贷)	
减:营业成本	1 548 000	
	FS(6401,月,借)－FS(6401,月,贷)＋FS(6402,月,借)	
税金及附加	72 000	
	FS(6403,月,借)	
销售费用	11 400	
	FS(6601,月,借)	
管理费用	30 560	
	FS(6602,月,借)	
财务费用	37 800	
	FS(6603,月,借)	
资产减值损失	50 000	
	FS(6701,月,借)	
加:投资收益(损失以"－"填列)	0	
	FS(6111,月,贷)	
二、营业利润	675 240	
加:营业外收入	15 200	
	FS(6301,月,贷)	
减:营业外支出	4 000	
	FS(6711,月,借)	

项　　目	本月数	本年累计数
三、利润总额	686 440	
减：所得税费用	0	
	FS(6801,月,借)	
四、净利润	681 440	

测试题 2 答案

二、初始化设置(略)

三、总账日常业务处理

① 借:应收账款   1 423 800
        贷:主营业务收入——餐桌   1260 000
             应交税费——应交增值税(销项税额)   163 800
客户:南京顾家   业务员:王庆
   借:主营业务成本——餐桌   450 000
      贷:库存商品——餐桌   450 000

② 借:银行存款——招行   50 000
      贷:营业外收入   50 000

③ 借:主营业务收入——餐桌   126 000
       应交税费——应交增值税(销项税额)   16 380
      贷:应收账款   142 380

④ 借:税金及附加   84 000
      贷:应交税费——应交城建税   49 000
            ——应交教育费附加   21 000
            ——应交地方教育费附加   14 000

⑤ 借:财务费用——借款利息   500
    应付利息   1 000
      贷:银行存款——招行   1 500

⑥ 借:营业外支出   30 000
      贷:固定资产清理   30 000

⑦ 借:应收票据   22 600
      贷:其他业务收入——打包带   20 000
         应交税费——应交增值税(销项税额)   2 600
   借:其他业务成本——打包带   8 000
      贷:原材料——打包带   8 000

⑧ 借:销售费用——广告费   10 000
    应交税费——应交增值税(进项税额)   600
      贷:银行存款——招行   10 600
票号:1 - 22229

⑨ 借:制造费用   3 000
    制造费用   2 000
    销售费用——其他   2 000
    管理费用——其他   1 000
         ——其他   1 200
         ——其他   1 500
      贷:累计折旧   1 0700
部门:木器加工车间、喷漆车间、销售科、供应科、财务科、行政科

⑩ 借:长期股权投资　　　　　　　　　　　　　　　　　84 750
　　贷:其他业务收入 ——打包带　　　　　　　　　　　　　75 000
　　　　应交税费——应交增值税(销项税额)　　　　　　　9 750
　借:其他业务成本——打包带　　　　　　　　　　　　30 000
　　贷:原材料——打包带　　　　　　　　　　　　　　　30 000
⑪ 借:资产减值损失　　　　　　　　　　　　　　　　　20 000
　　贷:存货跌价准备　　　　　　　　　　　　　　　　　20 000
⑫(略)

四、会计报表处理

利润表 2

年　　月

单位名称:　　　　　　　　　　　　　　　　　　　　　　　　　　　　　　　元

项　目	本月数	本年累计数
一、营业收入	1 229 000	
	FS(6001,月,贷)－FS(6001,月,借)＋FS(6051,月,贷)	
减:营业成本	488 000	
	FS(6401,月,借)－FS(6401,月,贷)＋FS(6402,月,借)	
税金及附加	84 000	
	FS(6403,月,借)	
销售费用	12 000	
	FS(6601,月,借)	
管理费用	3 700	
	FS(6602,月,借)	
财务费用	500	
	FS(6603,月,借)	
资产减值损失	20 000	
	FS(6701,月,借)	
加:投资收益(损失以"－"填列)	0	
	FS(6111,月,贷)	
二、营业利润	620 800	
加:营业外收入	50 000	
	FS(6301,月,贷)	
减:营业外支出	30 000	
	FS(6711,月,借)	

项　目	本月数	本年累计数
三、利润总额	640 800	
减：所得税费用	0	
	FS(6801,月,借)	
四、净利润	640 800	

测试题 3 答案

二、初始化设置(略)

三、总账日常业务处理

① 借:应付账款   8 500
     贷:营业外收入   8 500

② 借:银行存款——中行   45 200
     贷:主营业务收入——阀座   40 000
         应交税费——应交增值税(销项税额)   5 200

③ 借:长期股权投资   84 750
     贷:主营业务收入——四冲程气阀   75 000
         应交税费——应交增值税(销项税额)   9 750
   借:主营业务成本——四冲程气阀   20 000
     贷:库存商品——四冲程气阀   20 000

④ 借:营业外支出   30 000
     贷:固定资产清理   30 000

⑤ 借:应收票据   22 600
     贷:其他业务收入——标准件   20 000
         应交税费——应交增值税(销项税额)   2 600
   借:其他业务成本——标准件   11 000
     贷:原材料——标准件   11 000

⑥ 借:主营业务收入——四冲程气阀   6 000
     应交税费——应交增值税(销项税额)   780
     贷:应收账款   6 780
   借:库存商品——四冲程气阀   3 000
     贷:主营业务成本——四冲程气阀   3 000

⑦ 借:税金及附加   4 800
     贷:应交税费——应交城建税   2 800
            ——应交教育费附加   1 200
            ——应交地方教育费附加   800

⑧ 借:销售费用——广告费   10 000
     应交税费——应交增值税(进项税额)   600
     贷:银行存款——中行   10600
   票号:1-22229

⑨ 借:管理费用——工资   4 800
            ——工资   1 050
            ——工资   906
     销售费用——工资   1 740
     制造费用   2 100
     制造费用   2 000
     贷:应付职工薪酬   12 596

部门:财务科、行政科、供应科、销售科、生产车间、装配车间

⑩ 借:资产减值损失   1 000

    贷:坏账准备   1 000

⑪ 借:应付利息   2 000

     财务费用——借款利息   1 000

       贷:银行存款——中行   3 000

⑫ (略)

四、会计报表处理

利润表 3

年   月

单位名称: 元

项　目	本月数	本年累计数
一、营业收入	129 000	
	FS(6001,月,贷)－FS(6001,月,借)＋FS(6051,月,贷)	
减:营业成本	28 000	
	FS(6401,月,借)－FS(6401,月,贷)＋FS(6402,月,借)	
税金及附加	4 800	
	FS(6403,月,借)	
销售费用	11 740	
	FS(6601,月,借)	
管理费用	6 756	
	FS(6602,月,借)	
财务费用	1 000	
	FS(6603,月,借)	
资产减值损失	1 000	
	FS(6701,月,借)	
加:投资收益(损失以"－"填列)	0	
	FS(6111,月,贷)	
二、营业利润	75 704	
加:营业外收入	8 500	
	FS(6301,月,贷)	
减:营业外支出	30 000	
	FS(6711,月,借)	
三、利润总额	54 204	

项　目	本月数	本年累计数
减：所得税费用	0	
	FS(6801,月,借)	
四、净利润	54 204	

测试题 4 答案

二、初始化设置(略)

三、总账日常业务处理

① 借:营业外支出 28 250
　　　　贷:主营业务收入——洗衣机 25 000
　　　　　　应交税费——应交增值税(销项税额) 3 250
　　借:主营业务成本 20 000
　　　　贷:库存商品 20 000

② 借:原材料——101 号钢材 65 000
　　　　应交税费——应交增值税(进项税额) 8 450
　　　　贷:应付账款 73 450
供应商:万高达　　　业务员:王根路

③ 借:应付账款 73 450
　　　　贷:其他货币资金 72 150
　　　　　　财务费用——其他 1 300

④ 借:银行存款——工行 28 600
　　　　贷:营业外收入 28 600

⑤ 借:财务费用——借款利息 1 500
　　　应付利息 3 000
　　　　贷:银行存款——工行 4 500

⑥ 借:应收账款 805 125
　　　　贷:主营业务收入——热水器 712 500
　　　　　　应交税费——应交增值税(销项税额) 92 625
客户:华联超市　　　业务员:付冰冰
　　借:主营业务成本——热水器 450 000
　　　　贷:库存商品——热水器 450 000

⑦ 借:应收票据 5 650
　　　　贷:其他业务收入——电子元件 5 000
　　　　　　应交税费——应交增值税(销项税额) 650
　　借:其他业务成本——电子元件 2 000
　　　　贷:原材料——电子元件 2 000

⑧ 借:银行存款——工行 790 875
　　　财务费用——其他 14 250
　　　　贷:应收账款 805 125

⑨ 借:制造费用 3 000
　　　制造费用 2 000
　　　销售费用——其他 2 000
　　　管理费用——其他 1 000
　　　　　　——其他 1 200
　　　　　　——其他 1500

贷:累计折旧		10 700

部门:生产车间、装配车间、销售科、供应科、财务科、行政科

⑩ 借:税金及附加 2 400

　　　贷:应交税费——应交城建税 1400

　　　　　　　　——应交教育费附加 600

　　　　　　　　——应交地方教育费附加 400

⑪ 借:资产减值损失 3 100

　　　贷:坏账准备 3 100

⑫ 借:管理费用——办公费 10 000

　　　应交税费——应交增值税(进项税额) 1 300

　　　贷:应付票据 11 300

⑬ (略)

四、会计报表处理

利润表 4

年　　　月

单位名称：　　　　　　　　　　　　　　　　　　　　　　　　　　　　　　　　　　　元

项　　目	本月数	本年累计数
一、营业收入	742 500	
	FS(6001,月,贷)＋FS(6051,月,贷)	
减:营业成本	452 000	
	FS(6401,月,借)＋FS(6402,月,借)	
税金及附加	2 400	
	FS(6403,月,借)	
销售费用	2 000	
	FS(6601,月,借)	
管理费用	13 700	
	FS(6602,月,借)	
财务费用	14 450	
	FS(6603,月,借)	
资产减值损失	3 100	
	FS(6701,月,借)	
加:投资收益(损失以"－"填列)	0	
	FS(6111,月,贷)	
二、营业利润	254 850	
加:营业外收入	28 600	
	FS(6301,月,贷)	

项　目	本月数	本年累计数
减：营业外支出	28 250	
	FS(6711,月,借)	
三、利润总额	255 200	
减：所得税费用	0	
	FS(6801,月,借)	
四、净利润	255 200	

附录 4

初级会计电算化(用友畅捷通 T3)技能测试题及答案(2019 年)

测试题 1

启动系统管理,以系统管理员"admin"的身份登录系统管理,密码为空,操作员预置如下。

编 号	姓 名	密 码
1911	章亚文	空
1912	叶天	空
1913	刘文佳	空

一、账套预置

1. 基本情况

① 账套号:191。

② 账套名称:北京金创科技股份有限公司。

③ 单位名称:北京金创科技股份有限公司。

④ 单位简称:北京金创。

⑤ 账套启用日期:2018 年 12 月 1 日。

⑥ 记账本位币:人民币(RMB)。

⑦ 企业类型:工业,执行"2007 年新会计准则"。

⑧ 账套主管:1911 章亚文。

⑨ 基础信息:对客户进行分类,无外币核算。

⑩ 分类编码方案:科目编码级次:4-2-2;客户编码级次:2-2;部门编码级次:2-2;结算方式编码级次:1-2。

⑪ 创建账套后启用总账模块,启用日期:2018 年 12 月 1 日。

2. 操作员权限

操作员权限分配如下。

① 操作员"1912 叶天"拥有 191 账套"公用目录设置及总账系统(除出纳签字功能外)所有权限"。

② 操作员"1913 刘文佳"拥有 191 账套"现金管理所有权限、总账系统中出纳签字功能"。

二、初始化设置(27 分)

提示:请在英文状态下录入数字。

以操作员 1912 的身份在 2018 年 12 月 1 日登录 191 账套。

1. 设置部门档案(以下销售科为专设的销售机构)

部门编码	部门名称	部门属性
01	管理中心	
0101	总经理办公室	综合管理
0102	财务科	财务管理
02	业务中心	
0201	销售科	市场营销
0202	采购科	采购供应
03	生产车间	生产管理

2. 设置职员档案

职员编码	职员名称	所属部门
01	章亚文	财务科
02	叶天	财务科
03	刘文佳	财务科
04	李世达	销售科
05	艾泽杰	采购科

3. 设置供应商档案

供应商编号	供应商名称/简称	税号	开户银行	账号
001	兴业公司	19110876331	中行	888889
002	鸿达公司	19110976441	工行	999998

4. 设置客户分类

类别编码	类别名称
01	直销店
02	代销店

5. 设置客户档案

客户编号	客户名称/简称	所属客户分类	税号	开户银行	账号
001	新华商贸集团	01	19166663	中行	1423456
002	精艺科技公司	02	19177773	招行	1565432

6. 设置凭证类别

类别字	类别名称	限制类型	限制科目
收	收款凭证	借方必有	1001,1002
付	付款凭证	贷方必有	1001,1002
转	转账凭证	凭证必无	1001,1002

7. 项目目录(结合第8题会计科目操作)

项目设置步骤	设置内容	
项目大类	生产成本	
核算科目	生产成本(5001)	
	直接材料(500101)	
	直接人工(500102)	
	制造费用(500103)	
项目分类		
1	自制项目	
2	代加工项目	
项目目录		
01	光盘	自制项目
02	移动硬盘	自制项目

8. 会计科目及期初数据

说明：以下斜体标记的会计科目为新增科目或需修改的科目,其他科目为默认不变。

元

科目编码	科目名称	辅助核算	借贷方向	期初余额
1001	库存现金	日记账	借	129 670.00
1002	银行存款	日记账、银行账	借	212 057.00
100201	工行	日记账、银行账	借	212 057.00
1012	其他货币资金		借	138 273.00
101201	银行本票		借	138 273.00
1121	应收票据		借	20 000.00
1122	应收账款	客户往来 无受控系统	借	95 500.00
1403	原材料		借	319 600.00
140301	主要材料		借	167 800.00
140302	辅助材料		借	151 800.00

科目编码	科目名称	辅助核算	借贷方向	期初余额
1405	库存商品		借	555 400.00
140501	光盘		借	324 000.00
140502	移动硬盘		借	231 400.00
1601	固定资产		借	990 000.00
1602	累计折旧		贷	90 000.00
1701	无形资产		借	390 000.00
2001	短期借款		贷	62 300.00
2201	应付票据		贷	115 000.00
2202	应付账款	供应商往来 无受控系统	贷	135 000.00
2211	应付职工薪酬		贷	282 300.00
2221	应交税费		贷	159 000.00
222101	应交增值税		贷	95 000.00
22210101	进项税额		贷	
22210105	销项税额		贷	95 000.00
222109	应交教育费附加		贷	64 000.00
2501	长期借款		贷	764 670.00
4001	股本		贷	800 000.00
4103	本年利润		贷	446 525.00
5001	生产成本	项目核算	借	4 295.00
500101	直接材料	项目核算	借	1 200.00
500102	直接人工	项目核算	借	2 120.00
500103	制造费用	项目核算	借	975.00
5101	制造费用	部门核算	借	
6001	主营业务收入		贷	
600101	光盘		贷	
600102	移动硬盘		贷	
6301	营业外收入		贷	
6401	主营业务成本		借	
640101	光盘		借	
640102	移动硬盘		借	
6403	税金及附加		借	

科目编码	科目名称	辅助核算	借贷方向	期初余额
6601	销售费用		借	
660101	广告费		借	
660102	其他		借	
6602	管理费用		借	
660201	修理费	部门核算	借	
660202	办公费	部门核算	借	
660203	其他	部门核算	借	
6603	财务费用		借	
660301	借款利息		借	
660302	手续费		借	

（1）应收账款明细

元

日 期	客 户	摘 要	方 向	金 额
2018.11.7	新华商贸集团	应收销货款	借	36 780.00
2018.11.21	精艺科技公司	应收销货款	借	58 720.00
合 计				95 500.00

（2）应付账款明细

元

日 期	客 户	摘 要	方 向	金 额
2018.10.7	兴业公司	应付购货款	贷	93 000.00
2018.11.1	鸿达公司	应付购货款	贷	42 000.00
合 计				135 000.00

（3）生产成本明细

元

明细科目	项目	方向	期初余额
直接材料	光盘	借	700.00
	移动硬盘	借	500.00
直接人工	光盘	借	1 120.00
	移动硬盘	借	1 000.00
制造费用	光盘	借	465.00
	移动硬盘	借	510.00
合 计			4 295.00

9. 指定会计科目

指定"1001 库存现金"为现金总账科目、"1002 银行存款"为银行总账科目。

10. 设置结算方式

结算方式编号	结算方式名称	是否票据管理
1	现金支票	是
2	转账支票	是

三、总账日常业务处理(43 分)

提示:请在英文状态下录入数字。

以业务发生日为制单日期,以操作员 1912 填制凭证,以操作员 1913 进行出纳签字,以操作员 1911 审核凭证并记账。

① 5 日,公司采购主要材料,取得的增值税专用发票上注明的价款为 30 000 元。采购辅助材料,取得的增值税专用发票上注明的价款为 20 000 元,增值税税率 13%,开出 1 张商业汇票,材料已按实际成本验收入库。

② 8 日,公司财务科购买一批办公用品,增值税专用发票上注明的价款为 1 000 元,增值税税额 130 元,以现金支付。

③ 11 日,公司对生产车间使用的设备进行日常修理,发生维修费并取得增值税专用发票,注明修理费 10 000 元,税率 13%,以工行存款支付。

④ 12 日,计提本月固定资产折旧额,其中,财务科 3 400 元,总经理办公室 2 000 元,供应科 1 060 元,销售科 1 400 元。

⑤ 13 日,购入一项非专利技术,取得的增值税专用发票上注明的价款为 100 000 元,增值税税率 6%,公司以银行本票付款。

⑥ 14 日,公司开出的 1 张经工行承兑的商业汇票到期,公司通知开户银行以工行存款支付。商业汇票的票面价值为 39 600 元,交纳银行承兑手续费 35 元,其中增值税 2 元。

⑦ 15 日,公司销售给新华商贸集团一批移动硬盘,开具的增值税专用发票上注明价款 450 000 元,增值税税额为 58 500 元,货款尚未收到。该批产品的实际成本为 30 0000 元,同时结转该批产品的实际成本。(请编制 2 张会计凭证)

⑧ 21 日,计算本期应缴的教育费附加为 31 000 元。

⑨ 23 日,将本公司生产的光盘发给职工作为福利,市场价格为 90 000 元,增值税税率 13%。

⑩ 23 日,公司收到精艺科技公司交来的商业汇票 1 张,面值 20 000 元,用以偿还其前欠货款。

⑪ 30 日,公司确认一笔应付鸿达公司的货款 18 500 元为无法支付的款项,对此予以转销。

⑫ 执行出纳签字、审核凭证、记账操作。

四、会计报表处理(30 分)

在"新建报表"窗口下,点击 2007 年新会计准则文件夹,打开"月度简表 1",编辑报表公式,并自动计算出报表数字,以"月度简表 1"的名称保存到考生文件夹中。

注意:

① 大写字母编辑公式。

② 资产负债表项目如需根据几个总账科目计算填列,设置报表公式时只考虑有期末余额的总账科目,没有期末余额的总账科目不予考虑。

③ 表上取数时按照单元格顺序依次计算。

月度简表 1

2018 年 12 月

单位名称:北京金创科技股份有限公司   元

资产负债表项目	期末数	损益表项目	本月数
货币资金		主营业务收入	
应收票据及应收账款		主营业务成本	
存货		税金及附加	
流动资产合计		销售费用	
固定资产		管理费用	
短期借款		财务费用	
应付票据及应付账款		营业外收入	
应付职工薪酬		净利润	
应交税费			
流动负债合计			
股本			

测试题 2

启动系统管理,以系统管理员"admin"的身份登录系统管理,密码为空,操作员预置如下。

编　号	姓　名	密　码
1921	刘晓霞	空
1922	赵一华	空
1923	黄伟	空

一、账套预置

1. 基本情况

① 账套号:192。

② 账套名称:南京金星科技股份有限公司。

③ 单位名称:南京金星科技股份有限公司。

④ 单位简称:南京金星。

⑤ 账套启用日期:2018 年 12 月 1 日。

⑥ 记账本位币:人民币(RMB)。

⑦ 企业类型:工业,执行"2007 年新会计准则"。

⑧ 账套主管:1921 刘晓霞。

⑨ 基础信息:对客户进行分类,无外币核算。

⑩ 分类编码方案:科目编码级次:4-2-2;客户编码级次:2-2;部门编码级次:2-2;结算方式编码级次:1-2。

⑪ 创建账套后启用总账模块,启用日期:2018 年 12 月 1 日。

2. 操作员权限

操作员权限分配如下。

① 操作员"1922 赵一华"拥有 192 账套"公用目录设置及总账系统(除出纳签字功能外)所有权限"。

② 操作员"1923 黄伟"拥有 192 账套"现金管理所有权限、总账系统中出纳签字功能"。

二、初始化设置(27 分)

提示:请在英文状态下录入数字。

以操作员 1922 的身份在 2018 年 12 月 1 日登录 192 账套。

1. 设置部门档案(以下销售科为专设的销售机构)

部门编码	部门名称	部门属性
01	管理中心	
0101	行政科	行政管理
0102	财务科	财务管理
02	业务中心	
0201	销售科	市场营销
0202	采购科	采购供应
03	生产车间	生产管理

2. 设置职员档案

职员编码	职员名称	所属部门
01	刘晓霞	财务科
02	赵一华	财务科
03	黄伟	财务科
04	周刚	销售科
05	王红	采购科

3. 设置供应商档案

供应商编号	供应商名称/简称	税号	开户银行	账号
001	宏信科技公司	19110876331	中行	888889
002	利华科技公司	19110976441	建行	999998

4. 设置客户分类

类别编码	类别名称
01	华东区
02	华北区

5. 设置客户档案

客户编号	客户名称/简称	所属客户分类	税号	开户银行	账号
001	珠江路商贸城	01	19166663	中行	1423456
002	长信科技公司	02	19177773	招行	1565432

6. 设置凭证类别

类别字	类别名称	限制类型	限制科目
收	收款凭证	借方必有	1001,1002
付	付款凭证	贷方必有	1001,1002
转	转账凭证	凭证必无	1001,1002

7. 项目目录（结合第8题会计科目操作）

项目设置步骤	设置内容	
项目大类	生产成本	
核算科目	生产成本(5001)	
	直接材料(500101)	
	直接人工(500102)	
	制造费用(500103)	
项目分类		
1	自制项目	
2	代加工项目	
项目目录		
01	电脑主机	自制项目
02	电脑显示器	自制项目

8. 会计科目及其期初数据

说明：以下斜体标记的会计科目为新增科目或需修改的科目，其他科目为默认不变。

元

科目编码	科目名称	辅助核算	借贷方向	期初余额
1001	库存现金	日记账	借	129 870.00
1002	银行存款	日记账、银行账	借	212 087.00
100201	建行	日记账、银行账	借	212 087.00
1012	其他货币资金		借	138 273.00
101201	银行汇票		借	138 273.00
1121	应收票据		借	25 000.00
1122	应收账款	客户往来 无受控系统	借	195 500.00
1403	原材料		借	219 600.00
140301	主要材料		借	167 800.00
140302	辅助材料		借	51 800.00

科目编码	科目名称	辅助核算	借贷方向	期初余额
1405	库存商品		借	550 400.00
140501	电脑主机		借	320 000.00
140502	电脑显示器		借	230 400.00
1601	固定资产		借	890 000.00
1602	累计折旧		贷	90 000.00
1701	无形资产		借	490 050.00
2001	短期借款		贷	12 300.00
2201	应付票据		贷	165 200.00
2202	应付账款	供应商往来 无受控系统	贷	139 000.00
2211	应付职工薪酬		贷	282 300.00
2221	应交税费		贷	159 080.00
222101	应交增值税		贷	95 080.00
22210101	进项税额		贷	
22210105	销项税额		贷	95 080.00
222109	应交城建税		贷	64 000.00
2501	长期借款		贷	764 670.00
4001	股本		贷	800 000.00
4103	本年利润		贷	446 525.00
5001	生产成本	项目核算	借	8 295.00
500101	直接材料	项目核算	借	3 200.00
500102	直接人工	项目核算	借	2 120.00
500103	制造费用	项目核算	借	2 975.00
6001	主营业务收入		贷	
600101	电脑主机		贷	
600102	电脑显示器		贷	
6301	营业外收入		贷	
6401	主营业务成本		借	
640101	电脑主机		借	
640102	电脑显示器		借	
6403	税金及附加		借	
6601	销售费用		借	

（续表）

科目编码	科目名称	辅助核算	借贷方向	期初余额
660101	广告费		借	
660102	其他		借	
6602	管理费用		借	
660201	修理费	部门核算	借	
660202	业务招待费	部门核算	借	
660203	其他	部门核算	借	
6603	财务费用		借	
660301	借款利息		借	
660302	手续费		借	

（1）应收账款明细

元

日 期	客 户	摘 要	方 向	金 额
2018.11.7	珠江路商贸城	应收销货款	借	86 780.00
2018.11.21	长信科技公司	应收销货款	借	108 720.00
合 计				195 500.00

（2）应付账款明细

元

日 期	供应商	摘 要	方 向	金 额
2018.10.7	宏信科技公司	应付购货款	贷	93 000.00
2018.11.1	利华科技公司	应付购货款	贷	46 000.00
合 计				139 000.00

（3）生产成本明细

元

明细科目	项目	方向	期初余额
直接材料	电脑主机	借	1 700.00
	电脑显示器	借	1 500.00
直接人工	电脑主机	借	1 120.00
	电脑显示器	借	1 000.00
制造费用	电脑主机	借	1 465.00
	电脑显示器	借	1 510.00
合 计			8 295.00

9. 指定会计科目

指定"1001 库存现金"为现金总账科目、"1002 银行存款"为银行总账科目。

10. 设置结算方式

结算方式编号	结算方式名称	是否票据管理
1	现金支票	是
2	转账支票	是

三、总账日常业务处理(43 分)

提示:请在英文状态下录入数字。

以业务发生日为制单日期,以操作员 1922 填制凭证,以操作员 1923 进行出纳签字,以操作员 1921 审核凭证并记账。

① 5 日,公司采购主要材料,取得的增值税专用发票上注明的价款为 80 000 元。采购辅助材料,取得的增值税专用发票上注明的价款为 40 000 元,增值税税率 13%,开出 1 张商业汇票,材料已按实际成本验收入库。

② 8 日,公司为销售产品发生广告费,增值税专用发票上注明价款 100 000 元,增值税税额 6 000 元,以建行存款支付。

③ 11 日,公司供应科发生业务招待费,增值税专用发票上注明价款 1 000 元,增值税税率 6%,以现金支付。

④ 12 日,计提本月空调的折旧额费,其中,财务科 2 400 元,行政科 1 000 元,供应科 1 060 元,销售科 900 元。

⑤ 13 日,购入一项专利权,取得的增值税专用发票上注明的价款为 80 000 元,增值税税率 6%,公司以银行汇票付款。

⑥ 14 日,公司开出的 1 张经建行承兑的商业汇票到期,公司通知开户银行以建行存款支付。商业汇票的票面价值 39 600 元,交纳银行承兑手续费 35 元,其中增值税 2 元。

⑦ 15 日,公司销售给珠江路商贸城一批电脑显示器价值 550 000 元,开具的增值税专用发票上注明的增值税税额为 71 500 元。货款尚未收到。该批产品的实际成本为 400 000 元,同时结转该批产品的实际成本。(请编制 2 张会计凭证)

⑧ 21 日,计算本期应缴的城建税为 42 000 元。

⑨ 23 日,公司以建行存款支付税款滞纳金 2 000 元。

⑩ 24 日,公司收到长信科技公司交来的商业汇票 1 张,面值 30 000 元,用以偿还其前欠货款。

⑪ 30 日,公司确认一笔应付利华科技公司的货款 29 500 元为无法支付的款项,对此予以转销。

⑫ 执行出纳签字、审核凭证、记账操作。

四、会计报表处理(30 分)

在"新建报表"窗口下,点击 2007 年新会计准则文件夹,打开"月度简表 2",编辑报表公式,并自动计算出报表数字,以"月度简表 2"的名称保存到考生文件夹中。

注意:

① 大写字母编辑公式。

② 资产负债表项目如需根据几个总账科目计算填列,设置报表公式时只考虑有期末余额的总账科目,没有期末余额的总账科目不予考虑。

③ 表上取数时按照单元格顺序依次计算。

月度简表 2

2018 年 12 月

单位名称:南京金星科技股份有限公司

元

资产负债表项目	期末数	损益表项目	本月数
货币资金		主营业务收入	
应收票据及应收账款		主营业务成本	
存货		税金及附加	
流动资产合计		销售费用	
固定资产		管理费用	
无形资产		财务费用	
应付票据及应付账款		营业外收入	
应付职工薪酬		营业外支出	
应交税费		净利润	
股本			

测试题 3

启动系统管理,以系统管理员"admin"的身份登录系统管理,密码为空,操作员预置如下。

编 号	姓 名	密 码
1931	高冉	空
1932	钱丽丽	空
1933	孙鹏	空

一、账套预置

1. 基本情况

① 账套号:193。

② 账套名称:百佳数字科技股份有限公司。

③ 单位名称:百佳数字科技股份有限公司。

④ 单位简称:百佳数字科技。

⑤ 账套启用日期:2018 年 12 月 1 日。

⑥ 记账本位币:人民币(RMB)。

⑦ 企业类型:工业,执行"2007 年新会计准则"。

⑧ 账套主管:1931 高冉。

⑨ 基础信息:对客户进行分类,无外币核算。

⑩ 分类编码方案:科目编码级次:4-2-2;客户编码级次:2-2;部门编码级次:2-2;结算方式编码级次:1-2。

⑪ 创建账套后启用总账模块,启用日期:2018 年 12 月 1 日。

2. 操作员权限

操作员权限分配如下。

① 操作员"1932 钱丽丽"拥有 193 账套"公用目录设置及总账系统(除出纳签字功能外)所有权限"。

② 操作员"1933 孙鹏"拥有 193 账套"现金管理所有权限、总账系统中出纳签字功能"。

二、初始化设置(27 分)

提示:请在英文状态下录入数字。

以操作员 1932 的身份在 2018 年 12 月 1 日登录注册 193 账套。

1. 设置部门档案（以下销售科为专设的销售机构）

部门编码	部门名称	部门属性
01	管理中心	
0101	总经理办公室	综合管理
0102	财务科	财务管理
02	业务中心	
0201	销售科	市场营销
0202	采购科	采购供应
03	生产车间	生产管理

2. 设置职员档案

职员编码	职员名称	所属部门
01	高冉	财务科
02	钱丽丽	财务科
03	孙鹏	财务科
04	李艳	销售科
05	张辉	采购科

3. 设置供应商档案

供应商编号	供应商名称/简称	税号	开户银行	账号
001	常新公司	39110876331	中行	388889
002	飞华公司	39110976441	工行	399998

4. 设置客户分类

类别编码	类别名称
01	直销店
02	代销店

5. 设置客户档案

客户编号	客户名称/简称	所属客户分类	税号	开户银行	账号
001	金星数字商城	01	39166663	中行	3423456
002	百脑汇科技商厦	02	39177773	招行	3565432

6. 设置凭证类别

类别字	类别名称	限制类型	限制科目
收	收款凭证	借方必有	1001,1002
付	付款凭证	贷方必有	1001,1002
转	转账凭证	凭证必无	1001,1002

7. 项目目录(结合第8题会计科目操作)

项目设置步骤	设置内容	
项目大类	生产成本	
核算科目	生产成本(5001)	
	直接材料(500101)	
	直接人工(500102)	
	制造费用(500103)	
项目分类		
1	自制项目	
2	代加工项目	
项目目录		
01	无线蓝牙耳机	自制项目
02	录音笔	自制项目

8. 会计科目及其期初数据

说明:以下斜体标记的会计科目为新增科目或需修改的科目,其他科目为默认不变。

元

科目编码	科目名称	辅助核算	借贷方向	期初余额
1001	库存现金	*日记账*	*借*	229 670.00
1002	银行存款	*日记账、银行账*	*借*	212 057.00
100201	工行	*日记账、银行账*	*借*	212 057.00
1012	其他货币资金		借	138 273.00
101201	银行本票		借	138 273.00
1121	应收票据		借	20 000.00
1122	应收账款	*客户往来 无受控系统*	借	95 500.00
1403	原材料		借	319 600.00
140301	主要材料		借	167 800.00
140302	辅助材料		借	151 800.00

(续表)

科目编码	科目名称	辅助核算	借贷方向	期初余额
1405	库存商品		借	555 400.00
140501	无线蓝牙耳机		借	324 000.00
140502	录音笔		借	231 400.00
1601	固定资产		借	990 000.00
1602	累计折旧		贷	190 000.00
1701	无形资产		借	426 000.00
2201	应付票据		贷	287 300.00
2202	应付账款	供应商往来 无受控系统	贷	75 000.00
2211	应付职工薪酬		贷	342 300.00
2221	应交税费		贷	85 000.00
222101	应交增值税		贷	85 000.00
22210101	进项税额		贷	
22210105	销项税额		贷	85 000.00
222109	应交教育费附加		贷	
2231	应付利息		贷	10 000.00
2501	长期借款		贷	764 670.00
4001	股本		贷	800 000.00
4103	本年利润		贷	446 525.00
5001	生产成本	项目核算	借	14 295.00
500101	直接材料	项目核算	借	6 200.00
500102	直接人工	项目核算	借	5 120.00
500103	制造费用	项目核算	借	2 975.00
5101	制造费用	部门核算	借	
6001	主营业务收入		贷	
600101	无线蓝牙耳机		贷	
600102	录音笔		贷	
6301	营业外收入		贷	
6401	主营业务成本		借	
640101	无线蓝牙耳机		借	
640102	录音笔		借	
6403	税金及附加		借	

科目编码	科目名称	辅助核算	借贷方向	期初余额
6601	销售费用		借	
660101	保险费		借	
660102	其他		借	
6602	管理费用		借	
660201	办公费	部门核算	借	
660202	其他	部门核算	借	
6603	财务费用		借	
660301	借款利息		借	

（1）应收账款明细

元

日　期	客　户	摘　要	方　向	金　额
2018.11.7	金星数字商城	应收销货款	借	37 000.00
2018.11.21	百脑汇科技商厦	应收销货款	借	58 500.00
合　计				95 500.00

（2）应付账款明细

元

日　期	客　户	摘　要	方　向	金　额
2018.10.7	常新公司	应付购货款	贷	35 000.00
2018.11.1	飞华公司	应付购货款	贷	40 000.00
合　计				75 000.00

（3）生产成本明细

元

明细科目	项　目	方　向	期初余额
直接材料	无线蓝牙耳机	借	3 700.00
	录音笔	借	2 500.00
直接人工	无线蓝牙耳机	借	1 120.00
	录音笔	借	4 000.00
制造费用	无线蓝牙耳机	借	1 465.00
	录音笔	借	1 510.00
合　计			14 295.00

9. 指定会计科目

指定"1001 库存现金"为现金总账科目、"1002 银行存款"为银行总账科目。

10. 设置结算方式

结算方式编号	结算方式名称	是否票据管理
1	现金支票	是
2	转账支票	是

三、总账日常业务处理（43分）

提示：请在英文状态下录入数字。

以业务发生日为制单日期，以操作员 1932 填制凭证，以操作员 1933 进行出纳签字，以操作员 1931 审核凭证并记账。

① 5 日，公司向常新公司采购主要材料，取得的增值税专用发票上注明的价款为 60 000 元。采购辅助材料，取得的增值税专用发票上注明的价款为 20 000 元，增值税税率 13％，货款尚未支付，材料已按实际成本验收入库。

② 8 日，公司财务科购买一批办公用品，增值税专用发票上注明价款 10 000 元，增值税税额 1 300 元，以银行本票支付。

③ 11 日，公司开出 1 张工行转账支票支付所销产品保险费，取得的增值税专用发票上注明保险费 20 000 元，增值税税额 1 200 元，票号 688890。

④ 12 日，公司发生日常费用，其中，销售科人员薪酬 7 000 元，房屋折旧费 3 000 元；财务科人员薪酬 4 000 元，房屋折旧费 2 000 元；供应科人员薪酬 8 000 元，房屋折旧费 1 500 元。

⑤ 13 日，公司接受外商投资的一项非专利技术，投资合同约定价值为 60 000 元，增值税进项税额为 3 600 元（由投资方支付税款，并提供或开具增值税专用发票）。合同约定的资产价值与公允价值相符，不考虑其他因素。

⑥ 14 日，公司支付短期借款利息 3 000 元，已预提 2 000 元，以工行存款支付。

⑦ 15 日，公司销售给金星数字商城一批录音笔，开具的增值税专用发票上注明价款 350 000 元，增值税税额为 45 500 元。货款尚未收到。该批产品的实际成本为 250 000 元，同时结转该批产品的实际成本。（请编制 2 张会计凭证）

⑧ 21 日，计算本期应缴的教育费附加为 22 000 元。

⑨ 23 日，本公司将生产的无线蓝牙耳机对外捐赠，该批产品的实际成本 20 000 元。该批产品市场价格为 25 000 元，开具的增值税专用发票上注明的增值税税额 3 250 元。

⑩ 23 日，公司收到百脑汇科技商厦交来的商业汇票 1 张，面值 40 000 元，用以偿还其前欠货款。

⑪ 30 日，公司确认一笔应付飞华公司的货款 38 500 元为无法支付的款项，对此予以转销。

⑫ 执行出纳签字、审核凭证、记账操作。

四、会计报表处理（30分）

在"新建报表"窗口下，点击 2007 年新会计准则文件夹，打开"月度简表 3"，编辑报表公式,并自动计算出报表数字,以"月度简表 3"的名称保存到考生文件夹中。

注意:

① 大写字母编辑公式。

② 资产负债表项目如需根据几个总账科目计算填列,设置报表公式时只考虑有期末余额的总账科目,没有期末余额的总账科目不予考虑。

③ 表上取数时按照单元格顺序依次计算。

月度简表 3

2018 年 12 月

单位名称:广州百佳数字科技股份有限公司 元

资产负债表项目	期末数	损益表项目	本月数
货币资金		主营业务收入	
应收票据及应收账款		主营业务成本	
存货		税金及附加	
流动资产合计		销售费用	
固定资产		管理费用	
应付票据及应付账款		财务费用	
应付职工薪酬		营业外收入	
应交税费		营业外支出	
应付利息		净利润	
股本			

测试题 4

启动系统管理,以系统管理员"admin"的身份登录系统管理,密码为空,操作员预置如下。

编　号	姓　名	密　码
1941	董琴	空
1942	王兰	空
1943	范小花	空

一、账套预置

1. 基本情况

① 账套号:194。

② 账套名称:南京汇鑫科技股份有限公司。

③ 单位名称:南京汇鑫科技股份有限公司。

④ 单位简称:汇鑫科技。

⑤ 账套启用日期:2018 年 12 月 1 日。

⑥ 记账本位币:人民币(RMB)。

⑦ 企业类型:工业,执行"2007 年新会计准则"。

⑧ 账套主管:1941 董琴。

⑨ 基础信息:对客户进行分类,无外币核算。

⑨ 分类编码方案:科目编码级次:4-2-2;客户编码级次:2-2;部门编码级次:2-2;结算方式编码级次:1-2。

⑪ 创建账套后启用总账模块,启用日期:2018 年 12 月 1 日。

2. 操作员权限

操作员权限分配如下。

① 操作员"1942 王兰"拥有 194 账套"公用目录设置及总账系统(除出纳签字功能外)所有权限"。

② 操作员"1943 范小花"拥有 194 账套"现金管理所有权限、总账系统中出纳签字功能"。

一、初始化设置(27 分)

提示:请在英文状态下录入数字。

以操作员 1942 的身份在 2018 年 12 月 1 日登录 194 账套。

1. 设置部门档案（以下销售科为专设的销售机构）

部门编码	部门名称	部门属性
01	管理中心	
0101	行政科	综合管理
0102	财务科	财务管理
02	业务中心	
0201	销售科	市场营销
0202	采购科	采购供应
03	生产车间	生产管理

2. 设置职员档案

职员编码	职员名称	所属部门
01	董琴	财务科
02	王兰	财务科
03	范小花	财务科
04	曹荣	销售科
05	吴晓伟	采购科

3. 设置供应商档案

供应商编号	供应商名称/简称	税号	开户银行	账号
001	朗新公司	410876	中行	488889
002	金智公司	410976	农行	499998

4. 设置客户分类

类别编码	类别名称
01	直销店
02	代销店

5. 设置客户档案

客户编号	客户名称/简称	所属客户分类	税号	开户银行	账号
001	腾飞电子商城	01	66663	中行	1423456
002	国贸科技中心	01	77773	招行	1565432

6. 设置凭证类别

类别字	类别名称	限制类型	限制科目
收	收款凭证	借方必有	1001,1002
付	付款凭证	贷方必有	1001,1002
转	转账凭证	凭证必无	1001,1002

7. 项目目录（结合第 8 题会计科目操作）

项目设置步骤	设置内容	
项目大类	生产成本	
核算科目	生产成本(5001)	
	直接材料(500101)	
	直接人工(500102)	
	制造费用(500103)	
项目分类		
1	自制项目	
2	代加工项目	
项目目录		
01	电脑	自制项目
02	打印机	自制项目

8. 会计科目及其期初数据

说明: 以下斜体标记的会计科目为新增科目或需修改的科目,其他科目为默认不变。

元

科目编码	科目名称	辅助核算	借贷方向	期初余额
1001	库存现金	*日记账*	借	139 670.00
1002	银行存款	*日记账、银行账*	借	202 057.00
100201	农行	*日记账、银行账*	借	202 057.00
1012	其他货币资金		借	138 000.00
101201	银行本票		借	138 000.00
1121	应收票据		借	20 273.00
1122	应收账款	客户往来 无受控系统	借	145 500.00
1403	原材料		借	319 600.00
140301	主要材料		借	167 800.00
140302	辅助材料		借	151 800.00

科目编码	科目名称	辅助核算	借贷方向	期初余额
1405	库存商品		借	555 400.00
140501	电脑		借	324 000.00
140502	打印机		借	231 400.00
1601	固定资产		借	990 000.00
1602	累计折旧		贷	90 000.00
1701	无形资产		借	390 000.00
2001	短期借款		贷	62 300.00
2201	应付票据		贷	115 000.00
2202	应付账款	供应商往来 无受控系统	贷	185 000.00
2211	应付职工薪酬		贷	282 300.00
2221	应交税费		贷	159 000.00
222101	应交增值税		贷	95 000.00
22210101	进项税额		贷	
22210105	销项税额		贷	95 000.00
222109	应交教育费附加		贷	64 000.00
2501	长期借款		贷	664 670.00
4001	股本		贷	900 000.00
4103	本年利润		贷	466 525.00
5001	生产成本	项目核算	借	242 95.00
500101	直接材料	项目核算	借	11 200.00
500102	直接人工	项目核算	借	7 120.00
500103	制造费用	项目核算	借	5 975.00
6001	主营业务收入		贷	
600101	电脑		贷	
600102	打印机		贷	
6301	营业外收入		贷	
6401	主营业务成本		借	
640101	电脑		借	
640102	打印机		借	
6403	税金及附加		借	
6601	销售费用		借	

（续表）

科目编码	科目名称	辅助核算	借贷方向	期初余额
660101	广告费		借	
660102	其他		借	
6602	管理费用		借	
660201	修理费	部门核算	借	
660202	办公费	部门核算	借	
660203	其他	部门核算	借	
6603	财务费用		借	
660301	借款利息		借	
660302	手续费		借	

（1）应收账款明细

元

日　期	客　户	摘　要	方　向	金　额
2018.11.7	腾飞电子商城	应收销货款	借	86 780.00
2018.11.21	国贸科技中心	应收销货款	借	58 720.00
合　计				145 500.00

（2）应付账款明细

元

日　期	客　户	摘　要	方　向	金　额
2018.10.7	朗新公司	应付购货款	贷	93 000.00
2018.11.1	金智公司	应付购货款	贷	92 000.00
合　计				185 000.00

（3）生产成本明细

元

明细科目	项　目	方　向	期初余额
直接材料	电脑	借	5 900.00
	打印机	借	5 300.00
直接人工	电脑	借	6 120.00
	打印机	借	1 000.00
制造费用	电脑	借	3 465.00
	打印机	借	2 510.00
合　计			24 295.00

9. 指定会计科目

指定"1001 库存现金"为现金总账科目、"1002 银行存款"为银行总账科目。

10. 设置结算方式

结算方式编号	结算方式名称	是否票据管理
1	现金支票	是
2	转账支票	是

三、总账日常业务处理（43分）

提示：请在英文状态下录入数字。

以业务发生日为制单日期，以操作员 1942 填制凭证，以操作员 1943 进行出纳签字，以操作员 1941 审核凭证并记账。

① 5 日，公司采购主要材料，取得的增值税专用发票上注明的价款 40 000 元。采购辅助材料，取得的增值税专用发票上注明的价款 30 000 元，增值税税率 13%，开出 1 张商业汇票，材料已按实际成本验收入库。

② 8 日，公司财务科购买一批办公用品，增值税专用发票上注明价款 900 元，增值税税额 117 元，以现金支付。

③ 11 日，公司对生产车间使用的设备进行日常修理，发生维修费并取得增值税专用发票，注明修理费 20 000 元，税率 13%，以农行转账支票付款，票号 75321。

④ 12 日，公司销售科本期发生费用，其中，销售人员薪酬 15 000 元，固定资产折旧 4 000 元。

⑤ 13 日，购入一项非专利技术，取得的增值税专用发票上注明的价款 150 000 元，增值税税率 6%，公司以银行本票付款。

⑥ 14 日，公司开出的 1 张经农行承兑的商业汇票到期，公司通知开户银行以农行存款支付。商业汇票的票面价值 40 000 元，交纳银行承兑手续费 35 元，其中增值税 2 元。

⑦ 15 日，公司销售给腾飞电子商城一批打印机，开具的增值税专用发票上注明价款 250 000 元，增值税税率 13%。由于是成批销售，公司给予购货方 10% 的商业折扣，商品于当日发出，款项尚未收到。该批产品的实际成本为 130 000 元，同时结转该批产品的实际成本。（请编制 2 张会计凭证）

⑧ 21 日，计算本期应缴纳的教育费附加为 15 000 元。

⑨ 23 日，将本公司生产的电脑发给职工作为福利，市场价格为 80 000 元，增值税税率 13%。

⑩ 23 日，公司收到国贸科技中心交来的商业汇票 1 张，面值 10 000 元，用以偿还其前欠货款。

⑪ 30 日，公司确认一笔应付金智公司的货款 25 500 元为无法支付的款项，对此予以转销。

⑫ 执行出纳签字、审核凭证、记账操作。

三、会计报表处理(30分)

在"新建报表"窗口下,点击 2007 年新会计准则文件夹,打开"月度简表 4",编辑报表公式,并自动计算出报表数字,以"月度简表 4"的名称保存到考生文件夹中。

注意:

① 大写字母编辑公式。

② 资产负债表项目如需根据几个总账科目计算填列,设置报表公式时只考虑有期末余额的总账科目,没有期末余额的总账科目不予考虑。

③ 表上取数时按照单元格顺序依次计算。

月度简表 4

2018 年 12 月

单位名称:南京汇鑫科技股份有限公司　　　　　　　　　　　　　　　　　　　　　　元

资产负债表项目	期末数	损益表项目	本月数
货币资金		主营业务收入	
应收票据及应收账款		主营业务成本	
存货		税金及附加	
流动资产合计		销售费用	
固定资产		管理费用	
短期借款		财务费用	
应付票据及应付账款		营业外收入	
应付职工薪酬		净利润	
应交税费			
流动负债合计			
股本			

测试题 1 答案

二、初始化设置(略)
三、总账日常业务处理

① 借:原材料——主要材料	30 000	
——辅助材料	20 000	
应交税费——应交增值税(进项税额)	6 500	
贷:应付票据		56 500
② 借:管理费用——办公费	1 000	
应交税费——应交增值税(进项税额)	130	
贷:库存现金		1 130
③ 借:管理费用——修理费	10 000	
应交税费——应交增值税(进项税额)	1 300	
贷:银行存款——工行		11 300
④ 借:管理费用——其他	3 400	
——其他	2 000	
——其他	1 060	
销售费用——其他	1 400	
贷:累计折旧		7 860

部门:财务科、总经办、供应科、销售科

⑤ 借:无形资产	100 000	
应交税费——应交增值税(进项税额)	6 000	
贷:其他货币资金——银行本票		106 000
⑥ 借:应付票据	39 600	
财务费用——手续费	33	
应交税费——应交增值税(进项税额)	2	
贷:银行存款——工行		39 635
⑦ 借:应收账款	508 500	
贷:主营业务收入——移动硬盘		450 000
应交税费——应交增值税(销项税额)		58 500
借:主营业务成本——移动硬盘	30 0000	
贷:库存商品——移动硬盘		30 0000
⑧ 借:税金及附加	31 000	
贷:应交税费——应交教育费附加		31 000
⑨ 借:应付职工薪酬	101 700	
贷:主营业务收入——光盘		90 000
应交税费——应交增值税(销项税额)		11 700
⑩ 借:应收票据	20 000	
贷:应收账款		20 000
⑪ 借:应付账款	18 500	
贷:营业外收入		18 500

⑫（略）

四、会计报表处理

月度简表 1

2018 年 12 月

单位名称：北京金创科技股份有限公司   元

资产负债表项目	期末数	损益表项目	本月数
货币资金	321 935 QM(1001,月)＋QM(1002,月)＋ QM(1012,月)	主营业务收入	540 000 FS(6001,月,贷)
应收票据及 应收账款	624 000 QM(1121,月)＋QM(1122,月)	主营业务成本	300 000 FS(6401,月,借)
存货	629 295 QM(1403,月)＋QM(1405,月)＋ QM(5001,月)	税金及附加	31 000 FS(6403,月,借)
流动资产合计	1 575 230 B4＋B5＋B6	销售费用	1 400 FS(6601,月,借)
固定资产	892 140 QM(1601,月)－QM(1602,月)	管理费用	17 460 FS(6602,月,借)
短期借款	62 300 QM(2001,月)	财务费用	33 FS(6603,月,借)
应付票据及 应付账款	248 400 QM(2201,月)＋QM(2202,月)	营业外收入	18 500 FS(6301,月,贷)
应付职工薪酬	180 600 QM(2211,月)	净利润	208 607 D4－D5－D6－D7－ D8－D9＋D10
应交税费	246 268 QM(2221,月)		
流动负债合计	737 568 B9＋B10＋B11＋B12		
股本	800 000 QM(4001,月)		

测试题 2 答案

二、初始化设置（略）

三、总账日常业务处理

| ① 借:原材料——主要材料 | 80 000 |
| 　　——辅助材料 | 40 000 |

| 　　应交税费——应交增值税(进项税额) | 15 600 |
| 　　贷:应付票据 | 135 600 |

② 借:销售费用——广告费　　　　　　　　　　　　　　100 000
　　　应交税费——应交增值税(进项税额)　　　　　　　 6 000
　　　贷:银行存款——建行　　　　　　　　　　　　　　106 000

③ 借:管理费用——业务招待费　　　　　　　　　　　　　1 060
　　　贷:库存现金　　　　　　　　　　　　　　　　　　 1 060

④ 借:管理费用——其他　　　　　　　　　　　　　　　　2 400
　　　　　——其他　　　　　　　　　　　　　　　　　 1 000
　　　　　——其他　　　　　　　　　　　　　　　　　 1 060
　　　销售费用——其他　　　　　　　　　　　　　　　　 900
　　　贷:累计折旧　　　　　　　　　　　　　　　　　　 5 360

部门:财务科、行政科、供应科、销售科

⑤ 借:无形资产　　　　　　　　　　　　　　　　　　　80 000
　　　应交税费——应交增值税(进项税额)　　　　　　　 4 800
　　　贷:其他货币资金——银行汇票　　　　　　　　　　84 800

⑥ 借:应付票据　　　　　　　　　　　　　　　　　　　39 600
　　　财务费用——手续费　　　　　　　　　　　　　　　　33
　　　应交税费——应交增值税(进项税额)　　　　　　　　　2
　　　贷:银行存款——建行　　　　　　　　　　　　　　39 635

⑦ 借:应收账款　　　　　　　　　　　　　　　　　　 621 500
　　　贷:主营业务收入——电脑显示器　　　　　　　　 550 000
　　　　　应交税费——应交增值税(销项税额)　　　　　71 500

客户:珠江路商贸城

　　借:主营业务成本——电脑显示器　　　　　　　　　400 000
　　　贷:库存商品——电脑显示器　　　　　　　　　　400 000

⑧ 借:税金及附加　　　　　　　　　　　　　　　　　　42 000
　　　贷:应交税费——应交城建税　　　　　　　　　　　42 000

⑨ 借:营业外支出　　　　　　　　　　　　　　　　　　 2 000
　　　贷:银行存款——建行　　　　　　　　　　　　　　 2 000

⑩ 借:应收票据　　　　　　　　　　　　　　　　　　　30 000
　　　贷:应收账款　　　　　　　　　　　　　　　　　　30 000

⑪ 借:应付账款　　　　　　　　　　　　　　　　　　　29 500
　　　贷:营业外收入　　　　　　　　　　　　　　　　　29 500

⑫（略）

四、会计报表处理

月度简表 2

2018 年 12 月

单位名称:南京金星科技股份有限公司

元

资产负债表项目	期末数	损益表项目	本月数
货币资金	246 735 QM(1001,月)＋QM(1002,月)＋QM(1012,月)	主营业务收入	550 000 FS(6001,月,贷)
应收票据及应收账款	842 000 QM(1121,月)＋QM(1122,月)	主营业务成本	400 000 FS(6401,月,借)
存货	498 295 QM(1403,月)＋QM(1405,月)＋QM(5001,月)	税金及附加	42 000 FS(6403,月,借)
流动资产合计	1 587 030 B4＋B5＋B6	销售费用	100 900 FS(6601,月,借)
固定资产	794 640 QM(1601,月)－QM(1602,月)	管理费用	5 520 0FS(6602,月,借)
无形资产	570 050 QM(1701,月)	财务费用	33 FS(6603,月,借)
应付票据及应付账款	370 700 QM(2201,月)＋QM(2202,月)	营业外收入	29 500 FS(6301,月,贷)
应付职工薪酬	282 300 QM(2211,月)	营业外支出	2 000 FS(6711,月,借)
应交税费	246 178 QM(2221,月)	净利润	29 047 D4－D5－D6－D7－D8－D9＋D10－D11
股本	800 000 QM(4001,月)		

测试题 3 答案

二、初始化设置（略）

三、总账日常业务处

① 借：原材料——主要材料	60 000	
——辅助材料	20 000	
应交税费——应交增值税（进项税额）	10 400	
贷：应付账款		90 400
② 借：管理费用——办公费	10 000	
应交税费——应交增值税（进项税额）	1 300	
贷：其他货币资金——银行本票		11 300
③ 借：销售费用——保险费	20 000	
应交税费——应交增值税（进项税额）	1 200	
贷：银行存款——工行		21 200
④ 借：销售费用——其他	10 000	
管理费用——其他	6 000	
——其他	9 500	
贷：应付职工薪酬		19 000
累计折旧		6 500
部门：销售科、财务科、供应科		
⑤ 借：无形资产	60 000	
应交税费——应交增值税（进项税额）	3 600	
贷：股本		63 600
⑥ 借：应付利息	2 000	
财务费用——借款利息	1 000	
贷：银行存款——工行		3 000
⑦ 借：应收账款	395 500	
贷：主营业务收入——录音笔	350 000	
应交税费——应交增值税（销项税额）	45 500	
借：主营业务成本——录音笔	250 000	
贷：库存商品——录音笔		250 000
⑧ 借：税金及附加	22 000	
贷：应交税费——应交教育费附加		22 000
⑨ 借：营业外支出	28 250	
贷：主营业务收入——无线蓝牙耳机		25 000
应交税费——应交增值税（销项税额）		3 250
借：主营业务成本	20 000	
贷：库存商品		20 000
⑩ 借：应收票据	40 000	
贷：应收账款		40 000
⑪ 借：应付账款	38 500	

　　　　贷:营业外收入　　　　　　　　　　　　　　　　　　　　　　38 500
　⑫(略)
　　四、会计报表处理

月度简表 3

2018 年 12 月

单位名称:广州百佳数字科技股份有限公司　　　　　　　　　　　　　　　　　　元

资产负债表项目	期末数	损益表项目	本月数
货币资金	544 500	主营业务收入	375 000
	QM(1001,月)＋QM(1002,月)＋QM(1012,月)		FS(6001,月,贷)
应收票据及应收账款	511 000	主营业务成本	270 000
	QM(1121,月)＋QM(1122,月)		FS(6401,月,借)
存货	699 295	税金及附加	22 000
	QM(1403,月)＋QM(1405,月)＋QM(5001,月)		FS(6403,月,借)
流动资产合计	1 754 795	销售费用	30 000
	B4＋B5＋B6		FS(6601,月,借)
固定资产	793 500	管理费用	25 500
	QM(1601,月)－QM(1602,月)		FS(6602,月,借)
应付票据及应付账款	414 200	财务费用	1 000
	QM(2201,月)＋QM(2202,月)		FS(6603,月,借)
应付职工薪酬	361 300	营业外收入	38 500
	QM(2211,月)		FS(6301,月,贷)
应交税费	139 250	营业外支出	28 250
	QM(2221,月)		FS(6711,月,借)
应付利息	8 000	净利润	36 750
	QM(2231,月)		D4－D5－D6－D7－D8－D9＋D10－D11
股本	863 600		
	QM(4001,月)		

测试题4答案

二、初始化设置(略)

三、总账日常业务处

① 借:原材料——主要材料   40 000
    ——辅助材料   30 000
    应交税费——应交增值税(进项税额)   9 100
    贷:应付票据   79 100

② 借:管理费用——办公费   900
    应交税费——应交增值税(进项税额)   117
    贷:库存现金   1 017

③ 借:管理费用——修理费   20 000
    应交税费——应交增值税(进项税额)   2 600
    贷:银行存款——农行   22 600

④ 借:销售费用——其他   19 000
    贷:应付职工薪酬   15 000
    累计折旧   4000

⑤ 借:无形资产   150 000
    应交税费——应交增值税(进项税额)   9 000
    贷:其他货币资金——银行本票   159 000

⑥ 借:应付票据   40 000
    财务费用——手续费   33
    应交税费——应交增值税(进项税额)   2
    贷:银行存款——农行   40 035

⑦ 借:应收账款   254 250
    贷:主营业务收入——打印机   225 000
    应交税费——应交增值税(销项税额)   29 250
    借:主营业务成本——打印机   130 000
    贷:库存商品——打印机   130 000

⑧ 借:税金及附加   15 000
    贷:应交税费——应交教育费附加   15 000

⑨ 借:应付职工薪酬   90 400
    贷:主营业务收入——电脑   80 000
    应交税费——应交增值税(销项税额)   10 400

⑩ 借:应收票据   10 000
    贷:应收账款   10 000

⑪ 借:应付账款   25 500
    贷:营业外收入   25 500

⑫ (略)

四、会计报表处理

月度简表 4

2018 年 12 月

单位名称:南京汇鑫科技股份有限公司 元

资产负债表项目	期末数	损益表项目	本月数
货币资金	257 075	主营业务收入	305 000
	QM(1001,月)＋QM(1002,月)＋QM(1012,月)		FS(6001,月,贷)
应收票据及应收账款	420 023	主营业务成本	130 000
	QM(1121,月)＋QM(1122,月)		FS(6401,月,借)
存货	839 295	税金及附加	15 000
	QM(1403,月)＋QM(1405,月)＋QM(5001,月)		FS(6403,月,借)
流动资产合计	1 516 393	销售费用	19 000
	B4＋B5＋B6		FS(6601,月,借)
固定资产	896 000	管理费用	20 900
	QM(1601,月)－QM(1602,月)		FS(6602,月,借)
短期借款	62 300	财务费用	33
	QM(2001,月)		FS(6603,月,借)
应付票据及应付账款	313 600	营业外收入	25 500
	QM(2201,月)＋QM(2202,月)		FS(6301,月,贷)
应付职工薪酬	206 900	净利润	145 567
	QM(2211,月)		D4－D5－D6－D7－D8－D9＋D10
应交税费	192 831		
	QM(2221,月)		
流动负债合计	775 631		
	B9＋B10＋B11＋B12		
股本	900 000		
	QM(4001,月)		